微课与慕课设计
初级教程

Design of
Micro-lesson &
MOOCs

赵国栋　主　编

赵兴祥　金善国　贾洪芳　副主编

图书在版编目（CIP）数据

微课与慕课设计初级教程／赵国栋主编. —北京：北京大学出版社，2014.9
（21世纪教师教育系列教材）
ISBN 978-7-301-24684-9

Ⅰ.①微… Ⅱ.①赵… Ⅲ.①多媒体课件—制作—教材 Ⅳ.①G434

中国版本图书馆 CIP 数据核字（2014）第194798号

书　　名	微课与慕课设计初级教程
著作责任者	赵国栋　主编
策划编辑	李淑方
责任编辑	李淑方
标准书号	ISBN 978-7-301-24684-9/G·3865
出版发行	北京大学出版社
地　　址	海淀区成府路205号　100871
网　　址	http://www.pup.cn　新浪官方微博：@北京大学出版社
电子信箱	zyl@pup.pku.edu.cn
电　　话	邮购部 62752015　发行部 62750672　编辑部 62753374
印刷者	北京大学印刷厂
经销者	新华书店
	787 毫米 × 1020 毫米　16 开本　13.75 印张　285 千字
	2014 年 9 月第 1 版　2015 年 4 月第 3 次印刷
定　　价	40.00 元

未经许可，不得以任何方式复制或抄袭本书之部分或全部内容。
版权所有，侵权必究
举报电话：010-62752024　电子信箱：fd@pup.pku.edu.cn
图书如有印装质量问题，请与出版部联系，电话：010-62756370

前　言

本书是《混合式教学与交互式视频课件设计教程》（2013年）的修订版。主要面向对象，是那些想要自己动手来设计和开发微课或慕课的学科教师。当前互联网为教师的职业生涯发展提供了越来越多的发展路径。顺应信息时代发展之要求，展示个性化教学之风采，是每一位从教者孜孜以求的目标——微课和慕课正好为教师们提供了这样一个难得的机遇。

长期以来，教师的教学能力被认为是一种基于个人知识能力、个性特点和文化修养等因素长期积累而形成的综合性表现形式。其形成通常具有经验性、自发性和偶然性等特征，是一种典型的实践性知识，故多"只可意会而不可言传"。名师常被认为是时势造就，而非自我练成。但在当今的网络时代，信息技术的极度发达与广泛普及，使得教育领域内有关教师教学能力的实践性知识、技能与经验的相互交流与共享，超越了时间与空间，超越了学科界限，甚至超越了民族与国界。这就为每一名教育从业者尽快实现从"教师"到"名师"的梦想，提供了一个比以往任何时代都宽广的道路。

本书的编写与修订，就是为那些有志于成为名师的从教者实现梦想而进行的一次探索性尝试。本书以"混合式学习"（Blended learning）为核心理念，以"快课"（Rapid E-learning）为技术方案，以"交互式视频课件"（Interactive Video Course，IVC）为开发平台，以微课、慕课和翻转课堂为教学组织策略，为广大一线教师们提供了一个可操作性强的课件设计整体技术解决方案。

本书共分为十一章。导论主要探讨网络时代教师职业所面临的一系列机遇、挑战与发展策略，突出强调网络时代教师职业的诸多新特征，如教师的教学表演能力和网络影响力等。研究者旗帜鲜明地提出"教师的网络影响力就是实力"论点，鼓励教师利用互联网来推动和提升个人事业的快速发展。随后在第一章和第二章介绍混合式学习、翻转课堂、微课、慕课等概念的相互关系，并提出"交互式视频课件"（IVC）的设计理念与技术实现方案，包括制作软件介绍、设计流程等。第三章至第八章则分别介绍各个IVC设计软件的操作及案例，包括Raptivity, Adobe Ultra, iFly Tech InterPhonic, Character Builder, Adobe Captivate 7.0和方正飞翔等。第九章介绍的是基于混合式学习的面授课堂IRS（按按按）互动反馈器，这个教学工具简单实用，是当前面授教学中师生交互的最有实用价值的工具之一。第十章则推出一个院校层面的微课与慕课发布平台——文华在线网络系统（U-MOOC），该系统能够为教师们提供一个简单实用的网络教学互动平台。最后，为鼓励教师们充分利用微课来实现个人职业生涯的跨越式发展，本书第十一章还详细介绍了教育部"全国多媒体课件大赛和微课大赛"的相关情况及参赛建议。

  以新教学理念为指导，以模板化的软件工具为平台，本书可为普通学科教师的教学信息化之路提供强有力支持。从适用对象来看，本书可作为高校或中小学教师发展培训的教材，也可作为学科教师自学之用。同时，对于教育相关专业的学习者来说，本书也是一本很有实用价值的参考书。

序　言

　　本书的主要对象是学科教师，或主管院校教学信息化的规划者。本书核心内容是开发和设计基于互联网的微课和慕课教学资源。对于教师来说，若想使自己的教学更有创意、更能体现出个性化教学设计和理念，更能吸引伴随着互联网成长起来的"网络一代"学生，那么，读一读本书定会有所收获。作为学校管理者，若想要规划本校的微课和慕课开发，那么，本书将可能提供一些有价值的思路和解决方案。

　　伴随着信息技术在教育领域的推广与应用，数字化校园、智慧校园已成为当今学校信息化建设与应用的技术载体。表现在教学信息化应用上，混合式教学、翻转课堂、微课和慕课等，正在逐渐演变成为令人耳目一新的教学组织形式。在这种背景下，当教师们组织和实施教学时，必然要采取与传统教学不同的教学策略、设计方案和课件工具，必然要重视教学过程各个环节的互动性、交流性和沟通性。同时，考虑到教学时间和技术成本等因素，教师们还需要降低课件资源设计和制作时间，减少备课工作量，以应对日益复杂的教学环境。

　　要想达到上述诸多要求，国内外的教学实践经验表明，在传统课件设计方案的基础之上，利用"快课技术"（Rapid E-learning）来设计出具有展示性、互动性、形象性特点的新型教学课件——微课和慕课，是当前教学信息化建设中的最新形式。

　　在本书中，以混合式教学为指导思想，研究者将符合上述新要求的新型课件，称为"交互式视频课件"（IVC）。本书的目标，就是将以这种课件的设计、制作、发布与应用为核心，系统地介绍如何利用IVC来设计和开发微课与慕课，使之成为教师们利用互联网来拓展其学术影响力的重要载体。

　　在内容上，本书主要具有以下诸特色。

　　第一，在微课和慕课的设计技术方案上，突出强调"快课"设计理念，以模版化工具来设计和开发教学课件。这种思路有助于实现教师个性化的设计需求，使设计出的课件能够应用于不同的技术环境和实际需要。与其他教材多集中介绍某一种工具不同的是，本教材采用了多元化的工具选择策略，博采各软件之长，将之整合起来运用，实现了设计与制作的最优化。

　　第二，与以往课件设计思想不同的是，在设计微课与慕课时，突出强调"交互性"和"视频"特征。在本书中，笔者考虑到不同类型教育机构（如高校和中小学）在微课与慕课的应用策略上各具特点，因此，设专章讨论交互式网视频课件在课程管理系统平台之上的设计与应用方法与策略。

  第三,强调采用"快课"模板化技术,可有效降低教师掌握新技术的成本,减少开发费用,使更多的教师能够实现课件的自主设计、开发和发布。书中所介绍的课件设计与开发工作,其针对的对象都是普通学科教师或培训师,适用面较广泛。即使对于那些仅具有基本信息能力的教师来说,也能够在短时间内学习和掌握相关技能。

  总之,以多年的实践为基础,本书探索和总结出适用于各类学校的微课与慕课设计与开发策略。书中内容,均已在教育部及相关部门近年所组织的多种培训活动中得到广泛应用。实践证明,本书有助于提高教师们的教学技术素养,对教学起到了促进作用。

  本书是多人合作的研究成果,在第二次和第三次重印时根据读者反馈进行了部分内容修订。导论、第一章、第二章、第三章、第五章和第六章由北京大学赵国栋教授撰写;第四章由复旦大学李秀晗老师撰写;第七章由北京大学冯晨撰写;第八章由文华在线金善国博士撰写和修订;第九章由在北京大学攻读博士学位的上海师范大学建工学院赵兴祥老师撰写和修订;第十章由教育部考试中心科研发展处贾洪芳副研究员撰写和修订。最后由赵国栋教授负责统稿和校订工作。

  由于修订时间仓促,能力有限,教材必存在诸多不足之处,敬请各位同行不吝赐教。

2014 年 8 月于北大燕园

目 录

导论　网络时代教师职业的新特征及发展策略 ……………………………（1）
 1. 互联网时代的教师职业新特征分析 ………………………………（3）
  （1）基于 TPACK 之教师专业技能 ……………………………（3）
  （2）网络时代教师职业之新特征 ………………………………（4）
 2. 网络时代教师职业专业性的发展策略 ……………………………（6）
  （1）尊重教师在教学信息化中的"守门员"地位 ……………（6）
  （2）激发教师的信息技术革命积极性 …………………………（7）
  （3）培养教师的教学技术设计与开发能力 …………………（8）
  （4）强调课件设计对教师职业专业性发展的重要性 ………（9）

第一章　微课与慕课概述 ………………………………………………（13）
 1.1　混合式学习与翻转课堂关系辨析 ………………………………（13）
  1.1.1　混合式学习简介 …………………………………………（14）
  1.1.2　翻转课堂概述 ……………………………………………（15）
 1.2　微课与翻转课堂的相互关系 ……………………………………（16）
  1.2.1　微课的概念及类型 ………………………………………（17）
  1.2.2　交互式微课的技术方案 …………………………………（20）
  1.2.3　微课与翻转课堂 …………………………………………（21）
 1.3　从 OCW、OER 到 MOOCs ……………………………………（22）
  1.3.1　开放教育资源（OER）概述 ……………………………（22）
  1.3.2　MOOCs 新特征 …………………………………………（24）
  1.3.3　正确认识 MOOCs ………………………………………（25）
 1.4　相互之间关系解析 ………………………………………………（25）

第二章　微课与慕课的设计技术方案——IVC ………………………（28）
 2.1　交互式视频课件概念与类型 ……………………………………（29）
 2.2　交互式视频课件的组成模块 ……………………………………（30）
 2.3　微课与慕课的整体技术解决方案 ………………………………（33）
  2.3.1　硬件设备 …………………………………………………（34）
  2.3.2　软件工具 …………………………………………………（37）

　　　　2.3.3　经费预算 …………………………………………………………（39）
　2.4　微课与慕课的设计流程 …………………………………………………（39）
　　　　2.4.1　任务分析与结构设计 ……………………………………………（40）
　　　　2.4.2　脚本编写与开发 …………………………………………………（41）
　　　　2.4.3　测试与发布 ………………………………………………………（45）

第三章　模版化动态图表设计工具——Raptivity ……………………………（47）
　3.1　软件安装 …………………………………………………………………（48）
　3.2　基本操作流程 ……………………………………………………………（49）
　3.3　操作界面及使用过程 ……………………………………………………（49）
　3.4　设计案例 …………………………………………………………………（56）

第四章　快捷式微视频抠像软件——Adobe Ultra ……………………………（62）
　4.1　软件下载与安装 …………………………………………………………（63）
　4.2　用户界面及操作步骤 ……………………………………………………（64）
　4.3　设计案例 …………………………………………………………………（65）
　4.4　视频素材的拍摄方法 ……………………………………………………（70）
　　　　4.4.1　一般技巧 …………………………………………………………（70）
　　　　4.4.2　拍摄灯光布置 ……………………………………………………（71）
　　　　4.4.3　背景幕布使用 ……………………………………………………（72）
　　　　4.4.4　抠像技巧 …………………………………………………………（72）

第五章　微课的动画人物与配音工具——iFly 和 CB …………………………（75）
　5.1　智能化语音合成软件——iFly Tech InterPhonic ………………………（75）
　5.2　搭积木式动画人物设计软件——Character Builder ……………………（79）
　　　　5.2.1　基本功能和操作流程 ……………………………………………（79）
　　　　5.2.2　设计案例 …………………………………………………………（88）

第六章　微课与慕课的交互设计工具——Adobe Captivate 7.0 ……………（91）
　6.1　CP 7.0 概述 ………………………………………………………………（93）
　　　　6.1.1　软件下载和安装 …………………………………………………（94）
　　　　6.1.2　用户工作界面简介 ………………………………………………（95）
　　　　6.1.3　操作流程和步骤 …………………………………………………（102）
　6.2　CP 7.0 核心功能操作详解 ………………………………………………（102）
　　　　6.2.1　课件结构创建与顺序设计 ………………………………………（103）
　　　　6.2.2　录制视频演示与软件仿真 ………………………………………（111）
　　　　6.2.3　内容插入与交互设计 ……………………………………………（117）
　　　　6.2.4　音视频与字幕编辑 ………………………………………………（124）
　　　　6.2.5　测验设计与编制 …………………………………………………（130）
　　　　6.2.6　外观设计与目录 …………………………………………………（136）
　　　　6.2.7　预览与发布 ………………………………………………………（140）

第七章 跨平台移动课件转换方案——Adobe AIR （143）

- 7.1 AIR 概述 （143）
- 7.2 AIR 软件安装 （144）
- 7.3 利用 AIR 转换移动版微课 （146）
  - 7.3.1 制作 Android 版移动微课 （146）
  - 7.3.2 制作苹果 iOS 版移动微课 （149）
- 7.4 转换案例：将 SWF 微课转换为 Android 和 iOS APP （150）

第八章 微课与慕课的发布平台——U-MOOC （157）

- 8.1 U-MOOC 概述 （157）
- 8.2 U-MOOC 发布微课和慕课 （160）
  - 8.2.1 创建基于微课的混合式课程 （161）
  - 8.2.2 上传和发布交互式微课 （166）
- 8.3 基于微课的混合教学模式 （167）

第九章 基于课堂面授的互动反馈系统——Clicker （171）

- 9.1 交互反馈系统简介 （172）
- 9.2 IRS 教学效果综述 （175）
  - 9.2.1 提高学生的出勤率、记忆和成绩问题 （176）
  - 9.2.2 教学内容的覆盖范围问题 （178）
  - 9.2.3 师生对 IRS 的态度问题 （179）
- 9.3 IRS 在北京大学应用效果的实验研究 （181）
  - 9.3.1 北京大学的实验研究结论 （181）
  - 9.3.2 软硬件设备的安装与调试 （184）
  - 9.3.3 软件的设置与使用 （184）
- 9.4 IRS 课堂教学应用案例 （190）
  - 9.4.1 小学自然课 （190）
  - 9.4.2 小学语文课 （191）
  - 9.4.3 初中数学课 （192）
  - 9.4.4 高中数学课 （193）
  - 9.4.5 大学数学课 （193）
  - 9.4.6 大学物理课 （194）

第十章 微课与慕课的展示平台——全国多媒体课件和微课大赛 （196）

- 10.1 以赛促用——网络时代名师培养平台 （196）
- 10.2 教育部主办的"全国多媒体课件大赛"介绍 （198）
  - 10.2.1 大赛近年发展概况 （199）
  - 10.2.2 大赛组织方案及参赛流程 （200）
- 10.3 参赛建议及注意事宜 （206）

参考文献 （208）

导论　网络时代教师职业的新特征及发展策略

教师职业职责与内容的"变"与"不变",历来见仁见智,莫衷一是。唐朝著名文学家韩愈所提出的"师者,所以传道授业解惑也",可谓是中国传统文化中对教师职责最为精辟的诠释和界定。千百年来,一代代中国传统文化的从教者皆奉将其为圭臬,以得天下英才而教育之为己任,视为人生之乐事。在坚守这个信念的基础上,源源流长的中国文化得到了不间断的传承和发展。从这个角度来说,教师职业无疑具有显著的稳定性特点。

然而,近代西学东渐之后,我们对于教师职能的理解开始发生变化。尤其随着时代的发展和技术的进步,教师的职能随之不断扩展,对这个职业的要求也在急剧变化。自18世纪工业革命之后,受新科技应用和新教育理念之推动,世界各国的学校教育体系都开始发生剧烈变革,这场人类历史上最激烈的教育改革运动从欧洲到美洲,再到亚洲,几乎席卷整个东西方文化圈,波及各个文明区域。其后不久,19世纪的科学革命更是给教育领域带来了更加深刻的变化,从教育思想到教学理念,从学科体系到课程设置,从教学组织形式到教育评估方法……此次科学革命的尘埃尚未落定,一波未平,一波又起,20世纪中期的电子技术革命又将世界各国的教育推至风口浪尖,现代信息通讯技术在短短的几十年时间内如水银泻地无孔不入,推动社会的每一个行业和领域都产生了翻天覆地的变化,计算机、互联网、新传播媒介和新技术设备,更是使得各国教育改革的浪潮此起彼伏,波澜壮阔。与此相对应,新技术对教师职业的要求和挑战更是更上一层楼,教师的职业素养、专业技能和知识结构也随之变化……

某种程度上,上述学校教育变革之基础,就在于教师职业与职能的深刻而巨大的变化,因为上述一切教育变革的最终承担者都必将落在教师的身上。教师对于上述新变化的理解、感受与体验,直接或间接地影响着学校教育变革的最终效果,并在一定程度上决定着各种教学改革措施之成败。

从这个角度来看,处于剧烈变革时代的教师,其所面临的教学环境日趋复杂,所背负的责任日益重大,同时整个社会对教师职责的期待值也愈来愈高。正所谓高处不胜寒,这种时代背景使得教师的职业精神和工作体验处于一种压力巨大和左右为难的尴尬境地。一方面,处于这样一个波澜壮阔的变革时代,作为一名教师,他能够幸运地摆脱长期以来象牙塔的束缚,在自己的教学过程中有机会体验社会对教学所提出的各种新思想、新理念、新要求和新方法,使自己的教学能够跟随社会发展的脉搏和趋势。但另一方面，作为一名生活在科技发达时代的教师，社会不仅要求他（她）在专业知识上学高为师，才高八斗，在品德行为上身为示范，行为楷模。同时在教育理念、教学方法和教学工具的应用上也对其提出了更多和更高的要求，例如，要求如今的教师培养出适应未来社会发展需求之人才，培养学生具有创造性和批判性思维，使用教学新技术来提高学生之学习动机，诸如此类，不一而足。从中不难看出，当今教师职业素质要求之高，专业水平之强，鲜有其他职业能出其右。

在这种社会大背景下，作为教育技术研究者，我们首要关注的，是新时代对教师职业所带来的技术与技能方面的新要求与新挑战。教学技能是教师职业素养的重要组成部分，通常包括书面文字表达能力、语言表达能力、沟通协作能力、教学设计能力和课堂展示能力等。教师的这些能力都是通过专门的职前师范教育学习和职后的技能培训而获得，同时，教师自身的教学实践也会使其职业素养不断提高和完善。不过自20世纪末期以来，伴随着信息技术的快速发展和广泛普及，各种新技术工具和设备源源不断地进入学校并应用于教学工作的各个方面，引起了教学管理方式、教学组织模式和教学方法的相应变化，进而对教师的教学技能结构产生了重要影响。在这种社会背景下，教师们以往通过职前师范教育所获得的职业素养，已越来越无法满足日益复杂和信息化的教学工作环境，他们必须通过各种各样的在职培训和学习来不断"升级"和"更新"自己的教学技能，以保证自己职业生涯的可持续性，延伸和提高自己的职业生命力。

在传统课堂教学过程中，教师只需要具备语言、体态、粉笔板书和各种直观教具的使用能力，就可以将教科书中的内容向学生展示和传递出去，进而引发学生的相应学习过程。而如今，课堂中的教学工具除传统的粉笔黑板、挂图教具之外，还为教师提供了幻灯机、计算机、投影机、多媒体展台系统，甚至包括网上的课程管理系统，无论从可选范围还是从教学表现形式来看，都对教师提出了更多和更高的技能要求。在这种日益复杂和多样化的课堂教学环境中，教师需要根据这些技术媒体和工具来综合性地规划和设计自己的教学过程，通过多种形式来向学生呈现和传递教学信息，以实现最优化的教学活动和教学效果。

多年的研究和教学技术培训实践显示，设计和编写出一本实用性强、技术先进并且与教师的课堂教学实践紧密结合的实用性教材，对于从整体上促进学校教学信息化的发展，将会具有重要的实际意义。我们强调，与当前教材图书市场上随处可见的软件操作教程不同的是，教师们当前迫切需要的课件设计教材，确实是与众不同和独特的，必须是以教育技术学的基本理论为指导，从教学设计的基本原则为起点，将当前各种软件和技术工具整合起来形成一个有结构的系统。同时，更为重要的是，在指导思想上，教材必须反映教学改革的最新理念和精神，体现学生学习的个性化需求，例如，如今国内外教育界都比较重视的"混合式学习"（Blended Teaching）组织模式和方法，将传统面授教学与基于ICT的数字化教学相互结合起来，扬长避短，取长补短，实现传统与创新的恰当融合。同时，还应兼顾当前的诸种热点应用，如微课、翻转课堂和慕课等。我们相信，编写这样一本教材，对于推动教学信息化会有些许帮助，让教师们离互联网更加靠近一些。

1. 互联网时代的教师职业新特征分析

无论承认与否，我们都会发现，教师职业实际上一直伴随着科技发展而不断变化，在每一个社会阶段都相应呈现出独特的职业特征，进而产生了不同类型的教师。例如，曾有研究者提出三种基本类型的教师：基于经验积累的"工匠型"教师、基于学科知识的"理性型"教师、基于技术的"专业型"教师。其中，无论是教师的专业性，还是专业型的教师，实际上一直都是我们所梦寐以求的目标。实际上，早在1966年，国际劳工组织和联合国教科文组织就曾专门提出《关于教师地位的建议》，首次以官方文件的形式对教师专业性作出了说明，提出应把教育工作视为专门职业。1986年，美国卡内基工作小组和霍姆斯小组同时强调以确立教师的专业性作为教师教育改革和教师职业发展的目标。这些工作的核心目标，就是提升技术发达时代教师职业的专业性。

如今，半个世纪的时间过去了，虽然有所进展，但实际上教师职业的专业问题仍然没有得到彻底解决。目前仍然有许多人对于教师是否像医生、律师、工程师等职业一样属于是专业性职业，或多或少地表示了疑问。出现这种情况的原因是多方面的，但其中一个核心原因，就在于公众对于教师职业所表现出的低门槛，总是疑虑重重。在现实中教师职业并不是总表现如其他职业那样的专业性技能和水平：即使未受过专业师范训练的从业者，只要具备相应的学科专业知识水平，似乎同样也能胜任这项工作。目前即使有了教师职业资格证书的要求，但这种证书的低门槛和普及性的资格要求，似乎同样也很难打消人们对教师职业专业性的质疑。

(1) 基于TPACK之教师专业技能

那么，究竟应该如何消除教师职业所处的这种尴尬境地呢？

我们认为，信息技术，似乎可为增强教师职业的专业性带来一些希望。"整合技术的学科教学知识"（TPACK）的理论，或许能够为教师职业专业性的发展指出一个很值得期待的方向。

TPACK 是 Technological Pedagogical Content Knowledge 的缩写，即整合技术的学科教学知识，是美国学者科勒（Koehler）和米什拉（Mishra）于2005年在舒尔曼（Shulman）提出的学科教学知识（PCK）基础上提出的。从2005年开始，国内外学者对TPACK展开了大量的理论和实践研究，通过研究，大家一致认为对于TPACK的研究将有利于提高教师掌握和运用信息技术的能力，教师的TPACK能力是未来教师必备的能力。

如图1所示，TPACK框架包含三个核心要素，学科内容知识（CK）、教学法知识（PK）和技术知识（TK）；三个交叉的复合要素：基于教学法的学科内容知识（PCK）、基于技术的学科内容知识（TCK）、基于技术的教学法知识（TPK）；以及三个综合要素的交叉点：整合技术的学科教学知识（TPACK）。

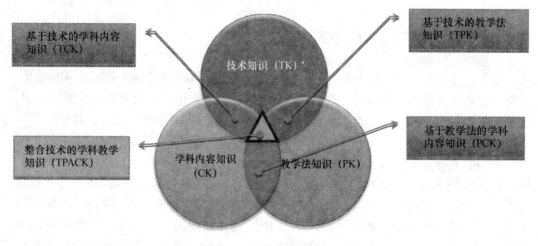

图1 TPACK 框架示意图

TPACK 给我们的启示是,不断更新的信息技术确实给教师职业带来了诸多新的挑战和机遇。如果运用得当,新技术将极大地提高教师职业的专业性水平,进而提升其核心竞争力;若运用不当,也有可能被这种全新的技术环境所困扰。众所周知,对于教师来说,以往通过获取学术性学位(硕士、博士)来提升学科专业知识,一直被认为是提高教师专业能力的主要方式。然而,在当前其他行业从业人员的学位层次不断提高的情况下,教师仅依靠通过提升学位来提高其职业专业性的可能性正变得越来越小。另一方面,教学法知识(PK)的提升,对于教师来说,似乎也是一个可行之路。但这个途径的一个显著特点,就是教学法知识主要都是实践性知识或技能,通常都是伴随着教师的从业年限增长而相应提升,更多的是实践经验的积累与总结。因此,要想直接提升教师的教学法知识,显然并非易事。在这种情况下,上述三个复合要素的交叉点,即整合技术的学科教学知识(TPACK),则是一个最有希望成为展示教师职业专业性的最佳选择。因为这结合了教师职业的核心要素:学科专业、教学方法和技术能力,三者的相互融合,无疑会是充分展示教师职业核心专业性的绝佳代表。尤其对于年轻教师来说,TPACK 为他们尽快成长为具有专业性技能的教师,并展示教师职业的专业性水平,提供了一条很有希望的路径。

(2) 网络时代教师职业之新特征

确实,我们不难看出,科技的发展使得各种社会职业出现了诸多变化。例如,有的职业因为技术的发展而被机器所替代,消失了,如铁匠;有些职业由于技术的发展和普及而变得越来越稀少,如专业的汽车司机;相反,也有些职业则由于技术发展而不断得到加强,如创意设计师、平面媒体设计师等。而作为教师这一职业来看,尽管许多人都认为它固守成规,甚至达到顽固不化的程度,但实际上,它确实是在发生变化,虽然相对于其他行业,这种变化显得很缓慢。举例来说,互联网的普及应用,就为教师的职业特点带来诸多值得注意的变化趋势。

第一,互联网正在使教师从讲台走向表演台,职业的示范性与表演性逐步增强。

尽管以"学高为师，身正为范"为职业基本规范，但整体来看，传统上教师向来以做事低调、为人含蓄为基本群体特征而著称。除了在学生面前讲课之外，多数教师实际上并不善于，也不愿意曝光在公众面前。正因为如此，才会有诸如"默默奉献""园丁""烛光精神"等词语来比喻这个职业。这种对教师职业的经典性传统认识和理解，无论东方西方，概莫能外。然而，互联网时代的来临，开始使这个群体逐渐产生了变化，一部分先行者的教师，率先敏锐地意识到了互联网对自己职业生涯的重要性，开始利用新技术来推动自己教学的变革。通过将自己的教学课件、授课视频等教学材料上传到互联网之上，这些教师的影响力不断扩大，在一定程度上推动了他们的学术影响力的扩散。尤其近年来视频公开课、微课和慕课的出现，使得这些授课教师在互联网上的知名度不断提升。相应地，他们的社会和公共影响力也随之上升。无疑，对于一名教师来说，社会声誉显然是个人职业发展的最有力的展示。

应该承认，在这个互联网时代，善于利用新技术来改革和扩展自己的学术影响力，是一个很明智的选择：因为当今时代的网络影响力，在某种程度上就是等同于实力。善于利用各种新技术来宣传自己的教师，或者说，善于在网络上利用文字（微博、微信等）、视频课件（慕课、微课等）等形式来展示自己教学与学术成果，结果真的会逐渐从虚拟网络空间中的影响力，发展成为现实世界中的真正实力。在这个过程中，这些先行者的教师们已经逐渐开始摆脱教师群体低调含蓄的传统特征，开始走下讲台，走出教室，其教学行为呈现出越来越强烈的表演性色彩：如舞台表演者一样在摄像机镜头前从容自如、长袖善舞、侃侃而谈，越来越多地表现出诸多令人耳目一新的群体特征。

实践中，当我们在设计和制作微课或慕课时就会发现，那些在演播室的摄像机镜头前，仍然能够如同在教室内学生面前那样满怀激情地讲课的教师，将可能会是当今互联网时代最具有潜质的名师：因为他们在具备专业知识的基础之上，同时还有极其重要的吸引学习者的能力，就类似影视界偶像对年轻人的吸引力一样。

简言之，教师正在从教室走向互联网，网络影响力成为其学术影响力的重要组成部分。在教师的职业发展过程中，互联网可助其一臂之力。

第二，除学科专业知识之外，教师正在越来越多地倚重新技术来组织和实施教学，运用技术的能力逐渐成为教师必不可少的专业技能要素。在当今信息科技的冲击下，教师们以往通过职前教育所获得的职业素养，已越来越无法满足日益复杂和信息化的教学工作环境，他们必须通过各种各样的在职培训和学习来不断"升级"和"更新"自己的教学技能，以保证自己职业生涯的可持续性，延伸和提高自己的职业生命力。

在这个过程中，教师对于各种新教学技术的设计和开发能力，就是新时期教学技能的核心构成要素之一。所谓"教学技术设计与开发能力"，是指教师根据学科教学的需要，在选择适用的教学技术媒体和工具来组织和设计课堂教学过程时，其所必须具备的规划、组织和技术操作能力。在教师的这种能力之中，不仅包括对于各种技术硬件设备的操作和使用技能，同时更为重要的是，教师以硬件为基础来设计和开发电子化教学材料的能力，即将教学内容通过各种电子化的媒介向学生展示和传递。

总之，当前的教学改革趋势已清楚地表明，互联网不仅为教师的教学提供了诸多改革创新的途径，更重要的，同样也为教师的学术生涯发展提供了全新的上升空间。那些敏锐认识到这种趋势的教师，将会为他们在教学技术上的投入而获得越来越丰富的回报，无论是学术影响力，还是个人职业发展来说，都会如此。

2. 网络时代教师职业专业性的发展策略

在肯定和承认互联网对教师职业推动性的前提之下，我们进一步讨论，关于教师如何利用信息技术之便利来获得个人职业生涯之跨越式发展问题。针对这个问题，笔者在另一本专著[①]中曾经提出"信息技术革命的群体差异论"，并据此来分析数字校园内不同群体在信息技术革命环境下的想法、态度与行为表现。笔者认为，在信息技术对学校产生革命性影响的过程中，至少可能涉及四个利益攸关的群体：行政管理者、教育者（教师）、受教育者（学生）和学生家长。笔者认为，出于自身职业特点、利益诉求和兴趣等方面的不同，信息技术所构建的数字校园，对于这四个群体的影响是各不相同的，分别表现为：受害者，受益者，受益或受害者，怀疑者。反之亦然，这四个群体在认识和看待数字校园的作用和价值时，其态度和反应同样具有差异性。

对于教师来说，虽然是作为校园中信息技术革命中的主要"受益者"，然而，这种"益处"并非是无条件获得的，而是需要一些客观和主观的条件。

（1）尊重教师在教学信息化中的"守门员"地位

首先，从客观条件说，无论教育管理部门的决策者，还是教育技术的研究者，都应首先承认，教师作为信息技术革命首要受益者的必要性和正当性，同时应彻底否定和清算以往那种视教师为信息技术革命阻碍者的错误观点。

以往在谈及信息技术革命时，无论国内还是国外，一些教育技术研究者都喜欢将新教学技术的运用与学生的学习效率或学业成绩直接联系起来，煞费苦心地或别出心裁地用各种各样复杂的研究方法——实验法，跟踪法，比较法，观察法等，想方设法地想证明，采用了新技术的教学，其教学效果要比传统的教学方式更好，或至少要更高明一些。回顾一下，我们不难发现，在这些不计其数的研究中，有的确实在某种程度上证明了其所提出的令人乐观的假设，有些则没有。但总的来说，对于这个问题的结论并不统一，争议很多。对此，曾有研究者总结说，无论如何研究，结论至少证明，使用新教学技术工具的教学，其效果至少不比传统教学效果差。这种研究结论的表述方式，若要细究的话，其内涵颇值得细细品味和琢磨。

对于上述这种以教学效果更佳来说服教师们在教学中接受或采用新教学技术，或去主动设计和制作课件的惯用做法，笔者向来不以为然，或者至少持保留态度。个人觉得，以这种思路来说明教师，实际效果不可能理想——无论国内外，这一点都已在

---

① 赵国栋等. 教师发展与课件设计导论［M］. 北京：北京大学出版社，2014.

实践中得到了证实。一言蔽之，这种做法实际上是本末倒置，因果颠倒。

笔者的观点是：无论技术本身如何先进，任何新教学技术若想进入课堂教学，都不可能绕过作为"守门者"的教师而直接到达学生。或者说，教学技术要想实现对学生的学习效果积极或正面影响，一个首要前提是，教师们首先必须认为这种新技术对自己的影响是积极的或正向的。说得再具体一点，或更通俗一点，新教学技术首先得对教师有"好处"或"帮助"，然后才能谈实现对学生有益。

这里，两者之间的因果关系一定得界定清楚，何为因，何为果，不可颠倒，不能因信息技术对学生的学习有帮助，就推论出教师必须在教学中使用——更何况信息技术对学生学习有益的观点，至今也未得到有效的证实。以往，多数教育研究者都喜欢将新技术对学生的好处视为"因"，而将对教师的好处看为"果"，闭口不谈或甚少提及新技术对教师的益处。相反，许多研究者似乎更喜欢或更倾向于认为，学校是一个保守的行业，故多数教师在教学理念上是因循守旧的，在教学方法上是墨守成规的，对于新教学技术更是本能排斥的。因为新技术不仅威胁到了教师在课堂上的权威性，而且对教师的教学能力和技能提出了更高的要求。这些研究者在轻松地表达这种观点或说法时，就如同谈起19世纪工业革命之初那些因为担心失业而破坏工厂新制造设备的卢德分子①一样，无论口吻还是态度，都如出一辙。

但是，实践证明这种论点是错误和有害的。笔者一向认为，这种视教师为信息技术革命阻碍者的观点，实际上反而阻碍了信息技术革命在学校中的顺利实施。因为这种观点想当然或先入为主地把这场革命中的主角教师，推到了革命的对立面上——缺少了主角的革命，哪里还进行得下去呢！

所以在本书中，我们一再强调的基本观点是：教师并非是天生的卢德分子，当他们意识到信息技术所提供的发展机遇并具备相应条件后，教师们的"革命"积极性与主动性就会被激发出来，迸发出无穷的力量，推动着数字校园向前发展。

（2）激发教师的信息技术革命积极性

既然如此，那么激发教师们"信息技术革命积极性"的条件包括哪些呢？

第一，当信息技术革命与教师的教学能力和学术能力的评价机制相互结合，并为提供信息技术应用成果的权威性合法展示平台——就如同传统学术成果（论文、教材和专著等）的评奖一样，将教师们在教学信息化上所投入的时间和精力，以各种法定奖励的形式来具体表现出来。这时，教师的"信息技术革命积极性"就有可能充分发挥出来。

---

① 卢德运动（Luddite）：是在拿破仑战争严酷的经济环境与新纺织工厂的恶劣工作条件中酝酿形成的。该运动的主体被称为"卢德分子"，主要指反对广泛被使用的、造成众多有技术的纺织业者失业的自动织机，这些织机可以由廉价雇佣而没有技术的劳工操作。卢德运动于1811年始于诺丁汉，在1811年与1812年在英格兰迅速蔓延。许多工厂及其中的机器被手摇纺织织工焚毁。在短短的一段时间里，卢德分子集结成了一股强大的势力与英国陆军发生了冲突。在英国政府对卢德分子的镇压运动开展前，众多羊毛和棉花工厂已被摧毁。在当代，"卢德分子"一词用于描述工业化、自动化、数字化或一切新科技的反对者。源自维基百科：http：//zh.wikipedia.org/wiki/卢德运动。

在当前学校的教师能力评价体制中，基于常规或传统的教学/学术能力的评价体系，已建设得比较成熟和完善，拥有从项目资助申请、效果评价、出版发布、成果评比及其奖励等级一系列完整的流程。总体来看，这个传统的教学/学术能力评价体系的突出特点是：

- 以资历或年龄作为初始门槛
- 以教学经验积累为基本条件
- 以官方科研项目为突破出口
- 以学术出版成果为衡量标准
- 以官方奖项等级为核心指标

在传统的学校环境下，凡有志于通过这条路径来实现自己个人职业发展的教师，只需要以上述准则为指引，循序渐进、按部就班地前进，最后自然水到渠成，功成名就，获得个人事业的最大发展。客观地说，这个传统的教师能力评价体系经过长期不断地发展、修正和完善，到目前确实已经能够比较客观、公正和公平地对广大教师的教学和学术能力进行评价，为那些符合上述标准的教师提供职业生涯的上升空间。此外，这个评估体系很重要的一个特征，是具有广泛的合法性和普遍的权威性，潜移默化地成为绝大多数教师事业发展的认同标准，指导着他们的教学事业的发展方向。

然而，这个评估体系目前最主要的缺陷就表现在，伴随着信息化时代的到来和数字校园的普及应用，信息技术革命对教师的教学和学术能力内容，都相应地提出了新标准和新要求，但这些新内容却迟迟未能反映到这个评估体系之中。换言之，这个教师能力评估体系未能伴随着时代的发展而及时更新内容，或者更新得不及时、不完整。这直接导致了对年轻一代教师的能力评估，不能及时和全面地反映出数字校园时代的教学与学术能力要求。

从某种意义上来说，这是一种误导，同时也对于新一代教师的成长与发展极其不利——当教师身处信息技术革命的数字校园时代，而对其能力评估要求却是工业化时代的，甚至农业时代的标准，结果可想而知。尤其重要的是，虽然在现实的教学实践工作中已提出了对教师的新能力和技能的要求，但这种要求却无法得到正式的官方认可，更无法获得权威性和合法性——结果是，当有教师试图朝着适应信息技术革命新要求的标准去实施教学时，却无法获得原来那种传统的教师能力评估体系的认可与承认，自然更无法获得个人事业的相应进步，积极性备受打击。

（3）培养教师的教学技术设计与开发能力

针对上述问题，笔者认为，对于身处信息时代的教师来说，各种基于信息技术的能力与素养，对于数字校园的发展来说，是极其关键的一个影响因素。在传统课堂教学过程中，教师只需要具备语言、体态、粉笔板书和各种直观教具的使用能力，就可以将教科书中的内容向学生展示和传递出去，进而引发学生的相应学习过程。而如今，课堂中的教学工具除传统的粉笔黑板、挂图教具之外，还为教师提供了幻灯机、计算机、投影机、多媒体展台系统，网上的课程管理系统和各种课件设计工具。因此，无论从可选范围还是从教学表现形式来看，都对教师提出了更多和更高的专业化技术要求。在这种日益复杂和多样化的课堂教学环境中，教师需要根据这些技术媒体和工具来综合性地规划和设计自己的教学过程，通过多种形式来向学生呈现和传递教学信息，以实现最优化的教学活动和教学效果。这就是笔者所提出的"教学技术设计与开发能力"①。

教学技术设计与开发能力，是指教师根据学科教学的需要在选择适用的教学技术媒体和工具来组织和设计课堂教学过程时，其所必须具备的规划、组织和技术操作能力。在教师的这种能力之中，不仅包括对于各种技术硬件设备的操作和使用技能，同时更为重要的是，教师以硬件为基础来设计和开发电子化教学材料的能力，即将教学内容通过各种电子化的媒介向学生展示和传递（见图 2）。其中的核心构成因素，就是教学课件的设计与开发技能。换言之，教学课件是直接影响或决定教师的教学技术设计与开发能力的关键因素。

图 2 教师的教学技术设计与开发能力

因此，笔者认为，应该在上述传统的教师教学和学术能力评估体系之中，再增加"教学技术设计与开发能力"这样一条评估标准，为年轻一代伴随着数字校园成长起来的教师提供符合其事业发展需求的评估指标和体系，进而为其教师职业生涯发展提供一条新发展路径，打通从数字校园和教学信息化通向教师事业发展的台阶和新发展空间。

具体地说，如同传统的各项教师能力评估标准一样，也要为教师们的"教学课件设计与制作"活动，提供一系列相应的项目资助申请、效果评价、出版发布、成果评比及其奖励等级一系列完整的流程，使专注于通过这个途径来实现个人事业发展的教师们，也能够有合法的出头之路。譬如，各种基于教学课件设计与制作的研究资助项目申请和课件成果评奖等。

（4）强调课件设计对教师职业专业性发展的重要性

在教学课件的设计与制作具备了合法和权威性的发展路径之后，更为重要的是，还需要教师个人具有积极主动的态度和心向，并深刻认识到这种设计与开发能力对于自己职业专业性的重要意义。简言之，教学课件能有效地展示教师职业的技术性、专业性和独特性。

如前所述，久遭质疑的教师职业的专业性，是一个困扰教师行业已久的问题，直到现在仍未彻底解决。虽然在 20 世纪 60 年代联合国教科文组织（UNESCO）就教师的职业性和技术性问题做出了明确界定②，但实际上在中国，教师职业的专业性问题至今

---

① 赵国栋. 混合式学习与交互式视频课件设计教程 [M]. 北京：高等教育出版社，2013.
② 1966 年联合国教科文组织和国际劳工组织提出《关于教师地位的建议》，首次以官方文件形式对教师专业化做出了明确说明，提出"应把教育工作视为专门的职业，这种职业要求教师经过严格地、持续地学习，获得并保持专门的知识和特别的技术"。

仍未得到有效和彻底解决。在当今普遍强调专业化的社会环境下，极少有人会质疑律师、会计师、平面美术设计师、医生或建筑师等职业的专业性。相应地，在提及这些职业时，也几乎没人会认为，若不经过专业的受教育过程或培训就能轻松地胜任这些职业的工作。但与此相反，令人遗憾的是，公众对教师职业的专业性认识和理解，却远非如此。直到今天，当谈及教师职业时，恐怕仍有为数不少的人会认为，只要接受过一定的专业学科教育（数、理、化等）和具备基本的授课技能（语言表达和书写能力等），教师是一个多数人都能胜任的职业。更令人遗憾的是，当前国内教育行业的诸多做法，也进一步加深了公众的这种观点：在各级各类学校招收新教师时，不问是否经过专业师范教育，是否具有教师的技能与素养，只看来自哪里（美国、欧洲等），所毕业的院校（985类或211类）和毕业文凭（硕士或博士）。进校之后，接受教育学或教育心理学的简单培训之后就直接走上讲台，成为一名光荣的教师。至于教学技能，基本凭借在工作过程中听观摩课去模仿、请教前辈的经验或课余自修来获得。显然，以这种方式培养出来的教师，其职业的专业性水平备受公众质疑，也就不难想象了。

当然，解决教师职业专业性水平是一个复杂的问题，非朝夕或一法可解决。但笔者认为，在如今的信息时代，强调教师职业的信息化水平和技能，是提高这个职业专业化水平的一个重要方向。众所周知，信息化是当今各行各业的共同发展趋势，以信息技术作为行业适应网络时代需求的解决方案，以各种专业的系统和软件工具作为行业工具，是展示和提高一个行业或职业专业化水平的重要表现形式。证券分析师的股市行情分析软件，平面设计师的美术设计软件（Photoshop），工程师的辅助设计软件（AutoCAD），等等，这些软件工具都充分展示了信息时代职业的专业性，并清楚地表明：非受专业教育，非用专业工具，决非专业人士！

那么，对于教师职业来说，他们用来展示其专业性的工具是什么呢？

显然，粉笔、黑板、挂图和实物模型已过于陈旧；同样也不会是Office办公软件，因为这已成为各行业普遍使用的工具性软件；似乎也不太可能是Adobe Photoshop或Premier。这里，笔者提出的观点是，那些用来设计和制作教学课件的相关软件，是目前展示教师职业专业性的最佳代表。因为教学课件，是教师用来连接数字校园与学生之间的一个最为核心和关键的"桥梁"，它以电子化、数字化和网络化的形态，容纳和承载着以往教师通过传统方式（板书、文字、声音和体态等）向学生传递的知识、情感和技能，是信息技术进入课堂教学的物化和具体化表现形式。甚至可以说，它是数字校园进入课堂教学的最后一关。在数字校园中，无论多少复杂的管理信息化、教学信息化和科研信息化的系统和平台，归根结底，都需要以教学课件为典型代表形式而呈现在学生们面前，成为学生感受和体验数字校园强大功能的最重要和直接的媒介物。

简言之，教学课件，既是教师职业专业化水平的体现，同时也是数字校园的核心象征，体现了学校以教学为核心的基本职能。

教学课件既然如此重要，那么，以往我们在教育信息化建设过程中的重视程度如何呢？同样遗憾的是，无论从职前教育，还是职后培训来看，教师的教学课件设计与制作能力都是一个明显的"短板"。实际上，即使在以培养各学科教师为己任的师范类院校中，学生们也很少接受有关教学课件的设计与制作的专业化学习课程，充其量在学习一些教育学、心理学或学科教学法课程基础之上,再加上一些课堂授课技能训练而已。从这一点来看,与教师的能力评估体系类似,师范教育的课程内容体系,同样也已落后于信息时代的发展要求。

因此,重视和强调教师的教学课件设计与制作能力,不仅是当前数字校园应用的核心环节,同时也是体现教师专业化水平的重要表现,亟待得到关注和重视。更为重要的是,伴随着信息技术的不断发展与变化,教师与教学课件之间,课件开发技术与应用模式之间,也相应处于一个动态发展变化的过程之中。简单地说,教学课件设计与开发技术难度的变化,推动着教师自主课件开发能力的不断提高,进而推动着信息技术革命在校园中的不断深入。

回顾过去数十年的教育改革发展过程,在不同的技术时代,教学课件的概念和内涵一直处于不停地发展和变化过程中,见证了各种技术媒介在学校中所留下的足迹(见图3)。20世纪50至60年代,当个人计算机(PC)尚未出现而大型机占主流技术时,"课件"主要是指由专业编程人员设计和制作的一种专业性的电子学习软件包,制作技术复杂,设计成本高昂,操作和使用均非易事。故而适用范围极其狭窄,通常情况这种课件在普通课堂中难得露面,更多是在实验室和计算机机房中使用。20世纪70年代之后,当进入个人计算机时代而图形化操作界面尚未普及之时,"课件"的设计和使用成本虽然有所降低,但仍然属于"阳春白雪"范畴,课件仍然主要应用于某些特定的学科,如主要用于数理化等学科的计算机辅助教学中,但在人文社科类教学中同样也难得见到其踪影。在这个时代,虽然将那些利用模拟技术设计和制作的语音和视频类资源包(如录音带和录像带)也经常称之为"课件",并能够在一定范围内应用于某些人文学科(如语言学习类课程等),但就当时的音像技术制作水平来说,这种课件的设计和制作要求仍然是高不可攀的,必须是专业部门和专业人员利用专业设备方可进行,普通学科教师和学生在课件的设计过程中参与能力和发言权都极少。可以说,这个年代中,课件的设计开发与应用通常处于互相脱节的状态。

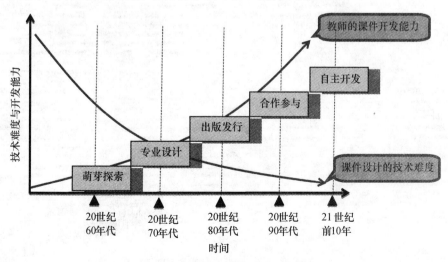

图3 课件开发技术与教师设计能力的关系演变

这种情况直到 20 世纪 90 年代个人计算机的逐步普及和国际互联网的广泛应用之后，才有所改善，技术的快速进步和普及，开始推动课件的开发与应用进入一个新阶段。在这个阶段中，课件出现的最显著变化，就是伴随着设计和开发技术门槛的不断降低，使得以往主要扮演课件使用者角色的教师，逐渐可以参与课件的设计、开发和制作的某些环节。在某些情况下，教师甚至成为课件开发的主导者。某种程度上，技术的进步打通了课件设计、开发与应用之间的长期存在的障碍，为课件的普及应用开拓了新的空间。如今，越来越多的工作在教学第一线的教师愿意或打算自己动手构思、设计和开发所授课程的课件，以便将自己的教学理念和个性化的教学设计纳入课件之中，最终实现教学的最优化设计与实施。

　　总之，在信息技术革命的时代，充分利用数字校园为教师职业所带来的发展机遇，激发教师们的信息技术革命积极性，提高他们的教学技术设计与开发能力，以教学课件作为提高教师专业性的有效手段，将是这个职业面临的一个重要挑战，同时，也更是一个难得的机遇。实际上，本书所探讨的核心主题——微课和慕课，就是这个机遇中最有可能为教师们带来职业跨越性发展的要素之一。我们相信，对于教师们来说，认识和理解微课与慕课，学会自己动手设计、开发微课和慕课，在互联网上展示自己的教学风采，将有可能为这个职业添加更多时代特征。

第一章 微课与慕课概述

近年来，伴随着互联网对各行业渗透力的不断增加，其在世界各国教育领域的应用范围迅速扩张，各种新式的教学应用模式层出不穷，令教育者应接不暇：从前几年的开放课程（Open Courseware）、混合式学习（Blended learning），到现在的翻转课堂（Flipped Classroom）、微课（Micro-lecture），再到最近的慕课（MOOCs）等，这些新概念、新名词确实让多数普通学科教师都感觉眼花缭乱，不知所措。

正如上述信息技术革命群体差异论所强调的，当一个群体对新技术的潜在影响无法预知和确认时，其内心中就会无形中产生对这种新技术的畏惧感和不可知感，进而影响到对新技术的认识与接受性。在学校教育领域更是如此，当决策者和教育者仅仅被各种新术语和新概念的新奇性所吸引时，他们的决策经常会表现出显著的跟风炒作性，通常很难持久保持。以往的研究表明，各种新教学技术的应用情况，经常呈现出跟风热炒之后便是热度迅速消退，继而是对新技术的极度失落感。

所以，无论对于教育决策者，还是教育实践者来说，在决定采用某种新教学技术或组织模式之前，分析和了解上述这些新概念、新术语，搞清楚它们之间的相互关联，或许对于学科教师在教学过程中贯彻和应用它们有一定的帮助。

1.1 混合式学习与翻转课堂关系辨析

不可否认，在科技发达时代，技术创新确实从各个方面促进了面授教学与基于技术媒介式的学习环境之间的相互融合，混合式学习（Blended/Hybrid learning）① 正是在这样的背景下应运而生的。正如在"计算机辅助教学"（Computer-Assisted Instruction，CAI）、"技术辅助教学"（Technology-Enchanced Learning，TEI）、"网络辅助教学"（Online-Based Teaching，OTI）等概念一样，混合式学习实际上体现了学校环境下新与旧、传统与创新、技术与人文诸因素之间的合作与否，代表着学校教育领域那股努力想要与社会其他领域一样，紧跟时代技术发展脉搏的尝试，尽管这种尝试多数情况都无果而终，但勇于尝试者却总是不乏其人，前赴后继，一再验证了教育技术研究者的

---

① 通过文献检索可见，目前许多学者认为，Hybrid learning 与 Blended learning 通常被认为是两个可以互换的具有相同含义的概念。在本书中这两个术语基本同义，视不同语境而使用。

勇气与执著。

1.1.1 混合式学习简介

不约而同地，正如制造业正在热衷于油电相加的"混合动力"（Hybrid）汽车一样，教育界同样也钟情于混合式学习。所以，首先，我们来看一看究竟什么是混合式学习。

顾名思义，混合式学习实际上就是"一种将面授教学与基于技术媒介的教学相互结合而构成的学习环境"①，它借助这两种学习模式之优势来重新组织和实施学习活动，以达到提高教学效率的目标。也有学者认为"混合式学习是技术、场所、教学方法的多方面融合"②，而不仅仅是教学组织形式的结合。更有学者提出，混合式学习是"在'适当的'时间，通过应用'适当的'学习技术与'适当的'学习风格相契合，对'适当的'学习者传递'适当的'能力，从而取得最优化学习效果的学习方式。③ 在国内教育技术界，何克抗教授认为，混合式学习"就是要把传统学习方式的优势和E-learning 的优势结合起来"④。其核心思想是根据不同的问题和要求，采用不同的方式解决，教学上就是要采用不同的媒体与信息传递方式进行学习，最终达到效果最优化。

综合上述内容，我们认为：混合式学习就是不同学习方式和教学要素的相互结合，它借助面授与网络这两种学习模式的优势来重新组织教学资源、实施学习活动，以达到提高教学效率的目标。我们强调，混合式学习不是信息技术的简单应用和教学形式的简单改变，而是教学理念、教学模式和教学组织方式的综合性变化。

技术在进步，教学技术也随之发展。相应地，混合式学习所涉及的技术实际上也在日新月异地不断变化。在这个信息化和互联网的时代，基于互联网的各种新教学技术，自然是混合式学习最理想的"撮合"对象，成为与传统教学"混合"的首要之选。

从当前国内外的混合式学习实践来看，各级各类学校的具体实施思路和方式各具特色，不尽相同。但概括来说，我们仍然可以归纳出混合式学习的基本技术方案或应用模式，一言蔽之，那就是整个教学过程所涉及因素在各个方面和层面的相互"混合"。例如，常规工具与新技术手段，课内与课外，线下与线上，班级与个别化，集体与小组，自评与他评，等等。同时，表现在应用模式上，则主要表现为课堂教学与虚拟学习环境（或课程管理系统）的结合，印刷教材阅读与交互式电子课件学习的结合（见图1-1）。考虑到当前学校的现实情况，在混合式学习的应用中，课堂面授的时间和内容比重肯定要高于网上自学。或许，以后随着各方面条件和环境的改善，在线学习的时间有可能会逐步增加。不过，就今后可以预见的发展趋势来说，对于全日制教育机构，无论如何，在线学习模版块的比重都不可能占据优势比例，只能充当辅助的角色。

---

① Graham, C. R. (2006). Blended learning systems: definition, current trends, and future directions. In Handbook of Blended Learning: Global Perspectives, Local Design [M]. edited by C. J. Bonk and C. R. Graham, pp. 3 – 21. San Francisco, CA: Pfeiffer Publishing.

② Elizabeth Stacey, Philippa Gerbic (2008). Success factors for blended learning [J]. http://www.ascilite.org.au/conferences/melbourne08/procs/stacey.pdf [OL], 2010.12.25.

③ 吴青青. 现代教育理念下的混合式学习 [J]. 贵州社会主义学院学报, 2009 (2).

④ 何克抗. 从 Blending Learning 看教育技术理论的新发展 [J]. 电化教育研究, 2004 (7).

简言之，混合式学习实际上可以被视为一种利用各种新技术手段来重组和构建教与学过程的指导思想和组织策略。它为我们在教学过程使用各种各样的具体教学技术工具提供了一个基本思路。或者说，混合式学习实际上是各种教学技术在课堂中应用的指导思想。

图 1-1　混合式学习的基本结构

1.1.2　翻转课堂概述

谈完混合式学习，我们再谈一谈目前正被炒得沸沸扬扬的"翻转课堂"。

从概念上来看，国外的研究资料显示，翻转课堂（Flipped Classroom 或 Inverted Classroom）是指一种以课堂面授教学为基础，再利用多种技术工具来实现教学流程重组的教学组织形式。具体来说，就是重新调整课堂内外的教学组织结构和教学分配时间，将学习的主动权从教师转移给学生。在这种教学模式下，在课堂内的有限时间里，学生能够更专注于主动的基于项目的学习，更多地与教师之间进行提问答疑，讨论交流，共同研究和解决学习中的重点和难点问题，从而获得对教学内容更深层次的理解。翻转课堂的一个重要特点，是教师不再占用课堂的时间来讲授信息，这些信息需要学生在课后完成自主学习，他们可以看视频讲座（如微课、慕课）、听播客、阅读电子书，还能在网络上与别的同学讨论，能在任何时候去查阅需要的材料。

如图 1-2 所示，这样的安排，使得在课堂面授教学中，教师不必再把时间花在班级授课上，而是能有更多的时间与班级中每个人进行个别化的交流。进一步，在课后，学生还要自主规划学习内容、学习节奏、风格和呈现知识的方式，教师则采用答疑法和协作法来满足学生的需要和促成他们的个性化学习，其目标是为了让学生通过实践获得更真实的学习。

从中不难看出，翻转课堂与混合式学习、探究性学习、其他教学方法和工具在含义上有所重叠，都是为了让学习更加灵活、主动，让学生的参与度更强。但需要注意的一点是，在国外，翻转课堂最初主要用于对学习障碍学生的重点辅导，而并非主要针对普通学生，其所针对的学生数量较少，故教师才有可能有较多的时间进行个别化辅导。所以，在国内引入这种新型教学组织模式时，要充分考虑到国内外学校情况的实际差异，如班级规模、学生数量及生师比率等。

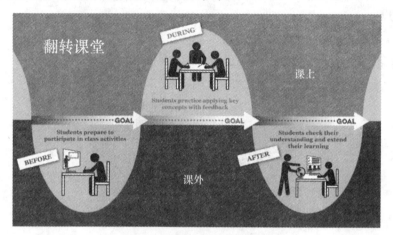

图1-2　翻转课堂的结构示意图

换言之，传统的教学模式是教师在课堂上讲课，布置家庭作业，让学生回家练习。然而在翻转课堂式教学模式下，学生在家完成知识的学习，而课堂变成了教师与学生之间和学生与学生之间互动的场所，包括答疑解惑、知识的运用等，从而达到更好的教育效果。互联网的普及和计算机技术在教育领域的应用，使"翻转课堂式"教学模式变得可行和现实。学生可以通过互联网去使用优质的教育资源，不再单纯地依赖授课教师去教授知识。而课堂和教师的角色则发生了变化。教师更多的责任是去理解学生的问题和引导学生去运用知识。

仔细思考之后，我们不难发现，混合式学习和翻转课堂，本质上说，这两者实际上是从不同的侧面在谈同一个问题，都是在原有传统的课堂面授教学的基础之上，利用各种基于互联网的新教学工具来实现教学环节、教学流程或教学步骤的调整和重组，从而实现学与教、师与生、课内与课外、讲授与自学等组织形式的转变。简言之，混合式学习，实际上是翻转课堂的指导思想，而翻转课堂则是混合式学习的具体实施方案。

1.2　微课与翻转课堂的相互关系

当前，微课（Micro-lecture）的出现与盛行，原因是多方面的。一方面受整个教育信息化发展大背景的影响，包括数字校园的普及和各种课件制作技术的不断简化，这都极大地鼓舞了教师们教学信息化的参与热情，教师们通过各种方式来开发和制作各种短小简易的数字化教学资源，如教学视频短片等。另一方面，微课的出现，同样也与移动学习的不断推广与普及有着直接关系。因为移动互联网和移动终端设备的逐渐普及使得人们的信息获取方式产生了相应变化。例如，一是视频摄制的技术和时间成本不断降低，使得教育者能够随时随地方便地制作教学视频；二是由于各种智能化移动终端设备的不断出现和普及，使得学习者的时间经常被这些设备"切割"或"分离"为越来越小的时间段，并随之出现了所谓的"碎片化学习"，即一种每次持续时间短但发生频率高的新学习方式。相应地，碎片化学习方式进一步使得教学资源也相应划分为更小的"片断"，以适应学习者的新行为模式。在上述各种因素的综合影响下，微课便应运而生（见图1-3）。

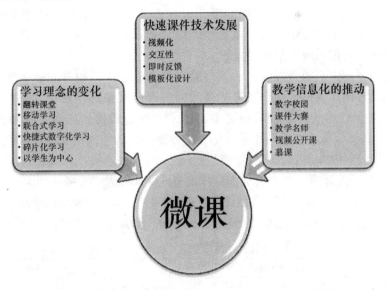

图1-3　微课产生与发展的影响因素

1.2.1　微课的概念及类型

从字面上看，微课显然与当今互联网时代最流行的"微博""微信""微电影"等新技术形式一脉相承，是它们在学校教育领域的直接反映。若简单地说，微课，就是"微型的授课"，或"微型的课程"之意。也有人认为，微课实际上就是"微视频"，言下之意，即用视频形式录制的短小的讲课片断。这些理解看起来都是很有道理的。

不过，若从国外的相关研究性文献来看，当前大家所说的"微课"，实际包括两种基本含义：一是"微课程"（Micro-course），二是"微课件"（Micro-lecture）。简言之，一个单独的"微课"可称为"微课件"；多个微课件相互组合，则构成"微课程"。

通常情况下，大家所说的"微课"主要是指"微课件"，就是基于微型教学而设计和制作出的电子课件。无疑，小段视频是这种微课件的重要组成部分或表现形式。但需要指出的是，这并不是说，只要是小段视频，就可以称之为"微课"。如果这样说的话，那么，微课就实在没有多大新意了。某种程度上来说，所谓"微课"中的"微"，更多的是强调教学主题或教学内容的"微型化"，而非仅指授课时间、授课视频本身的长或短。同时，更重要的是，在"微"的基础之上，还要强调对学习内容的即时反馈和学习过程的交互性。所以，仅仅从"微"的角度来理解"微课"的概念是片面，我们更多的是要从教学设计和课件设计的角度来认识它。

基于以上分析，笔者认为，从设计角度，"微课"（Micro-lecture），是一种基于学科课程的核心内容（难点或重点）设计而成的，注重即时反馈的微型化在线视频课件。它的基本特点是：视频化、简洁化、反馈性、交互性。

从技术设计方法来看，微课目前通常有以下两种制作方案。

第一种是强调内容的传递性，通常先编写一个简单的制作脚本，例如应该掌握的关键知识点或单元总结等。然后利用"电脑的话筒 + 摄像头 + 录屏软件 + 演示工具"来现场制作。以这种技术方案制成的微课表现形式通常是，教师授课头像的语音视频 + 文字演示或其他可视化内容；或者是幻灯片演示录屏和动画等。完成后的微课可以被上传到课程管理系统供学习者播放。

第二种则强调内容的交互性，在编写脚本的基础之上，通常需要一些硬件设备和相应的特殊课件制作软件，制作出来的微课的表现形式和内容相对复杂一些，通常不仅有视频，也会有一些交互或反馈环节，技术水平也较高。这时，一种被称为"快课"[①]的设计技术，就会成为一个很好的解决方案，因为它能使学科教师们在简单培训之后，也能设计和制作出具有交互功能的微课。

在本书中，我们将第一种技术方案制作出来的微课称为"单播式微课"，第二种技术方案制作出来的微课称为"交互式微课"（见表1-1）。前者主要是以单纯视频的形式出现，后者同样也包括视频，但同时还具有交互功能，能够为学习者提供不同的学习路径。

表1-1　单播式微课与交互式微课的区别与联系

	单播式微课	交互式微课
技术形式	以单一视频格式呈现	以网页动画和视频等多格式呈现
设计工具	绿屏背景摄像、PPT录屏、视频编辑软件	DV绿屏背景摄像、PPT、"快课"设计软件 Adobe captivate
操作形式	播放、暂停和重播	点击、拖拽、选择、填写、反馈
学习路径	单一路径	多个路径
播放工具	各种视频播放器	网页浏览器、动画播放器
开发群体	以技术工程师为主，学科教师为辅	以学科教师为主，技术工程师为辅

在应用层面，微课可能会有助于形成一种自主学习模式，让学生们自己检索并自定步调学习。同时，这种形式也鼓励教师们在呈现教学内容时学会尽量简洁，因为一个微课主要关注一个重点。在实践中，微课也可以结合多种教学方法进行使用。例如，如果用微课来解释基本概念，就能解放课堂的一部分时间用于问题解决和应用。通过这种途径，微课可为前面所说的"翻转课堂"模式提供有力支持。在这种模式中，学生在课堂之外观看在线的课程，在课堂上进行讨论和提问等课堂活动。这种情况下，微课为观看者提供了一对一的临场感，就好像老师直接跟学生讲话——这一点是大规模班级授课、拥挤的教室以及在线课程所无法体验到的。

不难看出，微课对于移动学习来说，显然是一个富有吸引力的应用模式和设计方案，这也正是它能在教育领域中被广为关注的一个重要原因。例如，在教学中，教师

---

① 快课，英文称为 Rapid e-learning，就是一种以模版套件为基础来设计和开发教学课件的技术方案，其特点是操作简便，技术要求低，适合于普通学科教师使用。

可以尝试将微课作为课程任务发布，学生可以利用任何移动设备来完成作业并提交。这些独立的或者协作的学生项目作业可以解答课堂上出现的一些问题。有研究者[①]（2012）认为，随着使用者尝试将卡通式的视觉效果加入微课，动画可能成为一种微课中很普遍的组成元素。或者，微课也可能成为一些在线项目中的标准组成元素，如MOOCs等。这种观点值得重视。

目前，最著名的微课网站有萨尔曼·可汗学院和TED教育演讲等。国内也开始举办一些微课大赛，如本书第十一章中所介绍的由教育部教育管理信息中心组织的多媒体课件大赛，自2013年起就增加了微课类的比赛。与此同时，国内外一些高校也正在尝试将微课整合于他们的正式课程之中，在目前备受关注的"慕课"之中，微课就成为其在线课程的典型设计形式。

当然，需要指出的是，微课并不是一种适合所有教师的教学课件设计和表现形式。与以往的各种课件设计方案一样，它也有其固有的缺点。例如，微课所要求的这种注重以授课视频来展示的授课方式，对许多教师来说都是一个挑战。因为像播音员或主持人一样在摄像机镜头前面如在教室里一样挥洒自如、滔滔不绝地讲课，或者按照提前编好的脚本在电脑屏幕上边讲边录音，这些都要求授课教师具有相当的表演才能方可胜任。此外，尽管上述单播式微课的制作并不需要很多准备，也不需要很复杂的设备，通常教师自己基本就能应付。然而，对于交互式微课来说，其中所涉及的复杂的视觉效果或动画可能需要准备时间长，或者需要额外的技术资源。这时仅依靠学科教师恐怕很难胜任。

对于微课的发展趋势，有研究者（胡铁生，2013）提出了微课发展的三阶段理论，他把国内对微课概念的认识划分为"微资源构成""微教学过程"和"微网络课程"三个阶段（见图1-4）。每个阶段的微课概念内涵各有所侧重，微课表现形式也不尽相同，其功能特点和应用范围也不同。

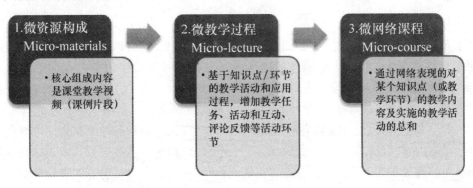

图1-4 微课的三个发展阶段

在第一阶段，"微课"的核心组成内容是课堂教学视频（课例片段），同时还包含与该教学主题相关的教学设计、素材课件、练习测试、教学反思等辅助性教学资源，它们以一定的组织关系和呈现方式共同营造了一个半结构化、主题式的资源单

[①] Educause, 7 things you should know about Microlectures, 2012, http://www.educause.edu/library/resources/7-things-you-should-know-about-microlectures.

元应用小环境。其特点是提出了一种新的资源整合观或资源建设方式：以视频为主要载体或呈现方式，统整了与之相关的教与学资源，使以往各自独立建设与应用的教案、课件、课例、试题等资源间产生了一种较为紧密的关联，较大幅度地提升了资源的利用效率。

在第二阶段，把微课视为基于知识点/环节的教学活动和应用过程，增加了教学任务、教学活动和多种形式的互动、评论反馈等活动环节。在微课的半结构化、网页化、开放性、情境化的资源动态生成与交互教学应用环境中，师生会产生许多生成性、智慧性的教与学资源，微课的资源不再是静态的，而是生长发展的，不断充实完善的。

在第三阶段，即所谓微课"3.0版本"，把微课程定位于一种以微视频为核心资源和呈现载体的微型在线视频课程（既不同于一般的视频公开课，也不是传统意义上网络课程的"微型版"）。"微课程"可以认为是通过网络表现的对某个知识点（或教学环节）的教学内容及实施的教学活动的总和。它是以"微型视频"为主要内容和呈现方式的一种新型微型网络课程，即"微型视频网络课程"，其特点有：主题突出，指向明确；资源多样，情境真实；短小精悍，应用面广；半结构化，易于扩充；交互性强，使用便捷。

笔者对上述观点表示认同。伴随着技术的发展，微课必然不断改善和变化以适应教学的需求。实际上在本书中，我们更多的是将微课视为一种具有独特功能的新教学课件设计理念和表现形式，认为它是以混合式学习为指导思想，以翻转课堂为基本应用模式的一种课件设计方案。使用这种方案所设计出来的课件，所具有的特点主要包括：内容上短小精悍，突出重点；表现形式上以视频为主；应用模式上强调学习的即时反馈；在设计技术上则强调网络化和交互性。

1.2.2 交互式微课的技术方案

具体从应用角度来说，上述3.0版的微课（微网络课程），实际上就是当前慕课的技术表现形式。它强调的是在学习过程中，教学视频的交互性、学习路径的多样性及学习素材的动态性。相比于单播式微课来说，交互式微课能够为学习者提供更加个性化和兴趣化的在线学习体验，因而学习效果也会更好。

在技术结构上，笔者提出了一个方案，交互式微课应至少由四个环节组成（见图1-5）：一是"概念导入"，主要以各种形式的交互式动态图表或预备性测试来简约地向学习者展示学习内容和目标；二是"授课视频"，主要以虚拟场境式视频方式来表达核心教学内容，时间通常在5~15分钟；三是"巩固测验"，主要以在线测验方式来检验学习者的知识理解和掌握程度，并以自动计分等方式来即时反馈；四是"反馈总结"，通常以作业练习或协作项目学习等方式来让学生将所学内容进行应用性操作，通常以在线方式提交。

图1-5 交互式微课的基本结构

从中不难看出，这个交互式微课的技术结构，实际上是将微课更多地视为一个"微教学活动"或"微网络课程"，而不是目前流行的"微资源构成"。笔者认为，这种技术结构更能反映微课这种新课件形式的发展性和完整性的趋势。与之相对应，基于交互式视频课件①的设计技术，笔者提出了交互式微课的技术设计方案②（见图1-6）。

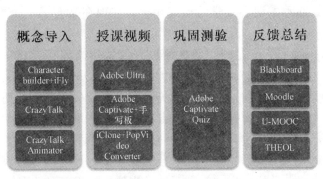

图1-6　交互式微课的技术设计方案

1.2.3　微课与翻转课堂

最后，还需要阐明一个问题，微课又与翻转课堂之间存在着什么联系呢？

略加比较之后，我们不难看出，要想实现前面所提到的翻转课堂之中的课前和课后的学生自学与复习等环节，显然离不开某种教学课件的支持，否则无法实现课外预习与课堂讨论之间的无缝结合，所谓"翻转"也就无从谈起。当然，教学课件的设计方法和类型很多，究竟哪一种教学课件才能适用于翻转课堂的教学需求呢？可以想象，传统的那种长达45至60分钟的课堂实录式的视频课件，恐怕很难符合当今伴随着短小网络视频成长起来的"网络一代"学生的兴趣和需求——他们多数都可能缺乏足够的耐心去观看如此冗长单调的教学视频。因为这种时间长、节奏慢的实录式视频，很难充分激发起学生们的自学热情与兴趣。在这种情况下，上述微课式的视频教学课件，就成为一种最佳的选择。尤其是前面所提及的交互式微课，更是能满足这些习惯于网络游戏的"90"后的需求，因为这能够在某种程度上满足他们早已从小习惯的计算机操作习惯：通过键盘、鼠标等输入设备的各种操作来获得相应的反馈，进而激发他们的后续行为，并形成可持续性的学习活动。

简言之，微课就是翻转课堂的具体技术设计方案，或者说，微课就是实现翻转课堂教学组织形式的一种常用的课件设计技术方案。这样，就形成了混合式学习、翻转课堂和微课三者之间的基本关系：混合式学习是翻转课堂的指导思想，翻转课堂则是混合式学习的具体实施方案；微课就是翻转课堂的具体技术设计方案。

---

① 关于交互式视频课件的相关内容，请参阅本书第二章2.1节的相关内容。
② 关于该技术方案的详细内容，请参阅本书第二章微课与慕课的设计技术方案中的相关内容。

1.3 从 OCW、OER 到 MOOCs

2013 年 3 月，北京大学正式启动了"网络开放课件"建设项目。北大网络开放课程项目的启动，标志着国内一流研究型大学也开始关注网络时代的大学教学模式改革问题。与以往大家熟悉的混合式学习模式相比，它现在又有了一个更为新潮的名称：MOOCs（慕课）。

2012 年以来，似乎一夜之间，"大规模开放式网络课程"（Massive Open Online Courses，MOOCs）异军突起，在世界各国大学中引发了一场网络教育的新潮流，2012 年被称为"MOOCs 之年"。在这一年里，美国的多所顶尖大学，如斯坦福大学、麻省理工学院、哈佛大学、普林斯顿大学等，陆续设立一种新型的网络学习平台，通过互联网向全世界的学习者提供多种形式的免费网上课程，其中最著名的平台包括：Coursera[①]、Udacity[②]、EdX[③]。这三个大平台的课程全部针对高等教育，并且像真正的大学一样，都有一套自己的学习和管理系统。当然，最重要的也是最吸引公众目光的一点，它们的课程都是免费的，或者说，至少从表面看是免费的。

那么，MOOCs 究竟有何种魅力，能让世界各国的顶尖大学都如此趋之若鹜与之合作呢？

1.3.1 开放教育资源（OER）概述

首先，从渊源上来看，我们认为，MOOCs 实际上是国际上由来已久的"开放教育资源"（Open Educational Resources，OER）运动的最新表现形式，为这个持续 10 余年的国际化教育思潮和运动提供了一个更吸引人的载体和形式，进一步激发起了各国教育者对基于互联网的优质教学资源共享梦想的追求。十多年前，开放教育资源运动实际上最初源于美国的著名高校麻省理工学院（MIT）。2001 年 4 月，MIT 正式启动"开放课件"项目（Open Course Ware Project，OCW），开始通过互联网向全球免费开放其教学资源，包括教学讲义、实验报告、课后作业、参考书目、实验手册、考试题目等，世界上任何国家的上网者都可以通过互联网免费地访问上述资源。由此揭开了"开放教育资源"运动的序幕。2002 年，联合国教科文组织（UNESCO）在法国举办了名为"开放式课件对发展中国家高等教育的影响"的论坛，首次对开放教育资源的概念和内涵进行了界定：

指那些基于非商业性目的，通过信息与通讯技术来向有关对象提供的，可被自由查阅、参考或应用的各种开放性教育类资源。通常，它可通过互联网来免费获得，主要用于教育机构中教师的教学，也可用于学生的学习。其类型主

[①] Cousera 由加州斯坦福大学的计算机科学教师 Ng 和 Daphne Koller 创立于 2012 年 4 月。
[②] Udacity 是由前斯坦福大学教授、Google X 实验室研究人员 Sebastian Thrun 于 2012 年 4 月创建。
[③] EdX 是由麻省理工学院、哈佛大学、加州州立大学柏克莱分校创建的非营利组织，免费提供涵盖多个领域的大学课程给全世界的人使用。EdX 建立在 MITx 之上。学员在完成规定课程的学习基础之上，只需交少量的费用即可得到一个结业证书，但是没有学分，也不能作为麻省理工学院或者哈佛大学学生的学分课程。

要包括：讲义、参考文献、阅读材料、练习、实验和演示，另外也包括教学大纲、课程内容和教师手册等。

此后，UNESCO 又多次召开了关于开放式教育资源的国际会议，从多个层面促进了开放式教育资源运动的发展。随后数年中，OER 随着互联网超越国界而进入其他国家，开放和自由的理念开始逐步占据各国高校教育资源建设的主流。据不完全统计，目前世界上已有 21 个国家和地区超过 250 所高等教育机构开始实施开放课件项目，包括美国、英国、法国、澳大利亚、南非、日本、韩国、中国台湾等，范围遍及五大洲，所使用的语言至少有 6 种。2003 年，中国也启动了"精品课程建设工程"，计划将精品课程上网并免费开放，实现优质教学资源共享。可以看出，"开放教育资源"运动的产生与发展，对于高等教育资源的建设与发展产生了深远影响。教育资源的建设开始从以往的各高校自建自用的状态向校际间的开放与共享发展，从传统形式的印刷资源向基于互联网的数字化资源扩展。这不仅提高了教学资源的应用范围和效率，同时也恰如其分地体现出了知识共享的大学理念。信息时代中，新技术和新理念使得高校教学资源的建设进入一个全新阶段。

在过去 10 多年中，这场开放教育资源的运动，为各国大学之间构建起一个基于互联网和数字技术的开放性和多元化的高校教学资源建设模式（见图 1-7）。它展示的是一种全球视角下的高等教育教学资源建设的宏大场景，国际化、开放、综合性是其基本特点与趋势。

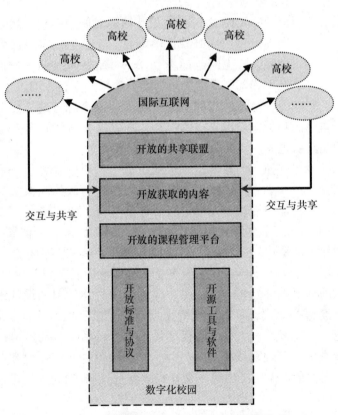

图 1-7 开放教育资源运动的建设与共享模式

从中不难看出，如今 MOOCs 与 OER 实际上是一脉相承，无论从理念还是表现形式来说都有密切的联系。

1.3.2　MOOCs 新特征

MOOCs 之所以吸引诸多大学的目光，还在于它能够为各国大学提供一个全球化时代的国际性展示、发布和交流平台，对于大学的国际化影响力和"软实力"建设都有较大帮助。率先参与 MOOCs 的新加坡国立大学决策者称，这项合作的最大好处是，校方日后能在这个平台上发展专属国学使用的空间，让更多在籍学生能够接触他们喜欢的课程。他解释，碍于课堂空间限制，许多颇受欢迎的经济、商业、心理学和法律课程最多只能让 600 名学生选修。有了这个专属平台，无法选修课程的学生仍可以从网络上学习，增广知识。与上述大学类似，香港中文大学（CUHK）也投入了一些项目在 Coursera 平台上面。香港中文大学表示，学校已在 2013 年 1 月份加入 Coursera 平台，并承诺从 9 月开始向该平台提供至少五门课程。从 2013 年开始，中国大陆地区的一些著名高校也开始考虑开设 MOOCs 课程，例如，北京大学就已正式在 Coursera 和网易平台发布慕课。北京大学为何会如此重视此事呢？北大前校长周其凤院士在退休讲演中说得很清楚："希望大家都关心这件事情（MOOCs），都去了解和研究这件事情。不要落伍，北京大学不能落伍。这个事情既能提高我们的教育质量，也能提高北京大学的国际影响力。"

总之，我们可以看出，MOOCs 之所以在如此短的时间内吸引了数量众多的世界一流大学的目光，近年来蓬勃发展的高等教育国际化、院校之间国际影响力和竞争力之剧烈变化，是其中的重要原因。无论是 OCW、OER，还是 MOOCs，它们都为大学之间的国际化交流、共享、竞争和发展提供了一个影响深远的平台，通过信息技术的力量，可以让一所大学的影响力轻易地跨越时空的限制而遍及全球各地。在这个平台上占有一席之地，展示自己的身影，发出自己的声音，不仅是大学"软实力"的一个重要表现形式，同时也是跻身世界一流大学行列的一个很好机遇。

某种程度上，慕课这种新的教学组织形式更像是一个融教育、娱乐与社交网络为一体的教学模式。通过一些先进的技术工具和手段，它的课件和课堂视频在一定程度上能让学生产生一种犹如亲临教学现场旁听一样的感觉，能够给学习者带来较好的学习体验。目前，MOOCs 的主要形式仍然以课堂演讲视频为主，类似著名的可汗学院[①]所设计的一种免费、简短的教学视频，即前面所说的"微课"。因为有了这个成功先例，MOOCs 的制作者目前已放弃了原先传统的以课时为时长单位的教学课件设计思路，转而将教学视频的长度剪辑为 8～15 分钟，体现出碎片化学习的设计理念。同时，微课视频可能会中途暂停数次，具有一定的交互功能，以测试学生对知识的掌握程度，如弹出一个小测试，或者让学生写一段程序代码，然后系统自动给出反馈。同时，课程的助教可能会查看、管理在线论坛。另外，有些课程也会有作业和考试。显然，这种课件的表现形式类似前面所提出的"交互式微课"：以视频为主，再辅之以各种交互

---

① Khan Academy，是由萨尔曼·可汗在 2006 年创立的一家非营利教机构，通过网络提供一系列教学短片。

性的测验和讨论等，以提高学生的学习兴趣。

1.3.3　正确认识 MOOCs

说到这里，我们不难看出，至少从技术形态上来说，慕课并非新生事物，实际上是一种基于微课的新型网络教学组织形式，是开放教育资源在新的教学设计思想指导下的一种最新表现形式，免费、在线和开放仍然是基本特点。当然，我们也要承认，它同时也出现了一些新的特点：大规模（massive）、学习支持、交互性（interaction）和颁发证书（cerfication）等。但无论如何，与原来的开放课件或精品课程相比，慕课虽然有了一些新的内涵及表现形式，如颁发学习证书，但本质上，它仍然属于开放教育资源的范畴。而且，我们也能看出，慕课与前面所提到的微课同样也有着千丝万缕的联系，后者实际上是前者的技术实现形式。换言之，微课为慕课提供了更加符合学习者心理需求的技术解决方案，更加能够吸引公众的眼球，使慕课展示出与以往开放教育资源与众不同的特征。

当了解到慕课的上述特点之后，恐怕就不会对于当前这种被大加追捧的新网络教育形式期待太高了，因为其新颖之处，更多的是体现在组织形式上，而不是技术实现上；更多的是为决策者所重视，而不是被教师所认可。或者更具体地说，与原来的 OCW 和 OER 相比，MOOCs 的强大之处，在于其带有强烈的互联网经济色彩，有商业资本的介入。这些新特点使得慕课更容易引起公众的注意，但是，如果说期待它能给高等教育带来多大的冲击，恐怕就有点夸张了。

1.4　相互之间关系解析

综上所述，那么，我们究竟如何来认识混合式学习、翻转课堂、微课、开放课件、开放教育资源和慕课之间的相互关系呢？

通过上述分析，我们可以看出，无疑，这些概念或术语之间存在着密切关联。在某种程度上，其中一些用语是同一种教学思想或教学模式在不同的技术环境下，或发展阶段中的不同表现形式。换言之，虽然所用术语不同，但其中所蕴涵的教学理念、指导思想、基本技术实现方案，却彼此关联，你中有我，我中有他，相互交织着形成了一个复杂的教学技术新概念图谱（见图1-8）。

具体地说，当前被热捧的慕课，就是信息技术在教学中应用的最新形式，或者说，是以往开放课程/精品课程的后续表现形式。慕课之所以能够在国内外高等教育领域备受重视，一个很重要的原因，是因为伴随着新技术的不断出现和互联网带宽的不断增加，网络教学课件的表现和实现形式也在相应变化，利用各种新技术，慕课为我们带来了一种全新的在线学习形式，使得我们教育者，尤其是领导决策者们惊讶不已：以往主要以文字、图片、语音等形式来呈现的教学内容，现在能够以一种更加逼真和更加吸引人的视频形式呈现，教学视频的呈现形式越来越像电视专题片一样吸引学习者的眼球。或者，通过某种技术方案来使得原来的教学视频更加吸引学生的眼光和兴趣，如绿屏背景抠像视频、碎片化视频（微课）、交互式路径选择等。同时，互联网带宽的快速拓展，甚至使得高清视频也能够流畅地通过互联网来传递。这些技术环境的变化，不仅使互联网产业前景更加广阔，而且也使网络教学的课件形式、技术解决方案和工具也都相应变革。在这种情况下，慕课这种新型网络教学课件的表现形式，正在越来越多地模拟或仿真面授教学的过程，甚至在某些方面超出了面授教学的处理方式或效果。

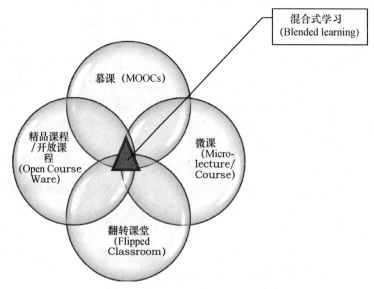

图 1-8　各种概念相互组成形成图谱

上述的新特点，确实为大学长期沉闷单调的教学组织形式带来了一丝新意，在一定程度上吸引了教育者们，尤其是大学决策者们的眼光。实际上，慕课这种带有诸多新形式的教学形式，更多的是使教育决策者意识到了网络教育的重大发展潜力。这恐怕是当前慕课备受关注的重要原因之一。

就目前教学技术的整体发展水平来看，至少在可以预见的未来数十年中，我们恐怕很难指望基于网络的学习完全替代面授教学。在这种情况下，毫无疑问，混合式学习仍然是网络教学设计的一个基本指导思想，即使是慕课也不例外。譬如，要想获得某个大学的慕课学分，虽然学习者的主要学习过程都可以通过互联网来完成，但线下的讨论和交流仍然是存在的。同时，最终他仍然必须到指定的考试点去交费参加考试，通过之后方可获得学分证书。

进一步的，在混合式学习的思想指导之下，翻转课堂则是网络教学的实施策略和方案，或者说，为教育者提供了一个切实可行和可操作的网络教学设计思路，使教师能够在设计教学过程时有章可循。也可以说，我们可以将翻转课堂视为联系理论（混合式学习）与技术实现（微课）之间的中介物。微课则是实现翻转课堂的一种重要技术设计方案，强调学习资源的碎片化分割、学习路径的交互选择性、教学视频的短小化和知识点学习的即时反馈性等。

此外，还有一点：如何将上述这些新教学技术形式具体贯彻在教学过程之中呢？或者说，对于专业学科教师来说，他们如何实现在自己的教学过程中以混合式学习为指导思想，以翻转课堂为设计策略，以微课为技术方案，来安排自己的教学活动呢？

在本书中，我们还重点提出，快捷式数字化学习（Rapid e-learning）简称"快课"是当前最佳的解决方案。它实际上是一种基于模版套件来快速设计和制作数字化教学资源的技术方案。操作入门快，多类型模版包，技术成本低和操作简便，是快课的基本特征。实际上，快课是一种适用于普通学科教师使用的课件开发技术或策略，这就为微课技术的普及性应用打下了坚实的技术基础。这种基于快课的技术实现策略，也是本书着重强调的核心指导思想。

综上所述，这些术语和概念就形成了以下的相互关系，如图1-9所示。

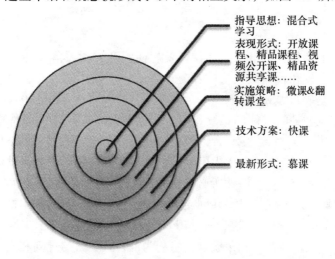

图1-9 混合式学习、慕课、微课与翻转课堂之间的关系

第二章　微课与慕课的设计技术方案——IVC

无论从技术上还是教学组织上来说，要想使混合式学习落实在实际的课堂教学环境之中，还需要学校和教师做大量的预先准备工作。概括地说，这种准备工作可划分为三个方面：一是硬件基础设施，包括课堂教学过程中所要用到的计算机、投影机、网络接入等；二是相关的软件和系统平台，包括教师在设计开发课件中所需要的各种工具，以及将这些课件最终发布出来供学生浏览、下载和师生提问答疑的教学平台[①]；三是教师设计、开发和应用课件所必需的应用技能培训。这三者相辅相成，缺一不可，共同支撑着学校混合式学习的基本框架，形成了一个"混合式学习发展的三角模型"（见图2-1）。这个稳固的三角模型，将会为混合式学习的规划和实施提供一个坚实的技术基础。当然，正如北京大学前校长周其凤教授在"共享北大"计划中所提到的，学校的政策、经费的支持是必不可少，也是最为重要的。

图 2-1　混合式学习应用的三角模型

显然，对于学校层面来说，无疑首先应该解决硬件基础设施和相关软件平台建设问题。在此基础之上，还需要充分调动各学科教师的教学改革积极性和热情，让更多的普通学科教师，而不仅是信息技术教师或电教人员，去接受教学技术应用技能的培训，包括基本操作技能、教学设计、课件开发技能以及混合式学习组织方法等。只有这样，才能将混合式学习的教育理念落到实处，体现到课堂之中。

正是基于以上思路，从本章起，将向教师们系统而全面地介绍一种基于混合式学习的翻转课堂、微课和慕课的技术解决方案—交互式视频课件的设计与开发技能。一步一步地，力求简单易懂地给教师们介绍这种课件的概念、类型、设计思路和开发方法等。这样做的目的，是力图使更多的学科教师，而不是信息技术教师，同样也能在自己的课堂教学中设计和开发出具有个性特色的课件，并实施混合式学习，推动学校教学信息化的发展。

---

① 教学平台，也被称为"课程管理系统"或"学习管理系统"，详细信息参阅本书第九章。

2.1 交互式视频课件概念与类型

新技术为教师的教学活动组织提供了更多的选择。概括而言，信息技术为课堂教学活动所带来的最显著变化主要表现在三个方面：一是拓展性，通过各种同步或异步的网络通讯工具将教学活动延伸到教室之外，拓展了教学的范围；二是互动性，通过各种交互性工具提高了师生之间的沟通效率，促进了教学活动的交流和互动；三是形象性，通过各种形式的图片、动画和视频材料实现了抽象知识传递的具体化和形象化，加深了学生对教学内容的理解。

本书在遵循混合式学习的理念指导之下，以"快课"为技术方案。"交互式视频课件"（Interactive Video Courseware，IVC）是一种基于多种软件技术和工具开发出来的综合性、数字化、模块化和结构化的多用途电子资源包。从结构上看，它是以绿屏背景抠像的微视频摄制与编辑为表现形式，以多学习路径和互动为突出特色，结合各种模块化素材相互组合而成的教学课件形式。换言之，IVC 将为微课、翻转课堂或慕课提供一个较为完整的技术解决方案，使这些教学理念、组织形式能够具体落实到实际教学过程之中。

需要说明的是，交互式视频课件的设计与开发，并非是一个单纯的技术解决方案，而是一种与"混合式学习"模式密切结合的产物。具体地说，本书中所倡导的是一种基于交互式视频课件的混合式学习组织模式，强调以课件开发为切入点，以技术操作方案为抓手，从设计、开发到发布、应用，都将会充分体现出传统教学与新教学技术之间的多层次结合，体现出技术环境下学科教师自己的教学理念和方法。我们相信，只有落后的技术，没有落后的教学，教学既是一门技术，同时也是一门艺术。运用之妙，在乎一心，教学技术的运用，不在多，而在于巧；不在于复杂，而在于恰当。当掌握了新技术工具的教师来主导设计自己的教学过程时，实际效果通常要远远优于技术工程师所设计出的方案。简言之，课件的设计与混合式学习的恰当结合，将为教师们设计出自己个性化和具有创新特点的教学课件提供一个强有力的支持。

交互式视频课件的核心设计理念有以下三个方面。

一是突出强调课件设计中的交互性、视频化和拓展性的原则，注重利用各种技术工具来实现教学信息传递和展示的多样化、智能化和自动化，使学生能够在一个多样化的信息呈现空间中进行学习和探究，适应不同学生的学习风格和习惯，为之创造出个性化的学习环境。

二是在选择课件设计软件和工具时遵循"快课"[①] 的指导思想，强调开发工具的简捷性、快速化和模版化。换言之，交互式视频课件所选用的开发工具都具有功能独特、操作简单，适合于那些具有基本计算机素养的教师使用。通常情况下，教师只需要经过数天的培训就可以比较熟练地掌握这些开发软件的基本操作方法。这样，教师们可

---

① 根据 Bersin 的报告指出快课有几点特性，分别是：内容开发时间短于三周；SME 为主要的内容来源；内容产出通常是运用相当简易的工具或样板产出的；内容会设计简单的评量、回馈及追踪功能；内容包含简易的媒体元素，而非高技术的媒体；内容的学习单元通常不超过一小时的长度，大多是三十分钟为主，而且可以利用同步或异步传递。其实"开发时间短""开发容易"为快课的重要特色。

以将更多的时间和精力置于能够体现自己教学需要的规划和设计上，而不是技术层面的应用上。

三是强调尽量采用让学科教师自己动手来设计和开发教学课件的，而不是以往那种让专业技术人员包办整个技术设计和开发的工作模式。教师自己动手设计课件的突出优势，是可以将学科知识、教学设计与课件开发密切结合起来，最大限度地实现课堂教学与技术之间的相互整合。此外，教学实践证明，不同学科的教师相互协作成立一个跨学科的课件开发小组，如文、理、信息技术、美术等学科的合作，充分发挥不同学科、不同年龄教师在知识、技能方面的特点，同样也是交互式视频课件开发的一个很好的方案，值得推荐和推广。

目前，交互式视频课件的主要应用领域包括学校教学和各种职后培训活动，可分为"单机版"（应用于课堂面授教学环境）、"网络版"（应用于在线学习和课外辅导）和"移动版"（应用于手机等移动环境）等。

从整体上看，"交互性""视频化"和"自主性"可以说是交互式视频课件的突出特点：

- 注重课件的整体与综合化设计，运用多种技术工具实现表现效果的多样化。
- 以虚拟背景抠像视频为主要表现形式，强调视觉形象的突出性、美观性和展示性。
- 以动画人物授课和智能语音技术为核心，突出教学信息传递的形象性和多样性。
- 根据教学需要，在抠像视频播放过程中添加各种互动或展示环节。
- 在设计中强调学习路径和分支，以适应不同学习者的需要。
- 强调教学内容展示和表现的多样性，辅之以各种互动内容，如讨论、作业、测验等。
- 在设计上突出强调教学过程的完整性，如教学内容展示、师生互动、作业、测验和评估等，充分利用网络教学平台的功能作为课件的发布平台或载体。
- 使用多种快捷型技术工具来多样化表现课件内容和形式，有效降低技术开发成本。

2.2 交互式视频课件的组成模块

具体而言，从技术实现方案上来看，交互式视频课件采用了模块化的技术组织方案，课件的整体框架是基本固定的，但可以根据主题、任务和对象需求的不同而有所调整，据此而实现用途的多样化。换言之，在规划好整个课件的整体结构的基础之上，利用不同的软件工具来实现不同模块的功能，以达到不同模块功能的最优化表现。这一点，与以往基于单一软件的课件设计技术方案有明显区别。正基于此，与传统课件相比，交互式视频课件在功能上和表现形式上都有了显著变化，以较低的技术成本实现了多样化的内容呈现方式。同时，尽管不同模块采用了不同的软件工具，但对于教师来说，并没有过多增加他们的设计和开发成本，因为这里所采用的软件和工具全部都是基于图形化的操作界面或模版化的工作方式，不需要教师额外学习程序编制语言等复杂技能。简言之，教师只要具备基本的计算机操作技能，就可以在较短时间内学习和掌握交互式视频课件的基本使用方法，并根据自己所授学科的内容来自行设计出形式多样的教学课件。

从技术结构上来看，交互式视频课件的技术结构如图 2-2 所示。以课程管理系统作为基础的核心发布平台，它主要由 6 个部分组成，分别是：

图 2-2　交互式视频课件的技术结构图

第一，**智能语音解说**，也称为"课件旁白"，就是对课件中教学内容的连续语音讲解和朗读。正如在面授教学中教师的讲课声音是教学必不可少的组成因素一样，交互式视频课件的设计同样也强调课件中对文字教学内容的语音讲解，尽可能为学习者提供一个模拟课堂教学的虚拟学习环境。与传统课件中用人工配音方式来实现此功能所不同的是，在交互式视频课件的设计过程中，采用的是智能语音合成技术[①]来实现教学内容的朗读和讲解。与人工配音相比，这种技术方案无论从成本还是效果上来看，都已达到较为完善的程度，是一种极有发展前景的课件制作方式。这个功能，对于解决课件设计过程中教师普通话不标准问题，是一个简单易行的方案。在本书中，将选用 iFly Tech InterPhonic （讯飞语音生成）来实现。

第二，**动画人物授课**，也称为"虚拟学习助理"。教师在讲台上讲课，是课堂教学中最常见的情景。这能否也表现在电子课件之中呢？答案是肯定的，通过动画人物制作软件的帮助，在交互式视频课件的制作中，可以很轻松地实现这一功能。利用国外的多款专门进行动画人物形象制作软件，就可以以照片、图片为基础来实现动画人物的形象在性别、外貌、衣饰，甚至人种（白种人、黑种人和黄种人）等方面的定制设

---

① 语音合成技术，又称"文语转换"（Text to Speech）技术，能将任意文字信息实时转化为标准流畅的语音朗读出来，相当于给计算机装上了人工嘴巴。它涉及声学、语言学、数字信号处理、计算机科学等多个学科技术，是中文信息处理领域的一项前沿技术，解决的主要问题就是如何将文字信息转化为可听的声音信息，也即让电脑像人一样开口说话。文语转换系统实际上可以看做是一个人工智能系统。为了合成出高质量的语言，除了依赖于各种规则，包括语义学规则、词汇规则、语音学规则外，还必须对文字的内容有很好的理解，这也涉及自然语言理解的问题。

计。进一步再通过语音合成技术，为动画人物增加语音功能，使动画人物能够用中文和英语讲课，而且软件也能够自动实现语音与动画人物口型的一一对应，惟妙惟肖地展示授课过程。此外，更为方便的是，动画人物的背景和情景也是可以定制的，只需要更换不同的模版就可以方便实现，无需设计者花费太多的时间去进行操作。该模块分为初级版和高级版技术方案，前者选用 Semantics 的 Character Builder[①] 来实现，后者则采用 Reallusion 的 CrazyTalk 和 CrazyTalk Animator 来完成[②]。

第三，**虚拟背景微视频**，也称为"抠像[③]视频"。该功能实际上是动画人物授课的另外一种视频化形式，就是利用相关的虚拟演播室系统来把拍摄下来的教师的授课视频进行抠像编辑，更换虚拟的动态背景，实现教师授课视频的虚拟化，使之更加独特和吸引学生的注意力，同时也可以有效提高视频的艺术感染力和表现力。以此为基础，也可以利用其他软件工具为虚拟视频添加各种动画效果，例如图片、文字和板书等，使得教师的讲课视频更加形象生动，富有表现力。在交互式视频课件设计中，虚拟背景视频通常被用于表现教师授课视频的某些片断，如开始时的课程介绍、重点、难点讲解等，时间长度通常在 5～10 分钟，或者根据教学设计的需要，与上述的动画人物授课交替使用，以拓展课件的内容表达形式，吸引学生的注意力。该模块同样也分为初级版和高级版方案，前者选用 Adobe Ultra[④] 来实现此功能，它能够帮助教师在绿屏背景视频的基础上，实现一键式抠像并替换为其他模版化虚拟场景。后者则选择 Reallusion 的 iClone + Popvideo 视频插件[⑤]来完成，可实现动态虚拟背景与真实教师授课视频的叠加，视频效果更加出色。

第四，**在线电子测验**，也称为"在线考试"。正如在实际课堂教学中测验与考试是教学的重要环节一样，在交互式视频课件的设计中也需要具备在线测验的功能，用来随时检查学生对所学知识的掌握情况，随时发现问题，随时解决。与传统基于印刷试卷不同的是，电子测验可以实现客观试题的自动评分，具有多种题型，包括正误题、单选题、多选题、填空题、匹配题、排序题、数字题和热区点击题等。学生完成测验之后，课件可以自动统计和生成成绩。该功能通常可用于检查学生的知识点学习情况，随时发现问题让学生及时补习。在本书中，选用 Adoeb Captivate 的 Quiz 功能来实现。

第五，**动态内容展示**，也称为"动态图表"。在实际课堂教学过程中，利用图表和示意图来向学生展示和讲解教学内容中的重点或难点，是一种常用且很富有成效的教学方式，能够有效地帮助学生理解那些抽象难懂的定理或概念，加深学生的印象。在交互式视频课件的设计中，同样也具备类似功能。不过，比常规图表更具有优势的是，可以利用软件来快速地设计和生成具有动画展示效果的电子图表或动画示意图。教师

---

① 有关 Character Builder 的内容见本书第五章。
② 关于 CrazyTalk 和 CrazyTalk Animator 的信息，请参阅《教师发展与课件设计导论》（北京大学出版社，2014）的相关章节。
③ 抠像（Key），是指吸取视频画面中的某一种颜色作为透明色，将它从画面中抠去，从而使背景透出来，形成二层画面的叠加合成。这样在室内拍摄的人物经过抠像后与各种景物叠加在一起，形成独特的艺术效果。
④ 有关 Adobe Ultra 的内容见本书第四章。
⑤ 见本页注 2 的相关说明。

所需要做的是，在动态模版库中找到一个合适的模版，然后将相应的文字内容输入后就可以自动生成。在教学时，教师可以根据教学需要来向学生动态地展示某一知识点的结构或运行规律，使原来抽象晦涩的概念和理论变得直观易懂。同时，学生也可以在课外利用这些动态图表进行进一步的自主学习，深入理解这些学习难点内容。在本书中，主要选用 Raptivity[①] 或 Adobe Captivate 中的 Interaction[②] 来实现此功能。

第六，课程管理系统，也是交互式视频课件的重要组成部分。从目前世界各国教育领域数字化学习、混合式学习的应用和发展趋势来看，课程管理系统通常被当做整个学校的教学信息化和混合式学习的基础应用平台。无论是课程网站，教学视频和各种教学资源都会统一发布在课程管理系统之上，这样做不仅可以有效降低数字化学习的技术成本，同时也可有效地降低教师的使用成本，便于教师快速创建课程网站和组织实施混合式学习，并进行教学资源上传和下载、在线讨论、作业布置和作业提交。在本书中，选用 U-MOOC（文华在线）[③] 来实现此功能模块。这是一个适用于普通院校的网络教学平台，操作简单，适用性好，可作为交互式视频课件的发布和展示平台。

此外，还需要强调的是，上述所介绍的交互式视频课件的技术结构的 6 个组成要素，仅仅是它的基本构成，为学校或教师提供一个参照框架。在实际设计中，交互式视频课件的结构是完全开放的，管理者和教师在规划、设计时可根据本校的实际情况灵活对待，选择应用，视需要或增加删减，或另辟蹊径。

2.3　微课与慕课的整体技术解决方案

在设计和开发微课和慕课时，由于开发工具很多，经常令学校或学科教师们无所适从，难以取舍。尤其是受传统教学课件开发观念的影响，以往课件设计类教材，基本都是选择以某一种软件（最具有代表性的就是 PowerPoint 和 Authorware）来进行培训，倡导教师用单一的课件制作工具来设计和开发课件。这种模式看似减轻了教师的技术学习负担，但实际上却导致了一个严重的后果：那就是当前课件表现形式的单一化和同质化。由于软件本身功能的局限性，只要是用同一个制作软件设计出的课件，无论是哪种类型的学校，或哪个学科的教师，所设计出的课件都是千篇一律，缺乏个性化。也正是这个原因，当教师学会某个课件制作工具并使用一段时间后，当最初的"技术新鲜感"过后，通常容易产生一种无法深入之感，觉得用自己所设计的这种千篇一律的课件，对自己的教学工作促进作用不大，最终因"技术倦怠"和"审美疲劳"而逐渐对课件设计失去兴趣。若以这种思路来设计和开发微课、慕课，结果可想而知。

因此，我们认为，应该改革原来这种以单一制作软件为主的课件设计教材，代之以综合性的教材设计模式，采用"快课"模版化的课件设计理念，根据教学需求来采用各种开发软件。这样不仅可避免课件设计同质化的弊病，同时还可以充分发挥学科教

[①] 有关 Raptivity 的内容见本书第三章。
[②] 有关 Adobe Captivate 的 Interaction 的内容见本书第六章。
[③] 有关 U-MOOC 的内容见本书第十章。

师的创造力，让他们根据各自学科的教学需求来设计出形式丰富多彩的课件。同时，在选用设计软件时，还应遵守快课设计的理念，尽量选择那些模版化、操作简便和相互兼容性强的工具。这样就不会增加教师们的技术学习负担，更容易被他们所学习和掌握。

基于以上理念，研究者在考察和测试了当前国内外数十种课件设计软件，并经过一年多的实际试用之后，选择了多种软件和硬件工具，作为设计和开发微课和慕课的整体解决方案（见图2-3）。这个方案包括四个组成部分，分别是：设计团队、硬件设备、软件工具和发布平台。

图2-3　微课与慕课的整体技术解决方案

2.3.1　硬件设备

显然，在设计和开发微课、慕课之前，学校首先需要购置和拥有一系列相关的硬件设备，在经费允许的情况下，可考虑建立一个"课件设计室"。除了必不可少的计算机（为提高效率，建议使用高性能的媒体工作站）和摄录设备（如高清摄像机或高清DV等）之外，根据研究者长期积累的课件开发经验，还需要购置相关的专门硬件设施，如用于录制屏幕板书的手写板、手写屏和绿屏抠像演播套件等硬件设备。

可汗学院的录屏板书式微课，被认为是当前最具有代表性的微课设计方案。要想实现这种效果，开发者应事先准备好相应的屏幕板书设备——手写板，如图2-4中可汗学院所使用的用于录屏的手写板。在打开相关录屏软件（如本书中所介绍的 Adobe captivate[①]）后，利用这个手写板，就能方便地将教师的板书内容和语音等内容都自动录制下来。

图2-4　可汗学院录制微课所使用的手写板

---

① 有关 Adobe Captivate 的内容见本书第六章。

除上述可汗的这种录制方案之外，目前国内另外一种流行的微课录制方式，是利用一种名为"高拍仪"的录像设备连接到电脑之后，来直接录制教师在纸上的手写内容，见图2-5。这种方案类似直接用DV来录制教师手部的书写过程，能够将教师的板书过程直观地录制为视频，操作更加简单。对于学习者来说，学习的临场体验感较好，实际效果也相当不错，技术成本也更低一些。

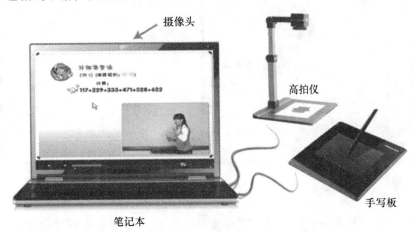

图 2-5　利用高拍仪和手写板来录制微课视频

此外，还有一种效果很好但成本较高的微视频录制方案：直接利用带有手写触摸屏功能的笔记本电脑来录制。目前市场上 IBM、HP 和 DELL 等品牌都生产了带有手写触摸屏功能的笔记本电脑，如图 2-6 所示的一款 HP EliteBook Revolve 810 G2 笔记本电脑，就能够直接用专用的手写笔来进行屏幕书写，可用来录制微课，是一个很好技术方案。

上述板书式微课录制方案，通常只包括教师的讲课语音，但不包括教师的授课视频。如果要想实现当前 MOOCs 中常见的带有教师讲课形象的微课，那么就需要拍摄教师的讲课视频。但与以往精品课的那种在教室现场拍摄方式不同的是，这种微课通常都是在演播室里拍摄完成的。因此，需要其他一些相关设备，如演播室。相对于上述板书式录制方式，这种方案录制的授课视频质量更高，效果更好，当然技术成本也相应增加。

如果学校本身有标准的演播室，是最好不过了。但实际上并非所有院校都具备这样的条件。如果没有演播室，而且在经费有限的情况下，建议购买一套可移动式绿屏抠像演播套件，也是一个经济可行的方案，见图 2-7。它通常包括可移动式灯光、可拆卸式抠像支架与绿屏背景布。

图 2-6　利用触摸屏笔记本电脑来录制微课

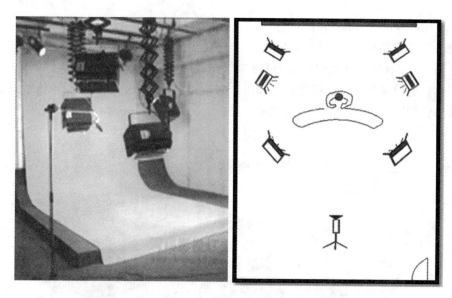

图 2-7 移动式绿屏视频的拍摄设备及其摆放示意图

这套系统所用的设备价格低廉、携带方便，主要用于课件中视频素材的采集和编辑，为微课和慕课提供数字化资源，可广泛应用于各级各类教育和培训机构的课件设计工作。它的设备清单如表 2-1 所示。

表 2-1 移动式绿屏视频拍摄设备组成

设备名称	数量	功能和使用
4×55W 三基色柔光灯	2 套	背景光：用来把人物身后的背景打亮，消除人物的阴影
6×55W 三基色柔光灯	2 套	轮廓光：分别置于人物的侧后方，提供上高向下方向的光源，使人物头发及肩膀衣服边缘产生亮边，便于后期抠像时实现人物与背景之间的脱离，产生立体感，避免过于平面化
轮廓光 500W 聚光灯	2 套	面光：分别置于人物前方 45 度角位置，使人物面部能够均匀受光
铝合金大背景架	1 套	3×3 米可调节支架，用于固定抠像幕布
绿屏抠像布	1 套	3×6 米蓝色或绿色背景幕布

注：本表格的设备适用于 10～25 平方米空间的小型演播室

从实践角度说，这套可移动式设备的优势是，在某种程度上能够替代演播室的功能，具有可移动性，可以利用比较简单的硬件来制作出具有专业水平的视频素材。这对于那些目前缺乏演播室等设施的普通院校来说，是一种比较经济的替代方案。设计者可以利用这套设备在很短的时间内就在普通的办公室或教室中搭建出一套符合抠像视频拍摄要求的简易演播室，并投入使用，拍摄工作结束后则可以快速拆除并移动至其他位置。

2.3.2 软件工具

在具备上述硬件设备的基础之上，微课和慕课还需要一系列的软件工具。根据上述对交互式视频课件技术结构的设想，同时在遵循"快课"技术理念的基础之上，我们将所需要的软件共分为以下五大类。

- **动态图表类**：主要用来实现课件中各种教学信息的互动性动态呈现与展示，例如示意图、图表、在线测试和网络问卷等。此类软件主要包括 Raptivity、Adobe captivate 的 Interaction 和 Quiz 等。所生成的课件素材都是 Flash 格式，交互性强且便于在互联网上传播。
- **语音动画类**：主要用来实现课件中模拟教师语音授课和语音合成，为学习者创建一个尽量接近现实教学环境的虚拟情境。此类软件主要包括 iFly Tech InterPhonic、Character Builder、CrazyTalk、CrazyTalk Animator 等。
- **视频抠像类**：主要用来实现课件中的教师授课视频的编辑与发布，通常采用抠像和虚拟背景技术来实现，为学习者展示各种具有独特艺术效果的视频短片。同时，也包括在线的视频课堂教学或课堂教学实录视频。此类软件主要包括 Adobe Ultra、iClone 及其视频插件 Popvideo Converter 等。
- **交互设计类**：主要用来将上述三种软件所生成的素材加以设计和整合，生成各种学习路径和互动设计，最终形成一个结构化的电子资源包，以便学习者在各类终端设备（PC、平板电脑、手机等）上学习。推荐使用目前国际上最流行的通用性课件设计软件 Adobe captivate。
- **网络发布类**：即课程管理系统（CMS）或学习管理系统（LMS），主要用于所生成的微课或慕课的网络发布，通常具有各种在线互动功能，如视频点播观看、师生提问答疑、作业布置与提交。同时，这类系统通常还具备对学习者的学习过程记录功能，以便于教师对学生的学习过程进行监控和问题分析。其通常分为两大类：国际产品以 Blackboard 和 MOODLE 为代表，国内则以 U-MOOC（文华在线）、THEOL（清华教育在线）等为代表。

需要强调的是，上述这些软件或平台，从在微课和慕课开发与设计过程中所起的功能来看，相互之间具有密切联系，每一个软件所设计出来的素材都在格式、功能和形式等方面具有互补性和支持性，具体如表 2-2 所示。这样，利用一个整合的技术结构，将各种素材有条不紊地相互结合在一起，最终实现整个微课或慕课的诸多功能，向学习者呈现一个形式多样的综合性学习资源包。

表 2-2 微课与慕课的设计软件和平台（初级与高级方案）

类型		名称	功能介绍
动态图表		Raptivity	著名快速课件生成工具，带有12种类型300多种动态的交互式模版，并且每年还不断发布新模版，可方便快捷地自动生成单文件的Flash格式课件，并可方便地插入多种工具中，如Adobe Captivate等
语音动画	初级方案	iFly InterPhonic	最先进的汉语文字语音转换引擎，可方便地将任何中文内容转换为Wave格式的诵读语音文件。最新版本可支持64位操作系统，具有6个可选语音模版库，包括标准普通话和若干方言库（粤语和台语）。在输出语音时，可变换语音、语调、语速
		Character Builder	智能人物动画生成工具，提供了丰富多样的人物和肢体动作模版库，可快速定制和生成Flash格式的动画人物，并可对人物的表情、运作、语音进行个性化定制开发
	高级方案※	CrazyTalk	Character Builder的升级工具，可利用头像图片或照片来快捷生成动态人物头像，具有丰富的眼睛、牙齿、嘴巴和面部表情的模版库，方便地赋予头像各种面部表情动作。可以通过语音文件导入，或自带语音转换引擎来为头像导入语音，并自动匹配唇形
		CrazyTalk Animator	CrazyTalk的升级工具，可利用人物的全身图片或照片来快捷生成动态全身动画人物，并具有各种面部和身体各部位动作模版库，方便地为人物生成各种动作，同时也可配音并自动匹配唇形。此外，还可快速搭配各种虚拟场景
视频抠像	初级方案	Adobe Ultra	模版化的虚拟演播室系统，以绿屏抠像背景视频为基础，可快速实现授课视频人物的抠像与虚拟场景的叠加，构建多样化场景的微课视频。该软件提供了共有47种类型200余种虚拟场景，从教室、机房、讲堂厅到校园外景，应有尽有，可方便调用。最终可方便地将授课视频编辑和切割成为小段的具有丰富多样虚拟场景的微视频来发布
	高级方案※	iClone	CrazyTalk Animator的升级产品，模版式的动画视频设计工具，具有多达数十G的人物、景物、道具和物件模版库，可方便地搭建各种虚拟动画场景与人物动作情节。同时配有多种插件，可实现模版导入、人物动作捕捉、地貌景色设计、各种物理现象模拟等。尤其是利用其抠像视频插件，可实现真实视频与虚拟景物的融合，构建丰富的微课场景。该软件可生成真正的3D动画视频，包括红蓝3D视频和偏光3D视频，后者需要配合专门的3D眼镜和显示器
交互设计	初级方案	Adobe Captivate 7.0	Captivate是一个功能强大的通用性课件设计和制作工具，能够快速生成软件录屏模拟演示教程，设计和开发出带有复杂分支学习路径的学习课件，并且能够加入自定义的文字说明、音效（旁白、背景音乐及声音效果）、视频、Flash动画、文字动画、图像、超链接等电子素材。最终生成跨平台的交互式微课，通过Adobe AIR平台，可实现课件的跨平台播放，兼容Windows、MAC、iOS和Android，并能够自适应终端显示尺寸，包括PC、平板电脑和手机
	高级方案※	Adobe Captiviate 8.0	
网络发布		U-MOOC THEOL BLACK-BOARD MOODLE	基于互联网的课程管理系统或学习管理平台，可让教师创建自己的课程网站并管理教学内容，其功能主要包括上传文档、论坛、在线测试和提交作业等，最终实现微课与慕课的发布与管理。目前分为两大类，国际产品以Blackboard为代表，国内以U-MOOC（文华在线）和THEOL（清华教育在线）为代表

※注释：本表格中高级方案的详细内容，请参阅赵国栋．教师发展与课件设计导论［M］．北京：北京大学出版社，2014．

2.3.3 经费预算

如上述微课与慕课的整体技术解决方案所提示的，根据各院校的实践经验，我们建议各院校建设一个"课件设计室"，为全校的微课和慕课建设提供专业化的服务。对于校方来说，通常只需要投入 20 万左右的经费，见表 2-3，就可以为全校教师们提供一个自助式课件设计室，对于学校整体的教学信息化工作推动作用相当大。

表 2-3 设计室的建设经费预算表

项目	内容	经费数额（万元）
硬件设备	高清摄像机 1 台 移动式演播室（幕布、灯光）1 套 可折叠式绿屏抠像幕布板 1 个 媒体工作站 1 台 手写板 1 套	8
软件工具	初级版：Raptivity，iFly InterPhonic，Character Builder，Adobe Ultra，Adobe Captivate 7.0 高级版：CrazyTalk，CrazyTalk Animator，iClone，Adobe Captivate 8.0	10
人员培训	3～5 名学科教师和技术人员参加初级和高级培训班费用	2
总计	20	

2.4 微课与慕课的设计流程

当软硬件条件及人员培训工作都具备之后，微课和慕课的设计和开发工作就可以正式启动。通常分为设计、开发和发布三个基本环节。设计所要解决的关键问题，就是整个课件的整体构思与设想，具体地说，包括目标、受众分析和素材开发与组织等环节。某种程度上来说，课件的设计与教学设计或研究设计有着密切的关系，目标都是构建整个活动的结构和流程，为后续的技术开发工作提供实施方案。可以说，只要交互式视频课件的设计工作做好了，后面的技术开发就能够按图索骥，水到渠成，事半功倍。反之，若设计未做好，那么后期的制作则容易出现返工，费时耗力，反而得不偿失。

根据研究者长期的探索和实践经验，这里提出交互式视频课件的基本设计步骤。从整体上看，整个课件的设计可划分为三大版块：课件设计、课件开发和课件发布。进一步，在这三大版块之中又包括若干具体实践步骤和环节（见图 2-8），以下将分别详细讨论。

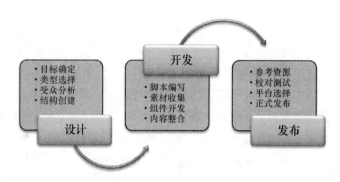

图 2-8　微课与慕课的设计流程图

2.4.1　任务分析与结构设计

在微课和慕课的设计步骤中，首先面临的环节就是"目标确定"，即设计这个课件的核心教学目标有哪些，受众在学习完或浏览完这个课件后，将获得哪些知识、信息或技能。对于设计者来说，考虑通过哪些形式和方法向对象清楚和有效地表达出这些知识、信息或技能，将是目标确认环节中最重要的工作。一般情况下，根据教学设计的基本要求，行为目标[①]表述法是一个比较通行的方式，即学习或浏览完该课件之后，受众可能表现出的行为或技能，可用列表的文字描述方式来完成。

实际操作中，教师确定课件的教学目标，实际上并不是一个很复杂的过程，因为学校环境下教学计划和教学大纲对于各个教学单元知识的目标、难点和重点都已有比较清晰的表述。教师所需要做的，就是将这种为课堂面授教学所表述的目标进行修改，使之适用于教学技术辅助下的混合式学习环境，或具体地说，适用于微课和慕课的教学组织形式。确定之后，这个目标将会成为指导整个后续课件设计的核心指南。

课件的目标确定之后，便进入下面两个环节："受众分析"和"结构创建"。这是整个设计步骤中最为重要，同时也是难度较大的两个环节。

课件的受众分析。所谓"受众分析"，就是对课件所指向的特定对象的原有认知水平、群体特点、学习风格、阅读习惯等因素进行剖析和了解，为后续课件结构设计确定指导思想。众所周知，不同年龄、不同群体的受众对信息的呈现方式是有差异的。一般来说，年龄和受教育程度与信息呈现的形象程度呈反比。也就是说，年龄越小，受教育程度越低的受众群体，其对信息呈现的形象性要求越高，更喜欢图形、图片、语音、视频等易引起感觉器官反应的媒体形式。反之亦然，年龄大和受教育程度较高的群体则更容易接受文字、图表、公式等媒介表达的内容。因此，在受众分析环节中，事先调查和了解课件指向对象的基本特征、喜好和态度，是一个重要的和必不可少的准备工作。在实际操作中，对于那些教学或科研经验丰富的教师来说，受众分析或许并不是一项难度很大的工作。他们可以根据以往所积累的实践经验来对课件的受众特点进行判断，并以此作为后续课件设计的基本依据。

---

① 行为目标：也称作业目标，是指可观察和可测量的行为陈述的目标。表现在教学上，是指对学生学习的终结行为的具体描述，也就是说通过教学活动学生应该学到哪些知识，获得哪些能力。

课件的结构创建。就是为课件构思整体的技术结构和框架，提出课件的基本模块构成及其相互关系，包括学习或阅读路径、超链接及内容跳转等。虽然在前面已经介绍了交互式视频课件包括6个基本构成要素，但在实际的课件设计中，由于学科内容、课件类型、受众群体和设计者技术能力等方面的差异性，不同课件的结构各有特色。设计者可以具体情况具体分析，因地制宜地为自己的课件构建符合实际需求的结构。

从实际的角度来看，交互式视频课件的结构创建应该形成一个结构化的层次框架，形式大致如图2-9所示。

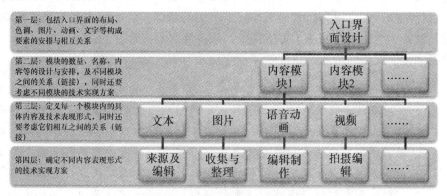

图 2-9　课件结构的基本表现方式

整体来看，在设计交互式视频课件的结构时，要着重考虑以下因素：

1. 课件的整体结构及构成应与设计者当时所具备的技术能力和设备条件相适应。简言之，就是要求设计者要根据自己的技能和条件来规划和设计课件的结构。例如，若当前不具备摄像和绿屏背景抠像等硬件设备，那么显然就不应考虑"虚拟背景视频"这个部分，而应考虑用其他的技术方案来代替。设计者应当意识到，课件的结构模块越复杂，所需要的技术成本也就越高昂。在这种情况下，寻找一些志同道合且具有不同学科背景或技术能力的同事组成一个开发小组，这种方式要远比单枪匹马去做效果好得多。

2. 在规划整个课件的结构时，应随时考虑不同模块之间的相互关系及其技术实现方案。设计者应意识到，微课的不同模块之间并非是相互独立的关系，而是通过各种形式的超链接相互关联的，盘根错节，牵一发而动全身。因此增加或减少每一个模块时都必须充分考虑它与其他模块之间的关联性。

3. 课件的结构设计与后续开发中的"脚本编写"环节有着直接对应关系，需要提前考虑好与之的相互对应关系。实际上，脚本编写就是对课件结构设计的具体实现，或者说，是前者的技术实施方案，是对课件结构的技术实现方案的细化。

2.4.2　脚本编写与开发

如图2-8所示课件的开发步骤，共包括"脚本①编写""素材收集""组件开发"

---

① "脚本"一词原用于电影、电视剧本的拍摄制作，其含意是指电影、电视拍摄过程的所依据的文字稿本，在课件制作中，我们也引入了"脚本"一词，既要表现教学内容、教学过程，又要将一些细节，诸如内容的呈现顺序、呈现方法等进行描述。类似电影制作中的"分镜头稿本"。

和"内容整合"4个基本环节。从重要性和实施难度来说,"脚本编写"和"组件开发"是最值得关注的两个环节。

脚本编写环节。所谓"脚本编写",就是在参照课件结构的基础之上,进一步对课件内容的选择、版面布局、视听表现形式、人机界面、解说词撰写、音响和配乐等进行全面、周密考虑和细致安排,其作用相当于影视的剧本。

通常,课件脚本分为"文字脚本"和"编辑脚本"。脚本编辑可以说是直接影响到课件开发的核心环节之一,磨刀不误砍柴工,在这一环节多下工夫,多方讨论,认真设计,仔细撰写,可以为后续的工作打下坚实的基础。就如同大楼的设计图纸一样,脚本编写就是为大楼后期的施工提供图纸,重要性自不待言。

概括来说,在编写微课和慕课的"文字脚本"和"编辑脚本"时,应注意:

- 文字脚本:也被称为"内容脚本"或"设计脚本"。这实际上就是教师对课件中所表现的某个学科内容的组织、构思和设想。通常文字稿本是由教师自行编写而成,编写文章稿本时,应根据主题的需要,按照教学内容的联系和教育对象的学习规律,对有关画面和声音材料分出轻重主次,合理地进行安排和组织,以完善教学内容。它与电视和电影的剧本相似,课件中所需的解说词或提示词就是以文字脚本为基础的。

- 编辑脚本:也被称为"制作脚本"或"技术脚本"。实际上就是把原来的文字脚本内容"电子化"的制作方案和设想。编辑脚本是在文字脚本的基础上创作的,当然,它不是直接地、简单地将文字脚本形象化,而是要求设计者在充分了解交互式视频课件的技术实现工具和方法的前提下,根据多媒体表现语言的特点对教学内容、界面的结构布局、交互控制方式、链接跳转方式、分模块设计、开发平台以及屏幕美术设计等方面的详细描述。它与电视和电影的分镜头脚本相似,编写完编辑脚本后就可以直接进行课件的制作了。

1. 交互式视频课件脚本编写基本原则

脚本编写的基本原则是清晰、全面、指导、可行。清晰的原则,要求脚本编写过程中要避免烦琐重复,采用简洁准确的语言,这样在制作课件的过程中就可以直接将脚本提炼为解说词或提示词。全面和指导的原则,要求脚本编写对于课件所需的布局、文字、图片、声音、音乐、视频和动画等各个方面的制作过程和设计全面包含其中,为后续的课件制作提供完整的制作指导。可行的原则,就是要求脚本编写以现有的素材和制作工具与技术为基础,进行合理地课件效果设计。

2. 交互式视频课件脚本编写的流程

脚本编写,首先要完成关于课件基本信息的描述,包括课件名称、作者、教学目标、教学对象和主要开发平台等信息。其次要重点完成课件系统框架结构流程图的设计与绘制,并说明模块设计与制作的相关信息,而且还要绘制出课件系统首页入口设计略图。最后,也是脚本编写的关键,就是要清晰全面地完成对课件所有模块制作的分页面内容，所需的布局、页面过渡方式、文字、图片、声音、音乐、字幕、按钮、视频、动画等搭配组合与实现方式进行详细描述。

如图2-10所示，脚本编写过程可以概括为"二阶段8步骤"。

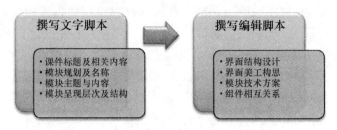

图2-10　微课与慕课脚本编写的流程图

素材收集环节。当脚本编写完毕之后，就进入"素材收集"环节。此环节是交互式视频课件正式进入开发状态的起始点和标志，教师开始真正动手去做课件了——为课件准备形式多样的素材。

从技术属性来说，微课与慕课的素材主要划分为：文本、图片、语音文件、动画、视频及各种辅助性材料。形象地说，这些素材就是构建交互式视频课件这幢大楼的"建筑材料"，可想而知，建筑材料质量的好坏，直接影响到大楼的整体质量。

从以往传统的课件设计方法来看，大都强调课件素材的所谓"原创性"或"独特性"，经常要求教师们从头到尾都自己动手来设计和制作素材。实际上，我们认为，这样做弊大于利：一是加重了教师的开发负担，每个素材都亲历亲为，耗费了大量时间和精力，但素材的质量和效果却难以达到预期的效果——可以想象，各种素材制作软件多数专业性较强，操作复杂，想让教师都熟练掌握，显然是勉为其难；二是严重地影响了学科教师动手设计和开发适合自己教学的课件的独立性，不得不过多地求助和依赖其他技术人员的支持，进而制约了教师们开发课件的主动性和积极性。同样不难想象，若课件素材制作的技术过高，不得不求人来做，哪会有很多教师愿意参与课件开发呢。

有鉴于此，我们提出另一种素材制作的思路：应该充分利用版权法中的"合理使用"原则①来使用互联网的海量网上资源，即尽量利用网上的现有素材来满足自己课件开发的需求，而不是个个自己动手制作，过分强调所谓"原创性"。

研究资料显示，版本法中的"合理使用"条款表现在学校教育领域，主要集中在4个方面：① 教育界使用受版权保护的作品的合法权益应该得到保护，即教育工作人员有权利通过可靠途径获得各种用于教学、学习、学术研究、个人学习的信息资料。② 在创作和学习过程中，教育工作者可以自由地使用信息资料。③ 教育界在网络世界

---

① 合理使用原则（Fair Use）通常是指为了学习、引用、评论、注释、新闻报道、教学、科学研究、执行公务、陈列、保存版本、免费表演等目的，可以不向版权人支付报酬而使用其作品。这是为了在保护版权人利益、加强对版权限制的同时，又不至于减慢信息传播速度和增加社会成本。美国在1976年修订的版权法对"合理使用"有如下定义：使用任何方法复制各种材料，将这些材料用于批评、评论、消息报道、教学（包括用于在教室内使用的多本复印件）、学术及科学研究不违背版权法。它允许教师、学生、学者及艺术家们使用持有版权法的各种资料，不必取得作者和出版商的许可，也不必付任何使用费，这对促进知识的进步和提高教育质量是至关重要的。

利用"合理使用原则"不应该受到诸如以"授权"或者"执行"为名义的各种理由的干扰。④ 在使用网络信息资料时，教育界也有尊重版权和版权人的义务，即教育界应该教育它的下属机构和工作人员了解知识产权和使用受版权保护作品的法律依据。

既然如此，在根据脚本来收集和整理各种素材时，我们强烈建议遵循"合理使用网上现有素材"的原则。当需要各种课件素材时，首先考虑通过以下方式来获得。

1. 通过各种网络搜索引擎来检索所需要的各种素材，包括 Google、百度、Bin 等，尤其是充分利用这些搜索引擎的图片和视频检索功能，为自己收集各种图片和视频素材。不过，需要强调的是，在收集这些网络素材时，应认真记录素材下载的原作者、网址和时间，并在以后正式发布课件时注明这些素材的来源。换言之，在学校的教育环境下，作为教师有权利免费下载和使用这些素材，但必须注明素材的来源，以表示尊重原作者并表示感谢，同时也可避免以后可能出现的无谓麻烦。

2. 通过与国内外同行的交流来获得各种课件素材，并引用在自己的课件中。由于有了互联网的支持，即使是普通的学科教师，也有可能看到或下载到国内外学科同行的相关电子资源。在这种情况下，本着"没有必要重新发明车轮"原则，在标明原作者信息的前提下，应该鼓励相同学科的教师通过互联网来发布和共享自己的课件成果。这样，其他同一学科的教师就不必再重复制作相同的课件素材，直接引用即可，互利互惠，充分体现当今国际上"开放教育资源"（OER）的理念。

总之，在本书中，研究者所强调的一个原则是，在课件设计中，应在了解和遵守版本规则的前提下，充分体现"拿来主义精神"。换言之，首先利用现成的素材来开发课件。只有在现有素材无法满足自己需求的情况下，再考虑自己动手开发和制作。

组件开发。这里，所谓"组件"实际上是素材的一个上位概念，当若干个素材以某种方式关联为一个集合时，就构成一个组件。换言之，组件就是素材的结构化表现形式。再进一步说，以某种结构或关系为基础，组件与组件形成相互关联之后，则构成课件。

从实际应用的角度来说，在课件开发过程中，无论是网上收集到的现成素材，还是教师自主制作的素材，通常都是以若干个素材相互结合的形式被应用于课件开发之中，孤立的素材则很难应用于结构化的课件开发之中。因此，从这个环节开始，实际上就开始进入设计者自己动手来"丰衣足食"的阶段。

根据交互式视频课件的特点和构成要素，组件开发通常包括以下方面。

1. 对各类原始素材的二次开发与组合应用

经过前面"素材收集"环节的工作，教师已通过互联网或与同事共享等方式获取了诸多原始素材。很难设想，这些原始素材能不加修改就直接运用于课件开发之中的。相反，实际情况通常都是，设计者不得不对所收集到的这些原始素材进行"改编""二次开发"，或"组合应用"，然后才能用于自己的课件之中。这时，设计者就需要通过多种工具对素材进行再加工，以使之符合自己的设计要求。这样的工作通常包括：文本的增删与修改，图片的格式、尺寸、颜色及内容的修饰，语音和视频文件格式的转换、内容和时间的剪辑等。应该说，尽管各种各样的原始素材并非教师的原创，但它们经过再加工之后，就开始带上了设计者的"烙印"，体现出了设计者的理念和想法。

同时，通过这个过程，也就实现了从"素材"向"组件"的转变。

这里，研究者提醒，为尊重设计者所使用的各种素材的原作者，建议对这些素材的作者和来源进行整理，如同学术论文的参考文献一样，将之列入课件最后的"素材来源"之中。换言之，当设计者将课件的设计和开发视为与学术研究类似的工作时，并遵循学术研究的基本规范，这样的课件开发才是具有可持续发展潜力的，也才会从长远角度为"开放教育资源"发展提供更大的空间。最终的受益者将是整个教育领域的全体人员。

2. 根据课件脚本的要求来开发原创性的素材并构成组件

从技术难度来说，以原创性素材为基础，进一步构成组件，显然是整个交互式视频课件之中技术成本最高、开发时间最长和最能体现出设计者综合信息素养水平的工作。在这个环节中，前面所介绍的各种软、硬件就开始正式登场，显示其用武之地。应该说，在交互设计、语音人物、视频编辑和整合发布五大类软件中，每一种都会在课件的开发中发挥各自的功能和作用，如果设计者都能够熟练应用的话，肯定会有效地提高课件的开发效率。当然，需要指出的是，考虑到不同教师在学科、学校环境和教学设计等因素方面的个性化需求，这五大类软件在某些情况下未必完全能满足微课和慕课的开发需求。这时，可能就需要设计者根据实际情况来发挥出自己的主动性，去选择其他一些相关工具或软件来实现。

内容整合环节。这是微课和慕课开发过程中的最后一个环节，其主要功能，简单地说，就是将上述各个环节所完成的素材和组件进行组装，根据脚本的设计目标和思路来实现整个课件结构和内容的最后整合。这个环节看似简单，但在实际操作过程中可能会遇到诸多技术和操作问题。例如，由于交互式视频课件的开发中采用了多种软件工具，多数都是国外不同软件公司的产品，这样在使用时容易出现不同软件所生成的产品之间的相互兼容性问题，即一个软件所生成的素材有可能无法插入另一个软件所生成的素材之中，或无法相互结合组成一体化的组件，或者由于不同软件版本差异而产生的兼容性问题等。在这种情况下，就需要设计者采取一些技术方法来予以解决，最常见的方法，就是设计者通过修改素材的格式、形式、版本属性来解决兼容性问题。不过，有时也会出现这样的情况，设计者所面临的问题其他设计者实际上以前也同样遇到过并且已经解决，有些热心的教师甚至可能将解决方法发布在互联网上供其他后来者参考。在这种情况下，直接借鉴这些经验，显然是最好的解决方法。例如，在本书后面提到的 Adobe Captivate 中解决不同 Flash 框架版本的冲突问题，就是借鉴国外某网站的一位教师的经验而解决的，从而完美实现了不同软件所生成的 Flash 素材和组件的协调整合及发展。

总之，课件内容整合环节的核心，就在于实现不同素材、组件及所形成的不同课件模块之间的相互组合和协调，这要求教师在此环节的工作中设计缜密、思路清晰，具备较强的技术动手能力和问题解决能力。只有这样，才能实现脚本所设计的目标。

2.4.3 测试与发布

这是微课和慕课设计的最后一个阶段，包括"参考资源""校对测试""平台选择"和"正式发布"四个环节。其中,"参考资源"环节的主要任务就是整理在前面素材和组件开发阶段所参考的各种非原创性课件素材,如文本、图片、视频等,将这些资源的出处一一整理和注明。建议参照学术出版物参考文献的基本要求来列出,包括以下内容。

- 作者姓名:若无法查证则可注明"佚名"。
- 资源标题:就是所使用资源的名称。
- 资源类型:可根据资源的类型来标出,如论文、专著、图片、视频或其他形式。
- 资源出处:通常以网址表示。
- 参考时间:考虑到网页可能随时由于故障而无法访问,注明参考或下载的时间。
- 其他内容:可根据所参考素材的特点来加注。

最后,将上述内容整理为一个 TXT 文本文件,命名为 References,复制至交互式视频课件的文件夹中保存。

在校对测试环节中,主要是测试课件内容的可用性。设计者所做的主要工作包括以下三方面。

- 文字内容校对:对整个课件的文本内容进行校对,以防止出现错别字或语句不通顺之处。根据以往的经验,建议由设计者之外的人员来承担,这样更容易发现其中的错误。
- 链接路径测试:对课件中的全部链接进行点击测试,以检查链接路径是否正确。
- 其他相关测试:包括链接文件、点击后的显示时间等。

平台选择需要做的工作包括以下两方面。

- 发布形式:主要是指交互式视频课件的发布格式:通常包括可执行文件格式(EXE、APP)、Flash、Html、HTML5 或视频等。
- 发布平台的选择:所生成的某种格式的交互式课件必须通过某种平台来向受众发布和展示,通常包括:PC、平板电脑和智能手机。

当完成以上工作之后,微课和慕课制作就算是大功告成啦!

第三章 模版化动态图表设计工具——Raptivity

从本章开始,我们将开始学习设计和开发微课和慕课所需要的各种软件和工具,进入动手实践阶段,一步步来设计和实现混合式学习的创新性应用。首先给大家介绍的是"动态图表类软件"。正如第二章所介绍的,在整个技术解决方案中,"动态"功能是其核心和最显著的特征之一,这其中包含着两方面的含意。

第一个是指"互动"(Interaction):它强调当学生或受众通过各种方式来浏览或操作课件时,在他们做出一定动作之后,如鼠标点击、拖拽、键盘输入或其他操作时,课件能够相应给予一定的反馈和回应动作,从而使学习者或受众从中获得相应的信息或技能。仅仅是单向地向受众传递知识和信息,学生被动地观看的那种设计思路,不能称为"互动"。

第二个是指"交流"(Communication):它强调的是课件必须为师生提供各种沟通和交流的途径,当学生或受众在学习课件内容产生某个问题或某种疑问之时,课件能够为他们提供一个向传播者/教师提问的渠道。通常这些渠道都是基于互联网的交流方式,如讨论区等。

简言之,"动态"就是为教师与学生/受众提供一个交流和沟通的桥梁。要想实现课件的"动态"功能,根据研究者的长期测试和实践结果,Raptivity是当前的一个代表性工具。当学习者学完本章并掌握这三个工具之后,就可以很轻松地设计出以下具有互动特点的课件素材或组件:

- Flash格式的动态图表和示意图。
- Flash格式的具有自动评分功能的电子测验。

毫不夸张地说,Raptivity可算得上是目前最能体现"快课"理念的一个素材设计和开发软件。因为它是一个完全基于模版化的工具,充分体现了"便捷"的开发理念——即使使用者此前完全没有任何Flash开发经历,也没有任何网页美工设计基础,但通过简单的操作就可以设计出具有专业水平的、令人炫目的动态图表和各种交互网页。同时,更为方便的是,Raptivity所生成的素材主要是以单一Flash文件为主,这样使用者就可以很容易地将之插入其他文档之中,如PowerPoint、Adobe Captivate等,最终轻而易举地开发出吸引人眼球的具有强烈互动效果的漂亮课件。换言之,当使用Raptivity来设计和制作各种动态的Flash素材或组件时,使用者所需要做的实际上只有以下几个步骤。

- 第一步：打开该软件，根据设计需要，从 Raptivity 的"模版包"中选择其一。
- 第二步：在打开的模版中插入准备好的各种素材，包括文本、图片、语音、视频等。
- 第三步：快速浏览并修改和测试。
- 第四步：发布为 Flash 文件。

所以说，称 Raptivity 是目前业界最为领先和操作简便的混合式学习交互设计工具，确实不为过。就以目前的 5.6 版本为例，它拥有 13 个功能和形式各异的预设互动模版库，其中包括 200 余项混合式学习互动效果素材，主要包括：视频、软件/技能模拟、动画、互动演示、小游戏、在线测试、网络问卷、3D 演示等。

3.1 软件安装

Raptivity 是 Harbinger Knowledge Products Pvt. Ltd. 公司的产品，教师们可直接登录其官方网站①去下载最新的测试版。Raptivity 测试版的试用时间较短，仅为 14 天，但值得高兴的是，Raptivity 全部模版包同样也可以下载并试用。也就是说，在 14 天的试用期内，使用者使用的是一个完全功能版的 Raptivity 软件，与正式版一模一样，可以充分体验这个软件的强大功能和巨大魅力。建议教师们充分利用这 14 天的软件试用期来设计和开发尽量多的交互式素材或组件。

Raptivity 的安装方法很简单：双击所下载的 Raptivity_ trial 文件，按照程序提示完成整个软件安装过程。随后逐一安装 13 个模版库。当全部安装完毕之后，程序会自动在桌面或软件的程序列表中生成一个名为 Raptivity 的文件夹，单击其中的 Raptivity 即可打开该软件（见图 3-1）。同时，若是试用版，则可以自动开始为期 14 天的计时测试过程。

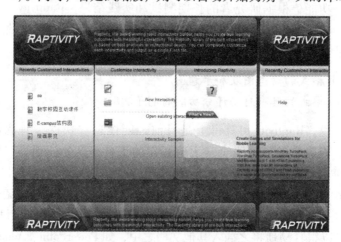

图 3-1　Raptivity 的启动界面

---

① Raptivity 测试版的下载网址是：http://www.raptivity.com/free-trial。

3.2 基本操作流程

Raptivity 的用户界面简洁明快，操作方法简便易学，教师只要具备基本的操作技能，就可以很快上手，根据自己的需求来动手设计和开发课件素材或组件。根据以往操作和使用经验，在本书中，研究者将 Raptivity 的整个操作流程归纳为以下 4 个步骤（见图 3-2）。

- 新建互动项目（New Interactivity）
- 选择互动模版（Select Models）
- 定制互动参数（Set Parameters）
- 发布互动课件（Publish Interactivity）

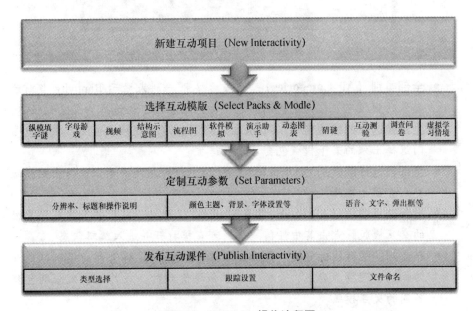

图 3-2　Raptivity 操作流程图

3.3 操作界面及使用过程

启动 Raptivity 之后，用鼠标单击"New Interactivity"链接之后，就会呈现出以下 Raptivity 当前所安装的全部模版库（见图 3-3）。

Raptivity 的模版库有 2 种视图形式："缩略图视图"（Thumbnail View）和"探索视图"（Explore View）。在缩略图视图（见图 3-3）下，在界面的左侧有一系列的链接，分别如下。

- **全部模版包（All Packs）**：点击后显示 Raptivity 当前已安装的所有模版包。每个模版包中包括多个类别，每个类别则包含多个交互模版。通常，Harbinger Knowledge Products 公司会不定期发布新的模版包，当用户购买新模版并安装之后，就会在此界面中显示出来。

图 3-3　Raptivity 模版库

- **全部类别（All Categories）**：点击后按照类别来显示 Raptivity 当前已安装的模版包。在每个类别中进一步包括多项可供选择的交互模版。
- **全部被选择的模版包（All Select Packs）**：在上述模版包中，被用户专门选择出来的若干模版包会显示在这里。
- **全部被选择的类别（All Select Categories）**：被用户专门选择出的模版类别会显示在此。
- **全部交互模版（All Interaction Modles）**：此处会显示若干具有代表性的交互模版，点击其中任何一个则可直接打开并进入编辑状态。
- **布鲁姆的教育目标分类（Bloom's Taxonomy）**：将全部的模版包划分为知识、理解、应用、分析、综合和评价六种，每种之中又分别包括不同的交互模版。
- **加涅的教学 9 阶段理论（Gagne's Nine Events）**：将全部模版包划分为引起注意、向学习者说明目标、温习旧知识、展示新教学内容、提供学习导航、指引学生行为、提供学习反馈、评估绩效和加强记忆和知识迁移共 9 个阶段。根据每一阶段的特点，分别包括不同的互动模版。
- **凯勒的 ARCS 模型（Keller's ARCS Model）**：将全部的模版包划分为"注意"（Attention）、"关联"（Relevance）、"自信"（Confidence）和"满意"（Satisfaction）5 个阶段。每一阶段之中分别包括不同的交互模版。
- **体验式学习（Experiential Learning）**：将全部的模版包划分为"体验"（Experience）、"分享"（Share）、"处理"（Process）、"概括"（Generalize）和"应用"（Apply）五个环节，每一环节包括不同的交互模版，选择并点击图标可直接进入编辑状态。

- **我的案例库（My Examples）**：此处将展示用户最近所设计和开发的一些交互作品，以便随时进行编辑和开发。
- **我喜欢的模版（My Favorites）**：此处将展示用户所保存的最常用的交互模版，点击则可直接进入编辑状态。
- **我的学习理论（My Learning Theories）**：根据自己对教与学过程的理解，创建自己的学习理论，并对全部模版包进行分类。

另一方面，在"探索视图"（Explore View）下，见图3-4。

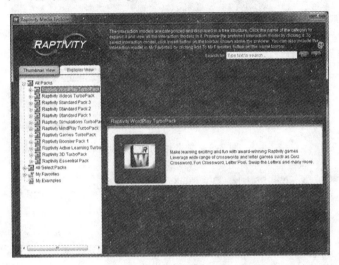

图3-4　Raptivity 模版库（探索视图）

在探索视图下，在界面的左侧，软件将以树状结构图的形式展示出当前系统所安装的所有模版包。共分为4种形式：全部模版包、全部被选择的模版包、我喜欢的模版和我的案例。点击进入之后实际上与缩略图视图下的内容相同。不过，通常情况下，当用户在选择某种交互模版时，探索视图有助于用户快速地浏览不同类别的模版包，并从中找到符合自己要求的特定模版。因此，建议教师在设计时更多地选择使用这个探索视图。

在探索视图下，当教师通过左侧的树状结构图来选择某一种特定的交互模版之后，右侧就会相应显示出该模版的名称及外形（见图3-5）。

在图3-4中可以看到，上面有一行文字链接，具体内容如图3-6所示。

- **添加至我喜欢的模版（Add to My Favourites）**：点击此链接，可将当前的模版加入到"我喜欢的模版"之中，便于以后随时调用。
- **插入（Insert）**：点击此链接，则可选择当前模版并进入编辑状态。
- **详细信息和列表（Information and checklist）**：点击此链接，则可浏览有关当前模版的各种详细信息，包括：当前模版的功能和特点介绍，当前模版的可编辑选项：如兼容性、声音、图片和使用状态跟踪等。

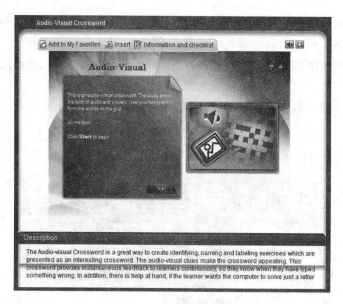

图 3-5　被选中的交互模版

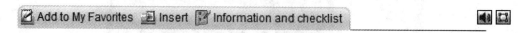

图 3-6　被选中模版上的编辑菜单

此外，需要注意的是，在上述链接菜单条的最右侧还有两个小图标，分别表示该模版具有声音功能和若干增强性编辑选项。

下一步，设计者点击"插入"链接之后，便可正式进入该模版的编辑状态（见图3-7）。

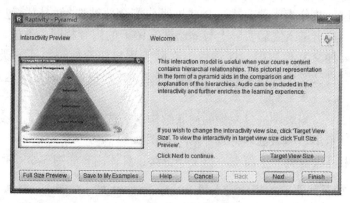

图 3-7　被选中模版的定制选项之一

此时，设计者就可以根据自己的设计需求进行个性化定制，包括：

- 定义模版尺寸（Target View Size）：可定制所生成课件的显示尺寸。
- 保存至我的案例（Save to My Exapmle）：点击此按钮可将当前模版保存至"我的案例库"中。

然后点击"Next"进入下一步(见图3-8)。

图3-8 交互模版的定制选项之二

在标题(Title)栏中输入该课件的名称①,如"影响学校教学信息化建设的4大因素"。然后点击"Next"继续。在下一页窗口中,在"因素数量"(Number of Faces)栏中填写4。最后点击"完成"结束课件模版的定制设置工作。

然后,程序则会显示以下交互模版的编辑界面(见图3-9)。

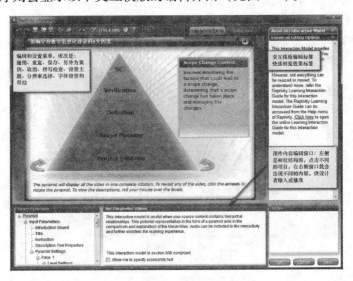

图3-9 交互模版的编辑界面

在此编辑界面中,设计者则可以对模版的内容进行编辑、修改或增删。在这个视图的右上角中有2个重要的标签,分别是"交互模版编辑"和"快速浏览",分别用于进入内容编辑状态和课件效果浏览状态。

---

① 关于Raptivity汉字输入方法的说明:由于该软件为国外公司的产品,因此对双字节汉字的兼容性不是很好。Raptivity的许多模版都不支持用某些汉字输入法直接输入汉字。针对这些问题的解决方案是:打开一个文本文件,先将课件的相关文字输入文本文件中,然后复制并粘贴至Raptivity模版的相应位置。

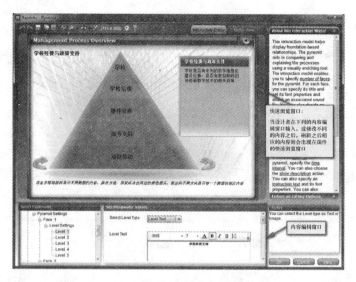

图 3-10　交互模版的内容编辑及效果呈现

此外，设计者也可以对课件中的其他一些变量和属性进行定义和修改，如图 3-11 所示，通过鼠标双击内容提示框的方式，在弹出的窗口中对其尺寸进行定义。进一步，也可以对背景和文本颜色进行相应的修改。

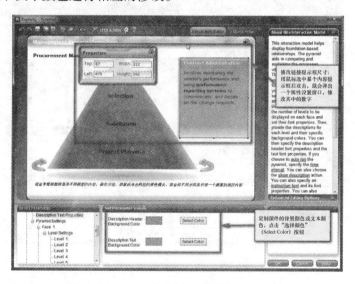

图 3-11　交互模版的属性及颜色定制

如果要想为课件添加语音旁白功能，那么，如图 3-12 所示，在内容编辑区中选择"介绍"，然后将一个 MP3 格式的语音文件插入到课件之中，并在下面的"播放课件介绍语音"框内打钩。

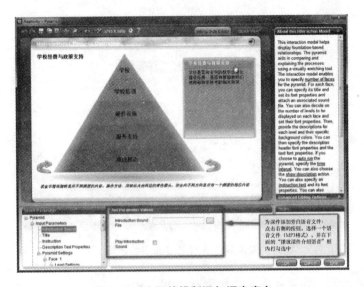

图 3-12　为课件模版添加语音旁白

当完成上述课件内容编辑工作之后,点击右下角的"OK"按钮,则可进入图 3-13 所示的界面。

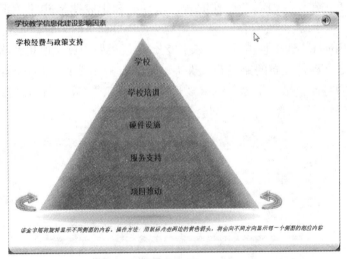

图 3-13　课件的快速浏览界面

在课件的快速浏览界面下,设计者可以对整个课件的结构和内容进行测试,看其中是否存在内容或技术问题。若有问题,则可重新返回编辑状态进行修改。若无问题,则可进入课件发布阶段。设计者点击软件界面上方的按钮"发布"(Publish),则进入课件发布界面[①]。

---

① 需要注意的是:在点击"发布"按钮之后,若此前尚未保存过课件,那么,系统将会提示使用者保存之后再发布。

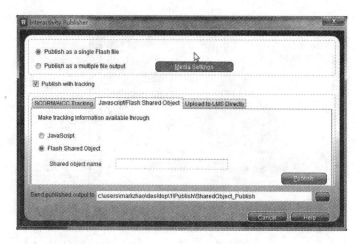

图 3-14 课件的发布参数设置

如图 3-14 所示,在课件发布参数中有 2 个选项:

- 发布为单一的 Flash 文件(Publish as a single Flash file)
- 发布为一个多文件合成的课件(Publish as a multiple file output)

通常情况下,建议教师们都选择前者,这样有利于后期将此课件素材方便地插入到其他课件之中。然后,还应在"发布追踪"(Publish Tracking)框前打钩,并选择"Flash Shared Object"选项且填写一个文件名,建议最好用英文或拼音来命名。如果需要,也可以自定义课件发布的路径和文件夹。最后点击"发布"(Publish)完成。发布完成后,系统会自动弹出一个提示窗口(见图 3-15):"交互课件成功发布,您想查看所发布的文件吗?"若选择"是",则会打开课件并播放。

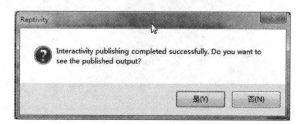

图 3-15 课件发布功能提示窗口

至此,一个交互式课件素材的设计工作全部完成!

3.4 设计案例

下面,我们将在 Raptivity 中选择一个名为"三维立方体"(3D Cube)的互动模版,来向大家展示从设计到发布的整个案例操作过程,以便进一步熟悉和了解 Raptivity 的基本功能、操作和应用。

首先,新建一个互动项目(New Interactivity),如图 3-16 所示。

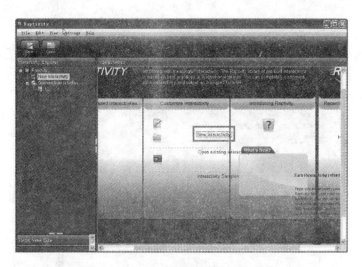

图 3-16　Raptivity 的新项目创建界面

进入模版选择界面之后，通过选择某种模版分类方式，根据需要选择一种互动模版。这里我们选择 Raptivity 3D TurboPacks 模版包中的 3D Objects 中的 3D Cube 模版，如图 3-17 所示。

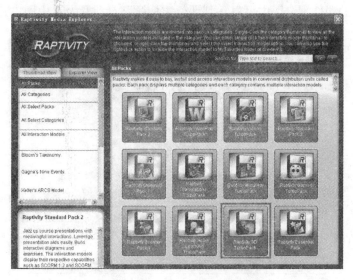

图 3-17　Raptivity 的模版选择界面

选择模版之后，则进入互动编辑状态，如图 3-18 所示。我们可以通过选择"互动参数"（Select Parameters）面板，设置"参数数值"（Set Parameters Value）面板，对所有模版可调参数进行设计和编辑，最终完成互动课件的编辑操作。这里，我们主要展示如何调整课件的全局参数之一"课件主标题"（Title）和课件重要参数之一"立方体第一面"（Face1）。

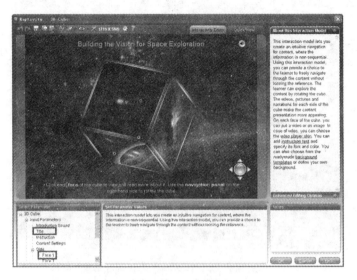

图 3-18 Raptivity 的编辑状态界面

如图 3-19 所示,点选左边选择互动参数(Select Parameters)面板中的"Title"项,在右边的设置参数数值(Set Parameters Value)面板中编辑"中国古建筑"的标题文字,在上面的课件预览区中可以看到课件主标题已自动变为"中国古建筑"。

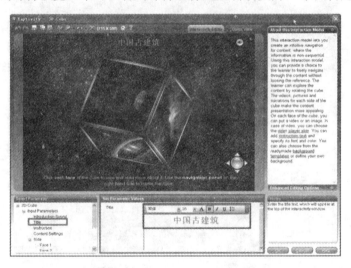

图 3-19 在 Raptivity 中添加标题

接下来,点选左边选择互动参数(Select Parameters)面板中的"Face1"项,在右边的设置参数数值(Set Parameters Value)面板中编辑"Side Type""Side Image""Content Text"和"Audio"的数值。如图 3-20 所示,"Side Type"的数值通过下拉菜单,选择面的展现形式是"Side Image",也就是该面将以图片展现为主。

第三章 模版化动态图表设计工具——Raptivity

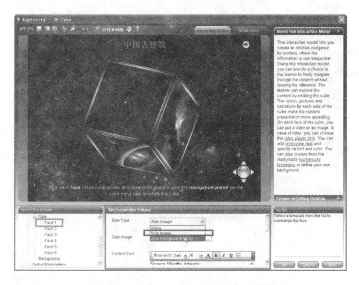

图 3-20　在 Raptivity 中设置互动参数

在选择 Face1 面以图片形式展现后，通过点击"Side Image"右侧的浏览按钮，打开图片资源管理窗口，再点击该窗口右下角的"Browse"按钮，浏览找到本地计算机中需要添加的图片"中国古建筑 1.jpg"，具体操作如图 3-21 所示。

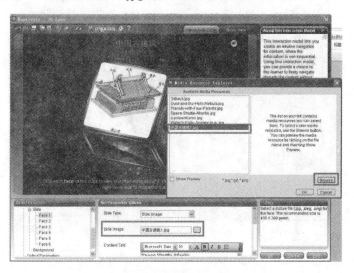

图 3-21　在 Raptivity 中添加图片

同上，继续在右边的设置参数数值（Set Parameters Value）面板中编辑"Content Text"的数值。在文字输入框中直接编辑关于中国建筑介绍的文字内容，如图 3-22 所示，这是编辑完文字后在课件中进行互动点击后的显示效果。

59

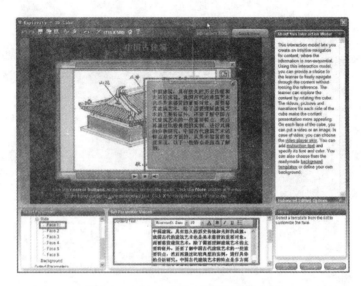

图 3-22　在 Raptivity 中添加文字内容

当需要为课件添加声音说明时，可继续在右边的设置参数数值（Set Parameters Value）面板中编辑"Audio"的数值。通过点击"Audio"右侧的浏览按钮，打开声音资源管理窗口，再点击该窗口右下角的"Browse"按钮，浏览找到本地计算机中需要添加的声音文件"3D_ Cute_ Face1.mp3"，具体操作如图 3-23 所示。

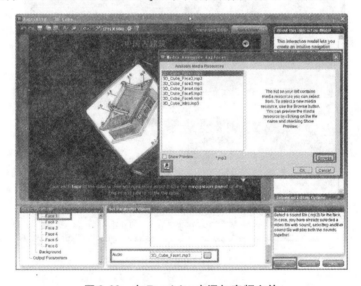

图 3-23　在 Raptivity 中添加音频文件

当整个课件编辑好以后，就可以通过发布互动课件（Publish Interactivity）的界面，进行课件的发布了。如图 3-24 所示，点击工具栏的"Publish"按钮，打开发布互动课件（Publish Interactivity）界面，在该界面中，点选"Flash Shared Object"选项，将课件命名为"building"后，点击界面中的"Publish"完成。这样，使用者就完成了一个互动式课件素材的设计工作！

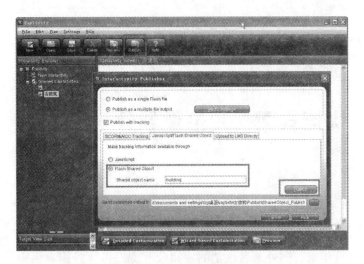

图 3-24　Raptivity 的发布设置

利用 Raptivity 所设计出的课件素材，不仅形式美观，交互性强，而且与其他各种常用教学软件的兼容性也比较好。教师可以很方便地将素材插入 PowerPoint，Adobe Captivate 等工具软件，组合出非常吸引人的交互式课件素材。

第四章 快捷式微视频抠像软件——Adobe Ultra

从应用角度看，对于多媒体课件来说，视频毫无疑问是最能吸引受众和学习者的媒体表现形式。近年来，国外著名大学的视频公开课在世界各国学生中受到广泛欢迎，就充分证明了这一点。实际上，以视频方式来传递教学内容，一直是教育技术传统的课件制作方式之一，从模拟技术时代的单向传递电视教学节目，到数字时代的高清视频公开课，再到当前将各种交互式技术加入而形成的交互式视频课件，一脉相承地体现了新技术发展对教学信息传播方式的深远影响。

不过，与传统的基于单向传递的教学视频不同的是，交互式视频是以视频抠像、虚拟背景和交互反馈等技术相互结合的产物，它突出强调视频内容的交互性、虚拟性，使受众或学习者在观察视频内容时，能够具有一定选择权，突破原来以传统线性呈现教学内容的视频方式，为学习者的个性化选择提供了更多技术基础。我们认为，在课件设计中采用这些技术，将会进一步提高课件的艺术感染力和表现力，提高学习者的兴趣与动机。

本章将向读者介绍一个视频抠像软件：Adobe Ultra。通过学习其操作方法，希望读者能掌握抠像视频拍摄、动态虚拟背景编辑和视频演示文档生成等技能，为自己的课件设计和开发添加丰富多彩的视频展示功能。

Adobe Ultra 是 Adobe 公司发布的一款视频抠像软件[1]，也常被称为"虚拟演播室软件"。利用这个软件，使用者可以将一段人物视频置身于一个虚拟的动态场景之中，并且可以自定义虚拟背景以及人物的阴影和光反射等属性，使用它能得到高质量的抠像视频效果[2]。

同时，与它的强大功能相比，Adobe Ultra 的操作简单快捷，很适合用来制作教学类课件。使用时，通过简单的鼠标拖放等方式，就可以很快得到高质量的抠像效果。然后再从软件所提供的丰富多样的虚拟背景库中选择所需要的虚拟背景，经过简单参

---

[1] 实际上，该软件是 Adobe 收购 Serious Magic 公司后推出的第一个 Ultra 版本。
[2] 抠像技术："抠像"一词是从早期电视制作中得来的。英文称作"Keying"，意思是吸取画面中的某一种颜色作为透明色，将它从画面中抠去，从而使背景透出来，形成二层画面的叠加合成效果。这样在室内拍摄的人物经抠像后与各种景物叠加在一起，形成独特的艺术效果。正由于抠像的这种神奇功能，所以抠像成了电视制作的常用技巧。在早期的电视制作中，抠像需要昂贵的硬件支持，且对拍摄的背景要求很严格，需在特定的蓝背景下拍摄，光线要求也很严格。目前通过软件也可以实现此功能。

数设置之后，就可以生成具有专业水平的视频内容和节目。

从技术特色上来看，Adobe Ultra 的"矢量色键"（Vector Keying）技术是其他视频编辑软件上的抠像器无法比拟的。即使是面对那些在以前不可能抠像的视频画面，例如不均匀的灯光、褶皱的背景、卷曲的头发，使用者仍然可以在几秒钟内就完成抠像。同时，更令人感兴趣的是，Adobe Ultra 可兼容大多数的标准视频格式。

尤其突出的是，Adobe Ultra 随软件提供了一个庞大的可方便调用的虚拟场景模版库，它有几种不同风格的虚拟场景，多数都包括不同的摄像机角度，其中一些还利用虚拟摄像机轨道系统（Virtual Trak）而呈现出各种形式的推拉摇移效果。利用这个功能，教师可以为自己所拍摄的教学视频添加各种动态虚拟背景。

4.1　软件下载与安装

目前，在互联网上能找到的 Adobe Ultra 版本有两种：一种是完全安装版，包括虚拟素材库；另一种是被某些网友修改的绿色免安装版，用户可以自己去下载和安装。需要注意的是，当使用绿色版时，需要将素材库复制至 Contents 文件夹的 Virtual Sets 目标下，每一类各占一个文件夹。这样，在使用时，就可以直接调用这些素材库中的内容。

目前，Adobe Ultra 的场景库共 44 类，每一类中又分别包括若干种具体场景文件，总数超过 200 余个（见表 4-1）。

表 4-1　Adobe Ultra 的虚拟场景模版

文件夹名称	场景类型
1. Award Show	颁奖现场
2. Basic	基础场景
3. Boardroom	大会议厅
4. Classroom	教室
5. Computer Lab	计算机室
6. Conference Room A and B	会议室 A 和 B
7. Control Room	控制室
8. Corner Office	转角办公室
9. Corporate Campus	校园外景
10. Digital Studio	数字演播室
11. Gallery	古典画廊
12. Game Show	游戏场景
13. Glass Studio	玻璃演播室
14. Late Night	夜色客厅
15. Lecture Hall	讲演厅
16. Library	图书馆
17. Lobby	宾馆大厅
18. Loft Office	复式办公室
19. Master Control	设备主控室

续表

文件夹名称	场景类型
20. Metropolis	会议中心
21. MSL-4-Archives	椭圆形档案馆
22. MSL-4-Center-Stage	演播舞台
23. MSL-4-Convention-Hall	传统式会议厅
24. MSL-4-Courtroom	法庭
25. MSL-4-Football-Stadium	足球赛场
26. MSL-4-Gazebo	林中亭台
27. MSL-4-Medical	体检室
28. MSL-4-Minds-Eye	梦幻背景
29. MSL-4-Network-News	新闻演播室
30. Museum	博物馆
31. News Set	新闻舞台
32. Nova Studio	行星舞台
33. Orient	中式厅堂
34. Outdoors	室外花园
35. Sales Office	公司办公室
36. Skyline Studio	空中演播室
37. Space Station	星空站台
38. Studio	演播室
39. Study	古典书房
40. Talk Show	谈话现场（2类）
41. Townhouse	客厅
42. Virtual PC	虚拟电脑
43. Wedding	婚礼
44. World News	世界新闻播放（2类）

4.2 用户界面及操作步骤

当 Adobe Ultra 安装完毕之后，点击其图标启动，初步使用时选择 PAL 格式。

如图 4-1 所示，它的操作界面由三个主要部分构成，包括视频输入窗口、视频和场景预览区和功能编辑区。

- 视频输入窗口：在这里，你可以导入需要编辑的视频、背景、三维虚拟场景、图片等课件素材。
- 视频和场景预览区：该区域可以方便地浏览观看抠像或添加虚拟场景后的具体效果。
- 功能编辑区：该面板区包括"视频编辑"（抠像、颜色、场景、推拉摇移、阴影），"视频输入输出编辑""虚拟场景设置"和"输出剪辑"等类别，分别承担不同的任务和功能。

第四章　快捷式微视频抠像软件——Adobe Ultra

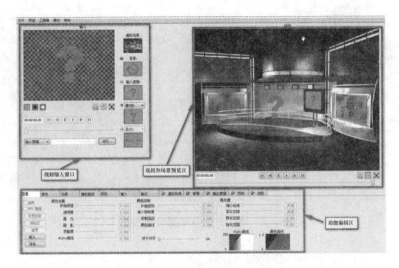

图 4-1　Adobe Ultra 的编辑界面

在具体操作步骤上，Adobe Ultra 的使用方法简单明了，只需要 7 个步骤就可以完成整个视频的编辑工作，如图 4-2 所示。

图 4-2　Adobe Ultra 的操作流程图

4.3　设计案例

下面，将以交互式视频课件中最重要的组成部分——抠像视频制作的整个案例过程为例，使读者进一步熟悉和了解 Adobe Ultra 的基本功能、操作和应用。

首先，在视频输入区中点击选择"输入剪辑"选项，然后再点击"浏览"选择将要编辑的第一份视频素材（A）。当视频导入之后，将自动显示在视频输入的播放窗口和预览窗口（见图 4-3）。

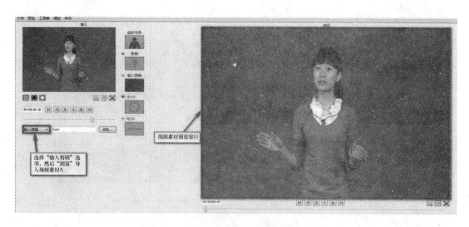

图 4-3　导入想要编辑的视频素材 A

第二步，打开功能编辑区中的"抠像"标签，点击视频播放器下方的"添加抠像点"按钮，在视频素材的蓝色背景设置抠像点（见图4-4）。为保证抠像效果，建议设置尽量多的抠像点，尤其是对背景中色彩或光线不均匀之处要设置抠像点。设置完成之后，点击"抠像"标签中的"应用点"按钮。系统将自动"抠除"整个视频的背景，将人物突出显示出来。

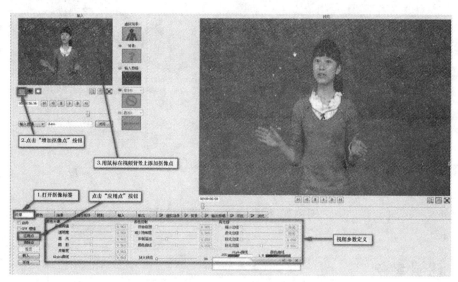

图 4-4　对视频进行抠像编辑和设置

进一步，设计者继续对抠像视频的参数进行调整，以达到最佳的显示效果（见图4-5）。可调整的视频参数包括：颜色分离，颜色控制和再处理。设计者直接拉动滑块就可以进行调整，同时，参数调整的实际效果也将自动在预览窗口中显示出来。

这时，如果有必要的话，设计者也可以点击"颜色"和"场景"标签进行设置。其中，远景设置中的大小、左右位置和方位（见图4-6）。

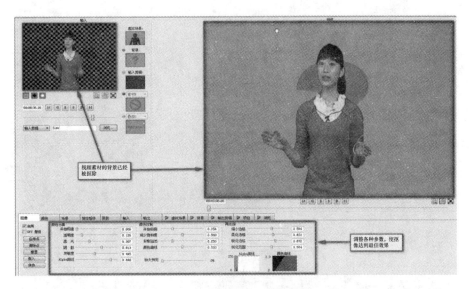

图 4-5　抠像视频的参数设置

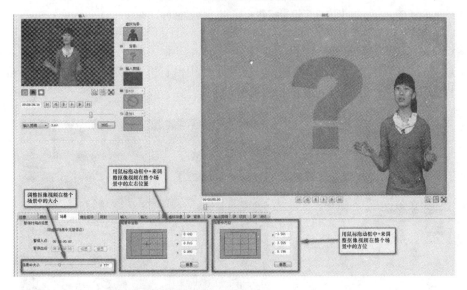

图 4-6　调整抠像视频在整个场景中的相对位置

接着，如果设计者想要抠像视频在播放时产生摄像机"推拉摇移"的动态播放效果，那么，就需要设置"推拉摇移"标签中的参数（见图 4-7）。点击此标签，在"启用"前打钩，然后用鼠标拖动预览窗口中的播放条滑块至视频的不同时间点，在不同的时间点位置上用鼠标点击"增加时间点"按钮，为视频添加不同的时间点。完成时间点设置后，再为不同的时间点定义各种推拉镜头的变化效果。操作方法是：设置"摇移"效果时，用鼠标左键对准框中的 + 字后，左右拖动；设置"推拉"效果时，用鼠标左键 + Shift，对准框中的 + 字后，前后拖动。

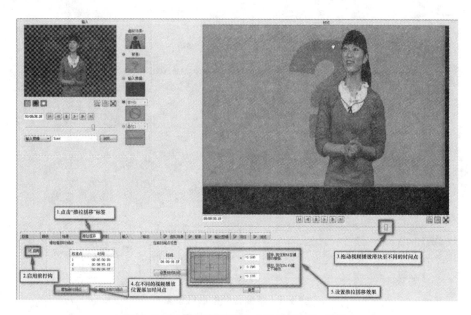

图 4-7　设置抠像视频的"推拉摇移"效果

第三步，为抠像视频选择虚拟场景。点击编辑功能区的"虚拟场景"标签，选择其中的一个虚拟场景文件（见图 4-8）。当设计者用鼠标双击该文件之后，它将自动出现在预览窗口之中，并成为抠像视频的背景。

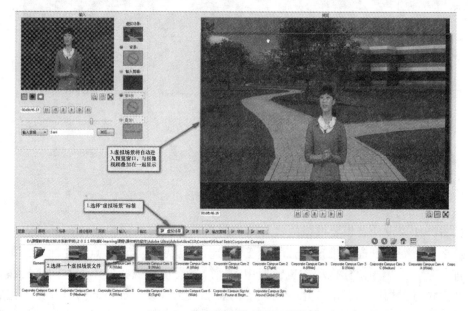

图 4-8　抠像视频的虚拟场景设置

至此，一个抠像视频的编辑就基本完成。不过，当设计者选择某些具有特殊功能的虚拟场景时，如场景中还嵌有另外一个视频素材（B）时，设计者可能还需要进行一些其他的操作。用鼠标双击来激活"素材 B"窗口（见图 4-9），打开"浏览"选项卡，双击选择的素材视频文件，它将自动出现在视频播放窗口中，然后，设计者可以拖动时间滑块，浏览素材文件。同时，素材视频 B 也将自动出现在预览窗口之中。这样，当设计者播放抠像视频时就会发现，素材视频 B 同样也会在虚拟场景中自动同步播放。

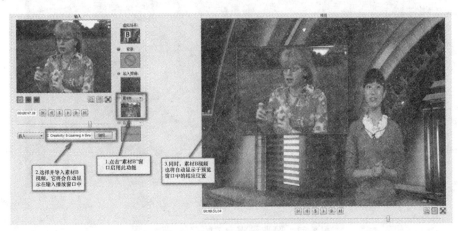

图 4-9　在虚拟场景中添加素材 B 视频

最后，还需要设置视频的参数，包括"输入"和"输出"参数（见图 4-10）。其中输入参数包括抠像视频的时间长度、镜像设置以及显示大小和位置定义等。输出参数则包括"输出格式""宽高比"和视频"编码格式"等。

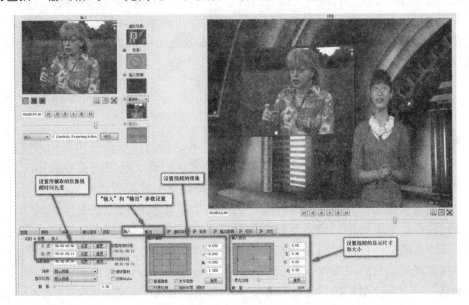

图 4-10　抠像视频的输入和输出参数设置

到这时，整个抠像视频的编辑工作基本完成，设计者可以去预览视频的效果：在预览窗口中，单击"播放"按钮，播放整个视频来查看实际效果（见图 4-11）。

图 4-11 预览编辑完成的抠像视频效果

最后一步,就是输出所完成的抠像视频,并利用媒体播放器检测输出的视频文件是否能够正常播放。如果正常的话,就可以考虑将其插入设计者所设计的交互式视频课件的相应位置。不过,这里需要提醒的是,由于 Adobe Ultra 所生成的视频文件格式为 AVI,虽然清晰度较好,但文件容量较大。当设计者在设计交互式视频课件时,可以考虑利用视频格式转换工具(如格式工厂)将所生成的虚拟背景抠像视频转换为适合在互联网上播放的格式,如 Flv 等。这样,可以有效减小视频文件所占容量,有利于在互联网上播放。

4.4 视频素材的拍摄方法

通过以上对于 Adobe Ultra 的操作方法介绍,不难看出,抠像所用视频素材的质量高低,将会直接影响所生成的抠像视频的最终效果。因此,这里向读者介绍一些视频素材的拍摄技巧,为读者能够开发出高质量的虚拟背景抠像视频打好基础。

根据笔者长期拍摄抠像视频的经验,建立一个抠像视频拍摄室是保证视频素材质量的最佳选择,如本书第二章中所介绍的移动式虚拟场景抠像设备。这样,就可以为拍摄出高质量的抠像视频素材提供很好的硬件基础。同时,如果读者再进一步学习一些拍摄抠像视频素材的相关知识和技能,将会对提高整个交互式视频课件的技术水平大有裨益。以下将介绍拍摄灯光、幕布使用、音频等方面的相关知识。

4.4.1 一般技巧

不难想象,教师们在假想的环境中表演是一件令人兴奋的事,但是也很富有挑战性。因为他们所在的空间大小不同,离摄像机的远近也不同,所以主持人的表现也都不相同。现在这些情况可以被数字化处理，在拍摄过程中，表演者需要一些训练或反馈来帮助他们与虚拟环境融为一体。作为拍摄者，你要鼓励你的主持人环顾周围并向虚拟物体做手势。如果他想被缩小来假设摄像机离得很远，这时主持人就需要控制嗓音，就像他们对着离得很远的摄像机表演那样。如果主持人被放在大的虚拟环境并带有远距离的摄像机，他们的手臂和整个身体应该是更富有表情的（见图4-12）。

图 4-12　在抠像屏幕布下拍摄的技巧

Adobe Ultra 可以为视频创建一个魔术似的虚拟场景，并且以精细的细节来实现设计。在拍摄之前，使用者应该首先确定，主持人的装束应该与虚拟场景所表现的内容是相符的。在可能的情况下，让主持人手持一些与场景相关的物体，如海滩游泳用的毛巾，或者上课书写用的粉笔，这样不仅可以改善主持人与虚拟场景之间的协调性，同时还可以帮助主持人在思想上准确把握对虚拟环境的主观想象。举例来说，如果虚拟背景是阳光照耀下的海滩，那么，或许应该在主持人的眉毛处加点小汗珠，或使用摄像机镜头外的电风扇向主持人吹风，来模仿出一种海风拂面的效果。以这样的方式拍摄出来的视频，再进行抠像编辑时，现场感和真实感都会很强，富有吸引力。

4.4.2　拍摄灯光布置

可以想象，要获得理想的视频拍摄效果，在拍摄时正确地控制前景的灯光是极其重要的，要尽量调整前景来与背景的灯光相互匹配，图4-13 为拍摄灯光位置的布置。在拍摄之前，要仔细观察想要的背景（无论是虚拟场景还是自己的素材），并决定好背景和场景中的灯源位置。在同样的角度，相关的位置定位灯光，这样前景中的物体会与背景中的物体有相同的灯光效果。如果同样的前景物体实际上是在背景场景中被摄制，就可能会显示带有强烈的亮点

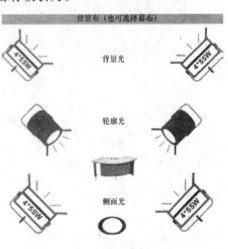

图 4-13　拍摄灯光位置的布置

和很重的阴影，这时前景中也要相应被照亮来使之相符。可以想象，正午时分的海滩背景，可能要比黑暗中的城市街道更有温暖的色调、明朗的亮度和很重的阴影。所以，使前景物体在数字化输入的背景上投有半透明的阴影会使最终的合成更真实。要想实现它，在录制视频时，就要调整适当的亮度，以便在素材上投下想要的阴影。

4.4.3　背景幕布使用

在使用正确照明的条件下，高质量的抠像彩色背景幕布同样也可以产生更好的效果。通常情况下，Adobe Ultra 推荐使用绿色的背景颜色。在选择背景幕布的质地面料时，要确保幕布颜色饱和，不能带有闪亮或表面纹理条，因为这样会导致反射灯光而出现亮点。如果使用的是棉质的背景布，那么皱纹要尽可能的少，例如事先用熨斗来熨平整后再使用，效果会更好。如果使用的是免熨布料，在使用之前应用夹子固定，使幕布绷紧，以免在幕布上出现折痕和小细纹。如果使用的是抠像彩色涂料，则要涂数层，每层之间要有足够的风干时间来增加颜色的饱和度。图 4-14 为整体绿屏背景的设置。

图 4-14　整体绿屏背景的设置

当用灯光来照亮背景幕布时，需要尽可能使幕布平滑，没有亮点或阴影。如果有可能的话，使用反射伞或柔散器来调节光线，也是一种很好的方法。此外，携带方便的折叠式绿色/蓝色背景幕布，对于外景地或演播室内拍摄是很有帮助的。

4.4.4　抠像技巧

1. 减少溢出（Reducing Spill）

彩色的灯光从抠像彩色背景溢出到前景人物上，会留下这个镜头被抠除过的细微痕迹，影响视觉效果。Adobe Ultra 的"溢出抑制"（spill suppression）功能，可以有效地减少这种现象（见图4-15）。当然，在拍摄视频时尽量控制色彩，也可以有助于防止出现这种情况。当使用面积较大的抠像彩色背景幕布时，这种溢出现象就变得更加重要了，因为它成了活跃在演播室周围的彩色灯光的重要来源，后面的白墙或摄像机附近的白墙可以把活跃的绿色或蓝色灯光反射到人物上，从而导致这种溢出现象。要想减少这种现象，建议把抠像背景幕布放到附近没有淡色墙的地方。

图4-15　溢出抑制功能

2. 音频（Audio）

　　一般情况下，设计者通常还想在抠像的场景的视频编辑器上使用音频处理。例如，假设人物被插入一个巨大的虚拟教堂中，那么在他们的声音上增加一些混响效果会更完美。如可以给插入的背景混入一些细微的环绕声效果，或者是忙碌的城市街道嘈杂声，或森林中的天籁之音，这样会提高虚拟场景的逼真度。

3. 虚拟场景的选择（Background Selection）

　　当选择一个背景或虚拟场景插入特定前景人物的后面时，请记住，不仅背景与前景要有相似的亮度，还要有相似的颜色饱和度、色度和对比度。只有这样，才能够获得最好的效果。Adobe Ultra 的颜色校正功能，可用于把数值上很接近的素材变得非常一致。但是，数字化颜色校正很难把差别很大的素材变得差异较小（见图4-16）。

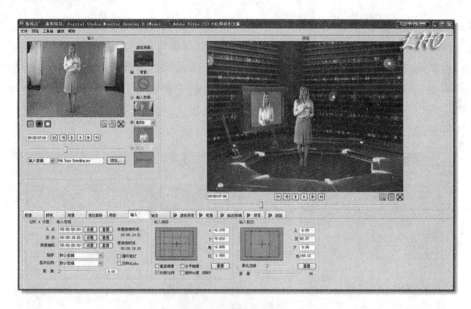

图 4-16　虚拟场景的选择

总之，遵循以上视频拍摄的基本原则和技巧，将有利于设计者拍摄高质量的视频素材，并在 Adobe Ultra 中设计出引人入胜的奇妙视频内容，给设计者的教学带来意想不到的视频效果。

第五章 微课的动画人物与配音工具——iFly 和 CB

在影视节目中,除了色彩搭配适宜、画面清新动人的视频之外,轻缓适中、发音标准、抑扬顿挫和富有感染力的语音旁白解说,同样也是吸引受众注意力的重要方式之一。相应地,在微课和慕课中,我们同样也应重视语音功能的设计和应用。通过多年的探索和实践,研究者成功地利用合成语音和动画人物技术设计而成的虚拟助教或学习助手功能,是区别于其他传统课件的重要表现形式之一。

众所周知,在课件设计和制作过程中,加入语音旁白是一种常用的技术方案,通过娓娓动听的内容讲解声音,可有效地提高学习者的兴趣和学习动机,拓展信息传递和接收的渠道,提高学习或培训的效果。不过,在传统课件设计中,语音旁白通常都是利用真人朗读配音方式来实现的。这种技术方案的效果虽然很好,但耗时费力,人力成本高,尤其是对朗读配音人员的普通话水平要求高,稍有方言口音朗读配音后的效果都不理想,听起来缺乏专业性。所以,以往课件在旁白配音时,通常仅用于内容的最关键之处,在一定程度上制约了课件整体设计水平的提高。

不过,近年来随着中文语音合成技术的快速发展,利用智能语音合成技术来生成课件的语音旁白,并将与可定制的动画人物相互结合,最后生成一种模拟课堂授课环境的"电子助教"形象,是交互式视频课件中最引人入胜的技术之一。同时,更为重要的是,实现这个功能的技术成本很低,教师或设计者无须掌握任何编程等复杂技能,只需要利用软件所提供的丰富多彩的模版就基本上能够满足自己的个性化要求。

本章将向读者介绍实现上述功能的 2 个常用工具:iFly Tech InterPhonic 和 Character Builder。学习完这两个软件之后,读者将能够轻松地为自己的课件设计出形式多样、个性化的动画人物形式,并且带有语音诵读功能。这对于实现教学内容的多通道表达具有重要意义。

5.1 智能化语音合成软件——iFly Tech InterPhonic

iFly Tech InterPhonic,也就是中科大讯飞语音合成系统,是一款真人语音朗读软件。据资料显示,科大讯飞的中文语音合成技术,被认为是代表着目前国内语音合成技术的最高水平。2002 年,它曾经获得中文语音研究领域最高荣誉"国家科技进步二等奖",2004 年,经国家"863"专家组评测,科大讯飞中文语音合成效果首次超过自然人说话水平。该软件目前能够提供不同风格的男、女声,以及童声、老年音色等,应用层可以灵活选择所需的音色,并支持实时音色切换。确实,技术的日新月异为教育提供了更加多样化的工具,这项技术为我们交互式视频课件的设计提供了一个令人惊喜的工具。

技术上,iFly Tech InterPhonic 具有以下特点:

- 高质量的语音输入——输入文本可实时转换为流畅、清晰、自然和具有表现力的语音数据。
- 高精度文本分析技术——保证了对文本中未登录词(如地名)、多音字、特殊符号(如标点、数字)、韵律短语等智能分析和处理。
- 多字符集支持——支持输入 GB2312、GBK、Big5、Unicode 和 UTF-8 等多种字符集、普通文本和带有 CSSML 标注等多种格式的文本信息。
- 多种数据输出格式——支持输出多种采用率的线性 Wav,A/U 率 Wav 和 Vox 等格式的语音数据。
- 语音调整功能——开发接口提供了音量、语速、音高等多种合成参数的动态调整功能。
- 背景音和预录音——合成系统还提供了背景音和预录音的功能,满足用户不同场合的应用和个性化需求,高质量的语音合成效果。

目前,iFly Tech InterPhonic 的最新版本为 6.0,分为单机版和网络版。并且科大讯飞公司的官方网站上提供了一个在线的语音合成试用平台,① 教师们可以去试用(见图 5-1),体验它的语音合成效果。

图 5-1 iFly Tech InterPhonic 在线测试平台

---

① 测试平台的网址是:http://www.iflytek.com/TtsDemo/interPhonicShow.aspx。

除网络版之外，它还有单机版本。如果用户购买的是单机版，安装完成后直接在程序菜单中单击"科大讯飞"中 InterPhonic 下的"合成演示程序"①，就可以启动该软件（见图5-2）。

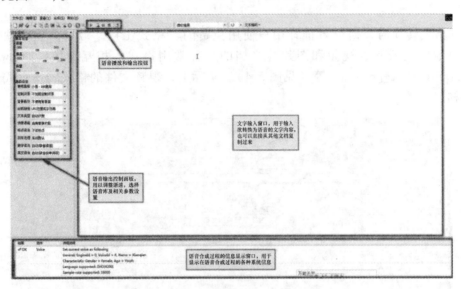

图 5-2　iFly Tech InterPhonic 的操作界面

InterPhonic 的操作方法很简单，主要有以下 5 个步骤（见图 5-3）：输入文本内容，调整基本设定，调整高级设定，"播放"试听和导出语音文件。

图 5-3　iFly Tech InterPhonic 的操作流程

在常规运行环境下，iFly Tech InterPhonic 的语音合成效率和速度很高，通常数千字的文稿仅需数分钟就可以生成并导出为语音文件。通常，为保证语音效果，建议大家在使用时，首先输入一小段测试文字内容，通过调整音库、语速、音高、音量、标点读法、数字读法等参数来测试生成语音文件，并仔细聆听其实际播放效果，反复调试，以其达到最佳的输出效果。此外，目前该软件提供了 6 种语音库（5 种女音和 1 种男音），用户可根据课件设计的实际需要来选择使用。

---

① 本书演示中所使用 iFly Tech InterPhonic 版本为 5.0，其与 6.0 可能存在一些差异，请教师们在使用时注意。

缺省状态下，iFly Tech InterPhonic 所生成的合成语音文件格式为.wav，可以直接在 Windows 环境下播放。但考虑到以后该语音文件在交互式视频课件中的通用性，建议利用格式转换工具将之转为.mp3 格式，这样不仅文件容量小，而且通用性也较好。

在格式转换时，研究者推荐用户使用免费的"格式工厂"软件。这个软件可以容易地实现音频、视频和图片等文档的各种常用格式的相互转换，如.wav→mp3，.avi→flv，png→jpg 等（见图5-4）。实际上，视频文件的格式转换方式也完全一样。

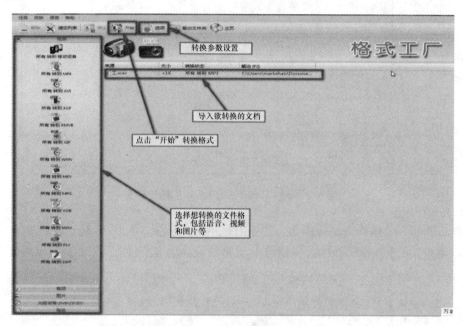

图5-4　格式工厂的操作界面

在微课和慕课的设计和开发中，所制作出来的语音素材有两种基本使用方式：一是将音频文件直接插入课件内容的相应位置，如插入 Raptivity 所生成的组件之中。当学习者浏览此处时，可以点击播放语音讲解。二是将音频文件插入动画人物之中，通过动画人物的形象来播放语音，这实际上类似动画片中的人物配音。不难看出，后者的应用方式更吸引人，更容易激发受众和学习者的兴趣，值得设计者去尝试。

此外，考虑到语音旁白在课件的不同位置或条件下使用，建议教师不要一次性将数千字或上万字的文本转为语音文件，而应该事先根据设计对文本内容进行分割和编号，并据此生成多个语音文件在课件中使用。这样，就可以避免语音旁白时间过长而导致学习者听觉疲惫的现象。关于将 iFly Tech InterPhonic 所生成的音频文件，插入动画人物的详细设计和制作方法，请参阅下一节内容。

5.2 搭积木式动画人物设计软件——Character Builder

在传统课件设计和制作中，以 Flash 动画来表现教学内容是一种常见技术方案。但对于普通学科教师来说，掌握或精通 Flash 技术并设计出符合学科需求的动画素材，显然是一项技术成本较高的工作。那么，如何用较低的技术成本来设计和制作出具有一定专业水平的动画课件素材呢？实际上我们在第三章动态交互素材的设计与开发中，就已经给出了明确答案：选择快课技术，以模版化的工具来实现定制化的开发。

本节将以 iFly Tech InterPhonic 为基础，再向大家介绍 Character Builder。

Character Builder 是一个仿真动画人物的创建工具，是制作混合式学习课件的便利工具，能够便捷地与其他多媒体课件结合使用，如 iFly Tech InterPhonic 和 Adobe Captivate 等。将 Character Builder 所生成的动画人物插入课件中，可以使课件更加生动形象。更值得一提的是，Character Builder 拥有多种卡通或者真人模版，还可以制作多人互动的场景和模版。这将有效地降低设计和制作动画人物的时间和技术成本。

Character Builder 是 Media Semantics 公司[①]的产品。在其网站上不仅提供了这款软件的全功能试用版，[②] 同时还提供了多个免费人物模版的下载服务。[③] 该公司还不定期发布新的动画人物的模版，包括各个国家和民族的肖像人物。下载之后，点击"Character"可以将不同类型的角色形象安装文件下载到本地电脑中，点击文件进行安装，系统会默认将文件安装至 Builder 安装目录下。

5.2.1 基本功能和操作流程

Character Builder 操作比较简单，用户可挑选造型库中现成的人物和场景模型作为基本造型，然后根据自己需求进行细致修改，这样既节省了时间，又有自我发挥的空间。Character Builder 可以实现的功能有以下几点：

- 利用所提供的各种模版，可以制作声情并茂的虚拟动画人物。
- 自动实现人物眼神、口形、肢体动作和声音的同步[④]。
- 导出生成 Flash 格式文件，可以很好地嵌入其他课件中，如 Adobe Captivate。

Character Builde 制作流程简单清晰，重点在于选择合适的场景和造型，然后对造

[①] Character Builder 公司的官方网址是：http://www.mediasemantics.com/Index.htm。
[②] Character Builder 主程序试用版的下载网址是：http://www.mediasemantics.com/Download.htm 使用试用版生成的肖像人物会自动带有该公司名称的水印，购买正式版重新对动画源文件渲染后则可以取消水印。
[③] Character Builder 的免费人物模版下载网址是：http://www.mediasemantics.com/Characters.htm。
[④] 需要说明的是，Character Builder 可以自动识别英文的同步发声。不过，如果需要设置汉语为背景解说语言，就必须事先录制成音频（如利用 iFly Tech InterPhonic），然后在 Character Builder 中导入音频。

型进行动作和声音的设计，并且导入预先设计好的素材，最后进行预览和项目输出。整个操作流程如图 5-5 所示。

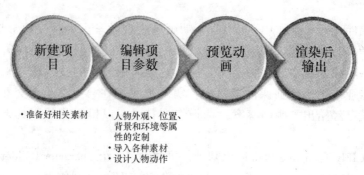

图 5-5　Character Builder 操作流程图

1. 创建动画项目并设置参数

首先，点击 Character Builder 图标启动软件。其工作界面中分别包括如下菜单：File（文件）、Edit（编辑）、Project（项目）、View（视图）、Tools（工具）和 Help（帮助）六项。直接点击"File"可以新建一个文件。

第二步，选择造型和场景。新建文件后，界面如图 5-6 所示，软件默认命名为"Project"。点击"Browse"选择另存位置。在界面左下方下拉栏中进行选择合适的类型，界面右下方显示场景类型所对应的项目案例预览。

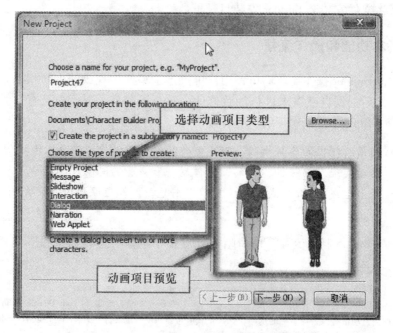

图 5-6　Character Builder 的选择动画项目类型

这里，介绍一下动画项目的不同场景说明。Character Builder 中对项目（Project）进行了分类和设置，有简单型、信息型、幻灯片型、学习交互型、旁白型等。每一个场景类型都有相应的初始配置，表 5-1 展示了每个场景的用途及相应的初始配置信息。

表 5-1　Character Builder 的场景类型说明

场景类型	名称	场景用途	初始配置（initial configuration）
Empty Project	简单型	创建一个空项目，自行设计视图以及挑选相应角色和属性	无
Message Project	信息型	创建一个用以传递信息并包含角色的项目	简单型：选择自动播放信息 透明背景：人物浮动在呈现文字之上 按钮：设置一个播放按钮控制播放开始 API 信息：使用 java 脚本应用程序接口 动态演讲：展示角色如何读出动态文本 视频信息：创建一个简单的视频信息，支持所有视频播放器 Flah 动画：创建一个 SWF 文件，支持 Captivate 和其他 Flash 工具
Slideshow Project	幻灯片型	生成一个 Flash 动画，其中包含角色、幻灯片演示和一个导航条。使用此模式要求事先做好并导入 PPT 幻灯片	基本：幻灯片覆盖整个项目区域，角色站在幻灯片的前面，导航条在整个屏幕下方 窗口：幻灯片覆盖整个项目区域，角色和导航条以小窗口的形式浮现在幻灯片上方 分屏：幻灯片与角色窗口分屏，导航条在整个屏幕下方 演讲厅：演讲模式，有虚拟场景，幻灯片出现在"演讲厅"的屏幕上 座位：幻灯片覆盖整个项目区域，角色坐在幻灯片的前面，导航条在整个屏幕下方 对话：幻灯片覆盖整个项目区域，有两个人物角色 新闻间：模拟新闻演播间，幻灯片在一个特定屏幕上，以视频形式输出
Learning Interaction	学习交互型	该项目使用一个或多个进行简单的交互和对话	基本测试：在每张幻灯片上加入基本测试题 培训模式：模版设置了两个角色，一个是用户的交互对象，另外一个是提供反馈和评论的"教练"
Narration Project	旁白型	创建一个 SWF 影片，使用一个角色作为旁白对象	基本：角色站在影片的前面诵读内容 窗口：角色窗口浮现在电影前面 侧边栏：角色在影片的左侧，导航条在屏幕下方
Scenario Movie	场景电影型	该项目设置两个角色之间的对话，相当于一个用以展现观念和原则的小型影片	常态：两个角色相对而站，进行一场对话，可以导入背景图片设置相应场景 办公室：两个角色在一个办公室场景下对话
Web Applet	应用程序型	使用此模式，将生成角色加入网站中	使用角色控制解答常见问题 使用超链接的形式解答常见问题 使用角色报告 RSS 订阅信息

选择项目类型后，随后就可以对人物造型和场景进行一系列调整。首先进行一系列初始配置，界面右方会显示配置的说明以及相关的文字解释。如图5-7所示。值得注意的是，在项目初步配置中，有一项名为"Flash 动画"（Flash Animation），这个项目就是专门为 Adobe Captivate 和 Articulate Studio 等软件而设，所生成的 Flash 素材可以直接插入这两个软件之中。用户可以在以后的课件设计中选择使用。

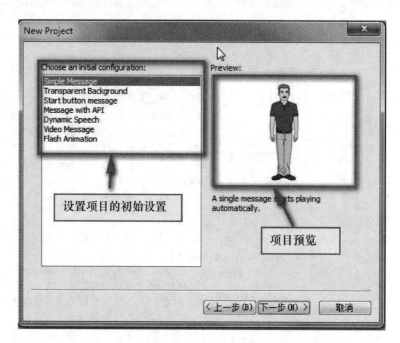

图5-7　Character Builder 的动画项目初始参数设置

之后，用户可以开始选择人物造型，如图5-8所示，可以针对所设计的项目选择适当的人物形象，例如全身像、半身像、男性、女性等。当然，也可以自己设计造型，这在后面的说明中将进一步讲解。

选择好造型后，软件将提示用户，"是否需要显示文字浮现框和静音按钮？"，如果需要，选中即可。如果选择的是幻灯片型项目模版，用户还可以直接导入自己已有的 PPT 文件。

请注意，这时系统会提示是否使用来自软件文字的声音（见图5-9），Character Builder 只能识别英文，如果解说文为英文，用户可以在文字编辑框中编辑解说文字，软件将自动转化成声音。如果想使用汉语为背景语音，需要另外录制音频，或者使用 iFly Tech InterPhonic 所生成的 MP3 格式语音文件①。此处，推荐使用电脑生成的语音文件。

---

① 虽然 Character Builder 能够支持 .wav 格式的语音文件导入，但操作证明，在导入 .wav 文件时经常会出错。所以，建议事先将语音文件转为 .mp3 格式后再导入。

图 5-8　为项目选择一个动画人物

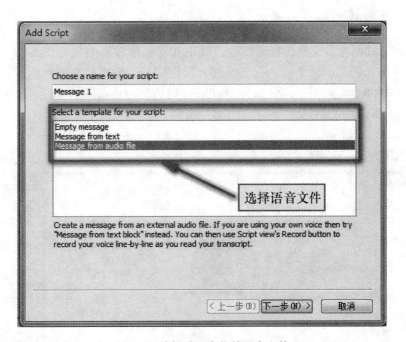

图 5-9　选择动画人物的语音文件

语音文件插入成功后，就会显示图 5-10 界面。

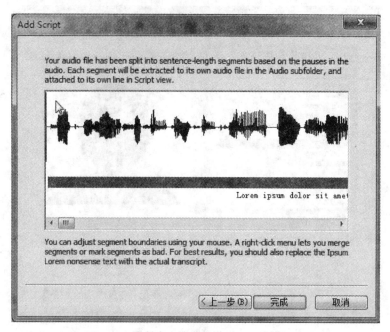

图 5-10　向项目插入 InterPhonic 语音文件

2. 编辑和定制动画项目内容

当新建的动画项目文件设置完成后，就正式进入编辑界面（如图 5-11 所示）。它的工作窗口由标题栏、菜单栏、主工具栏、属性面板、编辑栏和舞台组成。其中，左下方显示的是四个编辑窗口，分别是 Outline（结构）、Design（设计）、Script（脚本）和 Preview（预览）。

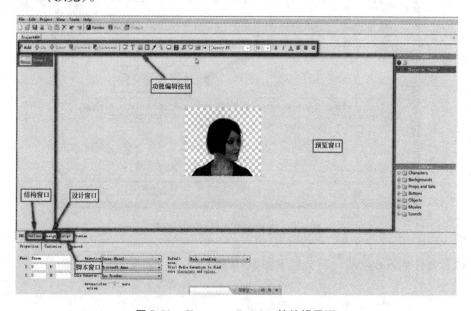

图 5-11　Character Builder 的编辑界面

- 结构窗口：是以树形呈现课件结构，这种视图的优点在于可以整体把握课件内部结构，方便设计者去随时添加、删除相应部分。
- 设计窗口：与 PowerPoint 编辑界面相似，用户可以在中央窗口看到幻灯片中包含的元素，也可以在"library"中选择相应元素添加到图层中。
- 脚本窗口：设计更为便捷，在工具栏中可以看到各种图表，每一个图表就是一个外显脚本，用户只需将所需要的动作拖拽到脚本设计区，不用进行脚本的编程。
- 预览窗口：用于设计过程中随时查看动画人物的形象变化，并做相应调整。

在操作时，当用户用鼠标点击"设计"按钮后，就会进入"设计窗口"。在这里，用户可以通过工具栏中的按钮来进行相应的设计，例如插入视频、音频、图片、动画等（见图 5-11）。

同时，进入设计窗口之后，用鼠标单击预览窗口中的动画人物图片，就会出现图 5-12 的界面。

图 5-12　设计窗口内的编辑选项和参数

在这个界面中分别有以下 3 个标签页面。

- Properties（属性）：其中包括 Animation Library（动画人物库），TTS Voice（文字语音转换），Idle Behavior（闲置动作），Automaticles action（自动化动作），Default pose（缺省姿态）。
- Customize（定制）：可以对人物的头发颜色、衣服颜色等参数进行定制，同时也可将所定制的人物另存为新命名的人物。设计者可以通过修改这些属性，设计出符合课件要求的角色。例如在角色库中很少有亚洲人，我们可以自定义设计亚洲人的角色形象。亚洲人的体型特征是：黄皮肤、黑眼睛、眼睛较小等，因此依次点击"Skin Color"等选项，在调色板中选择设定颜色。当角色设计完成后，还可以点击"另存为"为角色命名，保存该角色形象，方便以后随时调用。
- Advanced（高级）：定制动画人物的动作和行为表现，例如，定义语速等。用户可以根据这些选项设计出自定义的人物形象。

点击右边的"character"和"voice"超链接可以进入 Builder 模版库下载最新的角

色形象和声音。

当用户点击"脚本"标签时，就会出现如图5-13的界面。在这里，用户可以给动画人物插入语音和文字内容，也可以对其动作进行精确定义，例如添加微笑、挥手、眨眼、摇头等。

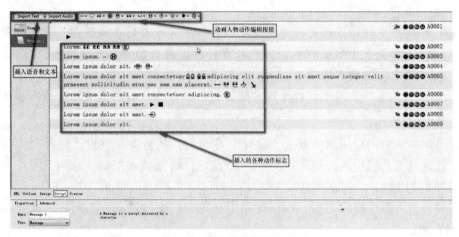

图5-13　脚本窗口的编辑界面

表5-2展示的是脚本窗口中各种动作图标的含义和功能。

表5-2　Character Builder 造型动作图标含义

图标	含义
T Import Text	导入文字（只能识别英文）
Import Audio	导入音频
⋯ ▼	插入一个暂停动作
💬	文字浮现框
👁 ▼	身体转动一次
👀 ▼	眼神变化
✋ ▼	手挥动方向
👉 ▼	手指方向
🖐 ▼	插入单手动作
🙌 ▼	插入双手动作

续表

图标	含义
✋▼	手指动作
Ⓗ	保持当前的状态
👐▼	双手配合动作
😀▼	头部的动作
👀▼	眼神的动作
👄▼	嘴唇动作
😀▼	面部表情
🕴▼	身体的振动及摆动动作

3. 动画项目预览和输出

当用户设计完成动画人物之后，先对动画进行 Render（渲染），然后可以在 Preview 视图下进行预览，并进一步对人物进行编辑和修改（见图 5-14）。

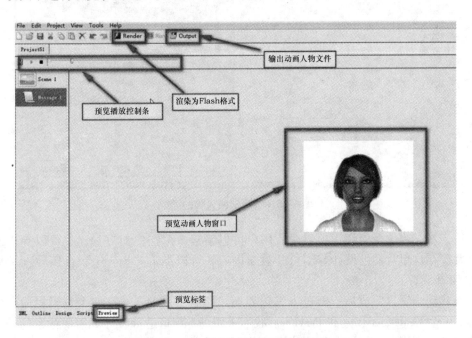

图 5-14　动画人物的效果预览和输出

最后，确定无误后则点击菜单栏中的"Output"（发布）按钮，将课件发布到系统默认的目录下。Character Builder 所生成的文件可以在浏览器中查看，也可以利用 Flash 播放器来查看。

5.2.2 设计案例

下面，介绍一个利用 Character Builder 来制作课件的案例。本课件是一个初中地理教学 PPT 情境讲解课件。主要的设计方案是：通过 Character Builder 为 PPT 配上生动形象的卡通人物形象和生动的背景声音讲解，并且将课件打包为 Flash 格式，供学生课后复习使用。

第一步，新建项目，并选择 Slideshow Project 模式；场景选择 Lectrure Hall（讲演厅），见图 5-15。

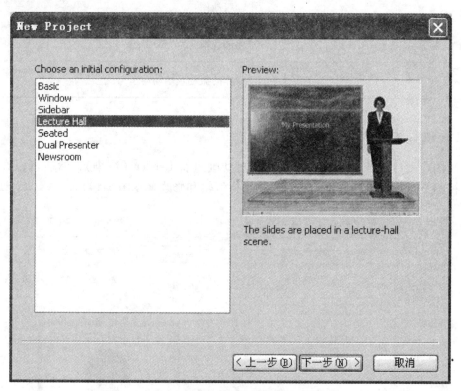

图 5-15　选择动画人物的类型

第二步，当选择幻灯片项目时，用户可以新建一个空白幻灯片，也可以导入已有幻灯片。在这里我们已设计好幻灯片教学内容，可以点击"Browse"直接导入（见图 5-16 和图 5-17）。

新建动画项目完成后，则进入编辑界面。前面已提到，共有四个编辑界面，分别是 Outline、Design、Script 和 Preview。我们采用脚本窗口进行设计。需要注意的是，系统会自动识别用户自行导入幻灯片中的英文说明，但是无法识别中文，因此经常会看到一些拉丁文字，但并不影响课件制作。

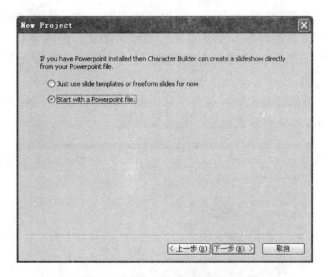

图 5-16 选择一个 PowerPoint 文件

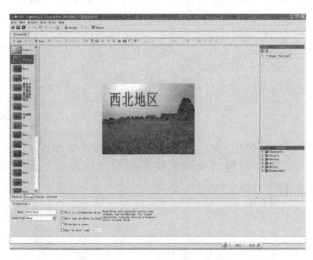

图 5-17 导入一个原有的 PowerPoint 文件

下面要进行的是对每一张幻灯片进行设计。首先，来看如何为动画人物添加动作。例如添加背景解说文字，请参考表 5-2 所展示各个脚本符号的含义。例如，要配合背景解说一次给演讲者一个左转头、举手指屏幕、回头、眨眼、微笑的动作，只需一次选择插入相应的图标即可，如图 5-18 所示。

图 5-18 为幻灯片添加人物动作

插入解说文字或者背景声音。系统可以自动识别英文,因此如果是英文,可以直接输入文字,系统将自动以声音形式输入。如果是中文,则需要自行准备音频文件,则点击"Import Audio"导入音频。依次类推,重复上面的设计方式来为每一张幻灯片添加动作和解说。

最后,预览和导出动画人物。点击菜单栏中的 Render 将课件导入系统默认的目录下,点击"Output"可以查看该目录(见图 5-19)。

图 5-19　播放输出的动画人物

这样,利用 iFly Tech InterPhonic 和 Character Builder 这两个工具,用户就可以自己动手设计出栩栩如生、惟妙惟肖的动画人物授课和讲解形象,使交互式视频课件更具有专业化水平,也更能吸引学生的注意力。

第六章 微课与慕课的交互设计工具——Adobe Captivate 7.0

通过前面的学习,我们已初步了解动态图表设计工具(Raptivity)、微视频抠像工具(Adobe Ultra)、动画人物与配音工具(InterPhonic 和 Character Builder)的基本功能和使用方法,为微课和慕课的设计和开发奠定了初步技术基础。在学习上述这些软件的操作方法过程中,教师们应该不难看出,它们所共同具备的一些特点:丰富多彩的模版化结构、方便快捷的图形编辑界面以及相互之间的良好兼容性。

不过,需要提示的是,教师们通过上述软件所设计出来的只是功能多样、形式各异的课件素材或组件,它们之间的关系是松散的,并非真正具有一体化结构的交互式微课或慕课,而只是组装所需要的"零件"。因此,要想使这些"零件"组合成为一个有机的整体,成为一个具有特定的技术结构和教学目标的微课和慕课,我们还需要学习另外2个工具:Adobe Captivate 和 U-MOOC 课程管理系统。

当完成上述2个整合与发布工具的学习之后,教师才会具备完整地设计和制作交互式微课和慕课的基本能力。我们相信,只要教师们具备基础信息素养,只要愿意投入一定的时间和精力,任何学科,甚至任何年龄阶段的教师,都能够在较短的时间内熟悉和掌握这些课件素材制作工具的使用方法,并且根据自己学科的需要设计出能够体现个人教学风格和教学理念的课件。

Adobe Captivate,是 Adobe 公司下属的一款专业课件制作工具,实际上就是由以前的 RoboDemo[①] 发展而来。从 2004 年至 2014 年,Adobe 共推出 8 个版本的 Captivate,目前的最新版本是 8.0[②]。Adobe Captivate 的主要针对者是培训设计师和教师,主要功能是以最低的技术成本来开发出具有交互式功能的培训或教学内容。众所周知,无论对教学还是培训来说,具有交互功能的内容,其效果都要比静态演示或演示文稿有效得多。但是,开发和更新专业质量的仿真或虚拟课件很昂贵、耗时费力,成本巨大。而利用 Adobe Captivate 这个开发工具,设计者无需学习 Flash,就可以创建 Flash 格式的功

---

① RoboDemo 是一个以屏幕录制与展示为主的软件,曾获得"卓越远距学习金质奖"(Excellence in E-Learning Gold Award)。2003 年,Macromedia 并购了 RoboDemo 的开发公司,也加强了 RoboDemo 的功能,并将 RoboDemo 改名为 Captivate,成为 Macromedia 的一款软件。2005 年,Macromedia 又被国际知名大厂 Adobe 并购,Adobe 也接手持续改进这套软件,并推出了后续的版本。

② 目前 Captivate 7.0 和 8.0 尚无官方中文版,仅有网友自己翻译的汉化包。

能强大的交互式仿真、软件演示和基于场景的培训。

如果要用一句话来概括 Adobe Captivate 的核心特点，可以这样表达：有了这款软件，任何不具有编程知识或多媒体技能的人，都真正能够快速地创建引人入胜的具有交互功能的软件操作演示、场景学习、分支结构、培训和测验。若可以再加一句补充的话，那就是：Adobe Captivate 的功能确实强大和复杂，同时，它的操作也很简单和快捷，但设计者需要足够的时间和耐心来慢慢熟悉和学习它。这个过程或许需要一定时间，不过当设计者真正掌握这个工具之后，会发现，之前的一切付出都将得到加倍回报，因为设计者课件设计和开发能力将会达到近乎专业化的水平。

从技术上来说，Adobe Captivate 强大而复杂的功能可以概括为以下四个方面。

- **通过自动录屏来开发软件仿真**[①]：将整个屏幕上所进行的各种操作录制下来之后，利用 Adobe Captivate 可进行各种编辑，在上面添加各种电子化学习交互功能，如按钮、标题、输入框、反馈字段和可自定义的计分测验等，也可以插入各种内容和媒体，如图片、语音和视频等。此外，利用分支场景可以创建结构化的学习路径，使学习者可以进行个性化的选择性学习。
- **复杂的分支场景设计功能**：无论多么复杂的分支场景，使用 Adobe Captivate 创建起来也非常简单。启动场景向导并使用一个空白模版开始。添加相关的图像和视频来创建场景并以可视方式映射出不同的学习者路径。折叠和展开各个部分并专注于特定场景的分支。根据在课件开始时学习者的选择，在幻灯片的结尾自动分支路径。并且，使用"高级交互"对话框，可以管理全局项目表中的所有交互（如分支、尝试、成功和失败操作，以及计分和报告），这样可加快开发时间并简化项目管理。
- **编辑多媒体和添加交互性**：凭借使用 Adobe Captivate 创建的交互式内容，可使被动的浏览者转变为主动的参与者。使用可自定义的外观和下拉菜单，使所有仿真、场景和演示具有专业的外观和感觉，使用简单的对话框驱动的过程插入音频或 Flash 视频（FLV），给静态演示或实时教学添加交互性。
- **强大的文件格式兼容性**：Adobe Captivate 几乎能够兼容当前的各种主流软件所生成的文件格式，可以导入微软 PowerPoint 演示文稿，并能将其转换成 Flash 格式。可方便导入 Raptivity, Character Builder 等常用课件素材制作工具所生成的素材。此外，也可插入各种格式的图片、语音和视频等。

简言之，Adobe Captivate 可以录制屏幕上的各种操作，录制音频解说，并进行相关后期编辑。它不仅支持插入 PPT 和 Flash 课件，既可以单独使用，也可以与课程结合使

[①] 这里所说的"软件仿真"是指向学习者展示一个完全真正的软件操作或使用的视频演示过程，包括鼠标点击、输入、解说等，使学习者感觉如同与教师面对面学习。

用。且可以快速、容易地创建交互式仿真和分支场景，使得课件演示更加生动有趣。Captivate 支持 SCORM 2004、SCORM1.2 和 AICC，用户可容易地通过任何 LMS 的部署，能够与标准的混合式学习平台融合。因此，Adobe Captivate 是一款集录制、编辑、插入、交互等功能于一体的通用性课件整合和制作工具，是设计交互式微课和慕课的最佳工具。

6.1 CP 7.0 概述

2012 年 6 月，Adobe 公司发布了 Captivate[①]6.0 版本；2013 年 7 月，又发布了 CP 7.0 版本[②]；随后，2014 年 6 月，又紧接着发布了 8.0 版[③]。从 Adobe 公司升级 CP 的密集频率上可以看出其对这个软件的重视程度。确实，自 2007 年停止 Authorware 的升级与开发之后，CP 就无可置疑地成为 Adobe 教育软件中最重要的工具之一，被视为是当今通用性课件开发软件中最具有代表性的产品。因此，近年来 Adobe 对 CP 功能的开发与升级下了大力气，无论在操作界面还是技术功能上，都有了重大变化和长足进步。

整体看，Adobe Captivate 目前已经发展成为一个跨平台的通用性课件设计工具，能够生成适用于计算机操作系统（如 Windows、Mac）和移动设备的操作系统（iOS、Android）各种形式的课件，为教师们提供了前所未有的强大课件设计支持。从这个角度来说，将 CP 作为交互式微课和慕课的核心开发工具，是一个很明智的选择。

从课件设计和制作的角度来说，CP 功能繁多，但其核心功能主要表现为七个方面，分别是"结构创建与顺序设计""内容插入与交互设计""视频演示与软件仿真""测验设计与编制""音视频与字幕编辑""外观设计与美化"和"跨平台多类型式发布"（见图 6-1）。

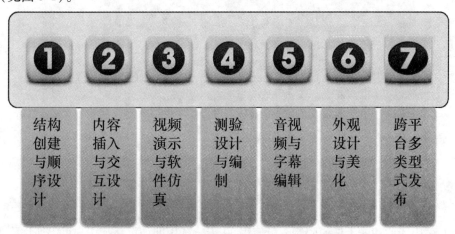

图 6-1　Adobe Captivate7.0 核心功能示意图

---

① 为方便起见，本章将 Adobe Captivate 简称为 CP。
② 考虑到实用性，本书将以 CP 7.0 为基础来介绍其功能和操作方法。
③ CP 8.0 的功能与操作方法，请参阅《教师发展与课件设计导论》，北京大学出版社，2014 年。

毫不夸张地说，作为学科教师，当你掌握和利用好 CP 这七项功能之后，就可以轻松地设计出功能强大、形式丰富多样的交互式微课与慕课，为你的教学增光添彩，展示出教学设计的独特性。

6.1.1 软件下载和安装

如同其他软件一样，Adobe 为 CP 提供为期 30 天的免费全功能试用。登录 http://www.adobe.com 的官方网站免费注册一个 Adobe ID 之后，就可以下载具有全部功能的 30 天试用版安装使用。目前，Adobe 提供德、法、意、日、韩和英等语种的版本，但没有中文版。所以国内用户通常只能选择英文版下载[①]。在英文版中，CP 有三个版本（见图 6-2），分别是 Windows 32-bit（1.08G）、Windows 64-bit（1.02G）和 Mac（1.83G），教师们可根据自己计算机的操作系统环境下载试用。此外，Adobe 也在此页面中提供了相关的设计资源下载，包括可用于创建视觉效果的素材包和 NeoSpeechTM 文本朗读语音程序，后者使 CP 具备英文单词的语音阅读转换能力，但目前无法读出中文内容[②]。当 CP 源程序安装完毕之后，再继续安装后两个辅助程序。

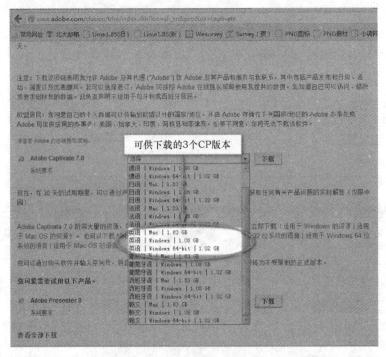

图 6-2　CP 7.0 的版本选择与下载

CP 试用版的功能无任何限制，可使用 30 天。试用期结束后，用户可以通过购买软件并输入序列号，就可将试用版转为不受限制的正式版本。需要提醒的是，在为期 30 天的

---

① 对于英文水平较差的用户来说，如果想使用中文版的 CP，可考虑在网上寻找由网友自己翻译和制作的汉化包。目前在淘宝上就有类似的 CP 汉化包出售。

② 如果想要在课件中插入中文语音配音，建议使用讯飞等语音转换软件来实现，请参阅本书第五章。

试用期间所设计出的课件,即使发布之后仍然属于是"试用性课件",而非正式课件,因为其内部有一个时间标记。这就意味着,当 CP 的试用期结束后,其以前所发布的课件也将自动过期,无法正常使用。除非用正式版的 CP 重新发布之后,方可正常使用。

值得一提的是,在 Adobe 公司的官方网站上,提供了一个名为 Adobe TV 的社区(见图 6-3),其中有各种与 CP 相关的学习和培训材料,包括视频、网上讲座和操作手册等,可以帮助教师们快速地了解和掌握 CP 的使用方法。

图 6-3　CP 7.0 的相关培训资源

此外,它还专门提供了一个名为 Adobe Captivate Exchange Classic[①] 的 CP 相关设计资源下载和交换社区(见图 6-4),上面有世界各国 CP 爱好者自己设计出的各种相关素材、主题和 Flash 插件等,其中有的可免费下载,有的则需要付费。这些素材对于设计教学课件会有很大帮助。

6.1.2　用户工作界面简介

整体来看,CP 的用户操作界面具有典型的 Adobe 风格,简洁明快,色调淡雅,布局合理,容易上手。尤其是对于曾使用过 Adobe 软件产品的用户来说,CP 的操作工作区,无论色彩搭配、图标样式、菜单位置、工具栏功能,还是整体布局和窗格位置,都具有很好的迁移性,让人一看就了解其基本用途。同时也符合人体工程学的规则和原理,使用起来得心应手。

在经典的布局模式(Classical)[②] 下,CP 的工作区(Workspace)整体划分为六个

---

① 网址是 http://www.adobe.com/cfusion/exchange/index.cfm?s=5&o=desc&exc=22&event=productHome&from=1
② 为适应不同用户的操作习惯和功能需求,CP 的工作窗口(Workspace)布局共有 6 种定制模式,分别是"经典"(Classical)、"效果"(Effects)、"导航"(Navigation)、"测验"(Quiz)、"检查"(Review)和"插件"(Widget),用户可根据自己的设计习惯选择应用。同时也可以根据自己的具体需要定制设计相应的窗口内容。

窗格（见图6-5），分别是：快捷按钮、工具条、幻灯片缩略图、时间轴、编辑与预览区和属性设置。

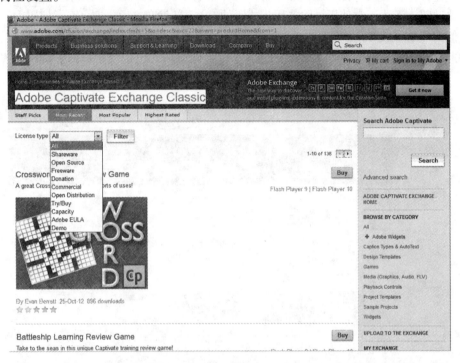

图 6-4　CP Exchange Classic 社区

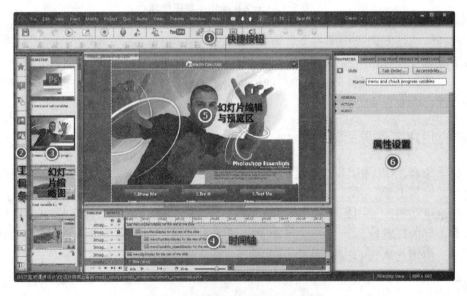

图 6-5　CP 7.0 的工作区整体布局

1. 快捷按钮

与常见的 Office 类似，此区域主要包括一些设计过程中常用的编辑类快捷按钮（见图 6-6），如"保存""返回""撤销""预览""录制额外的幻灯片""录音""添加背景声音"；同时还有一些常用的格式编辑按钮，如对象的前置后移、位置对齐等。

图 6-6　常用的编辑快捷按钮

同时，CP 还提供了一些常用的关于对象位置和大小设置的快捷工具按钮（见图 6-7），利用这些工具，设计者可方便地将插入幻灯片的多个对象进行位置操作或大小调整，如各种形式的对齐、居中或尺寸调整。

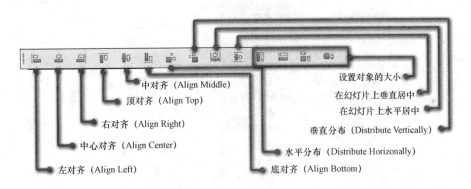

图 6-7　常用的设置对象位置和尺寸的快捷按钮

2. 工具条（Toolbars）

工具条也称为"对象工具栏"（Object Toolbar），是 CP 中最常用的工具栏之一。利用工具条中的各个快捷按钮，设计者可方便地向幻灯片内插入各种形式的对象（Object），如智能图形、文本标题和图片等。如图 6-8 所示，共列出了 CP 中最常用的 16 种对象的插入快捷按钮，其详细功能说明见本章后续内容。在使用时，设计者直接用鼠标点击其中的某个工具按钮，其右侧会自动弹出相应的二级工具条，点击之后某个对象则会自动插入幻灯片之中。

需要解释一下，在 CP 7.0 之中，"对象"是一个很重要的概念，是指幻灯片中的某种格式的电子素材。一是用来向学习者传递某种形式的学习信息，二是用来形成某

图6-8 工具条中的按钮功能说明

种特殊的技术效果,如突出显示、放大显示或点击后跳转至其他位置等。换言之,也就是我们在交互式微课或慕课中所说的"素材"或"组件",如图片、语音、动画、视频等。同时,也包括各种带有交互属性的小插件,如文字输入框、按钮、翻转文字或翻转图片等。

3. 幻灯片缩略图

在这个窗口中,如同使用 PointPoint 一样,用鼠标点击不同的幻灯片缩略图时,可选中该幻灯片并使之在右侧的编辑浏览窗口完整地显示出来,以便于设计者编辑或预览效果。同时,当设计者将鼠标移到某张幻灯片缩略图上并点击鼠标右键时,就会显示出如图6-9的功能菜单,可以帮助设计者快速地对幻灯片进行相应的功能操作,如添加一张新幻灯片、某种对象、转场效果,或对幻灯片进行复制、粘贴或选中等。

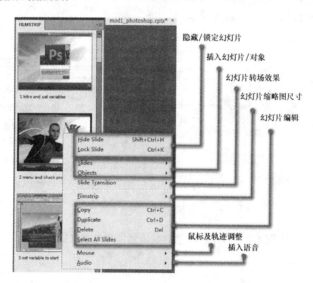

图6-9 幻灯片缩略图中鼠标右键所显示的功能菜单

4. 时间轴（Timeline）

在 CP 中,时间轴①是一个极其重要的设计工具,是课件设计的核心功能,如图6-10所示。某种程度上,它可以说是整个课件运行的"总控制中心"。所有在幻灯片上的全部对象,都会一一对应地直接显示在时间轴上。当设计者通过时间轴对这些对象

---

① 如果在你的 CP 上找不到时间轴,那么,请进入 CP 的 Window 菜单之中,在 Timeline 前面打勾之后,时间轴就会重新出现。

进行编辑或调整时,就会决定整个课件中各个对象的前后运行顺序和持续时间。

简言之,时间轴实际上就是一个图形化的时间展示与调整工具,用来控制和设置一张幻灯片上所包含的全部对象的出现时间和显示顺序。换句话说,时间轴为设计者提供了一个关于幻灯片上全部对象及其相互关系的可视化操作界面。利用它,设计者可以随心所欲地设计幻灯片上对象的出现顺序,或显示时间的长短,使课件呈现出生动多样的动态和交互效果,达到吸引学生注意力的目标。

具体而言,作为设计者,利用时间轴,可以精确地安排和控制各种对象的出现顺序或持续时间。例如,一张幻灯片中包含了标题、图片、高亮框等诸多对象,设计者就可以利用时间轴工具来精确地安排这些对象的出现顺序和持续时间:先是显示标题,4秒之后出现图片,2秒之后再出现高亮框。无论对象的数量有多少,都能安排得井然有序。此外,时间轴也可以显示与当前幻灯片或对象相关的任何音频,并将音频的持续时间与幻灯片相互协调。

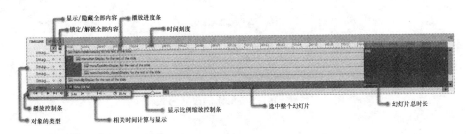

图 6-10　时间轴上各图标的功能说明

在对时间轴操作时,可以先直接用鼠标点击选中幻灯片中的某个对象,然后左右拖动它来改变在时间轴中的位置。这就意味着,该对象在时间轴中的出现顺序随之产生相应变化:越靠近左侧,则出现的顺序越早,反之亦然。或者,也可以将鼠标置于对象的最右边或最左边,这时鼠标指针会自动变为左右方面的双箭头,然后可拉长或缩短对象在时间轴中的显示长度。这就意味着,该对象的显示时间也相应增长或缩短。

通过这些操作,设计者就可以直接控制对象在幻灯片中显示的顺序或持续时间。实际上,对于时间轴上所显示的每一个对象,无论类型如何,都可以用这种方法来进行设置。最后产生的结果就是:哪个对象首先显示或播放,显示或播放多长时间;哪个对象最后显示或播放及其相应的时间。

总之,要想有条不紊地使一张幻灯片中的多个对象,按照设计的顺序和时间显示给学习者,那么,设计者就要掌握时间轴的使用方法。时间轴为前面所插入的各种各样的对象提供了一个按部就班地出现的展示舞台。这就是时间轴的精髓功能所在,当设计者充分理解这一点后,设计者就掌握了 CP 最重要的核心功能。

5. 幻灯片编辑与预览区

从设计角度来说,这是 CP 中使用频率最高的工作区。前面所提及的快捷按钮、工具条、幻灯片缩略图和时间轴之中的操作及其最终结果,其落脚点都在这里,操作的结果都会表现在幻灯片编辑这个窗口之中。例如,当设计者利用工具条中的按钮向幻灯片插入某个对象之后，其立刻就会显示于幻灯片编辑与预览区之中的某个位置，然后可以进行位置或大小的调整。进一步，设计者也可通过右侧的"属性设置"窗格来对该对象的参数进行详细的设置。简言之，这个区域就相当于设计者的"绘图板"，设计者的各种奇思妙想最终都会活灵活现地表现于此处。

通常，当设计者开始使用该窗格之前，可能需要对幻灯片的显示比例进行调整，以便使幻灯片的全部内容都恰当地显示出来。这时，如图 6-11 所示，需要做的是，点击 CP 的"查看"（View）菜单，接着选择"放大率"（Magification）之中的"最佳适合比例"（Best Fit）选项。这时，幻灯片就会自动选择一个恰当的比例来充满整个编辑与预览区域，以便于后面的设计工作。

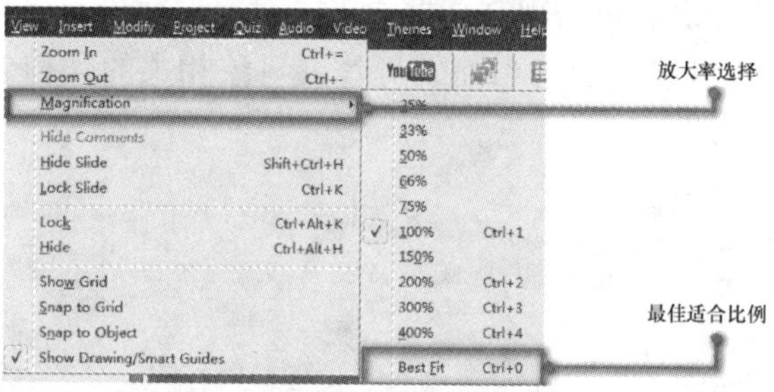

图 6-11 将幻灯片显示比例设置为最佳适合

随后，设计者就可以开始设计工作了。例如，设计者可以利用工具条中的"插入按钮"（Button）功能，来向幻灯片中插入一个按钮（名为"Show me"）。如图 6-12 所示，该按钮立刻会显示于幻灯片之中，随后设计者可以用鼠标将之拖至一个适当的位置。这时，设计者会发现，当设计者选中这个按钮之后，下方时间轴中的名为"Button"的对象随之被自动选中，呈现为深蓝色。而未被选中的对象则表现为淡蓝色。这时，这个被选中的对象实际上处于可编辑状态，设计者可以调整其出现顺序及显示时间。伴随着按钮的被选中，同时在右侧的"属性设置"（Properties）窗格中，也会相应出现该按钮的各种详细参数设置，包括按钮类型（Button type）、动作（Action）和选项（Options）等。

图 6-12 幻灯片编辑区域及属性设置

需要注意的是，当设计者在幻灯片中选中不同的对象后，属性设置窗格所显示的参数会有所不同，因为不同对象的可设置参数具有一定的差异性。

6. 属性设置（Proterties）

如上所述，当在幻灯片中插入某个对象之后，紧随其后的工作，就是要在CP工作区的右侧"属性设置"窗格中进行详细的参数设置，如图6-13所示。

这里，所谓"属性设置"就是指对所插入对象的各种技术参数进行详细的定义，使对象表现出更精确的样式或更复杂的功能。显然，不同对象的属性设置内容会各不相同。但通常情况下，对象属性设置中的参数一般包括：

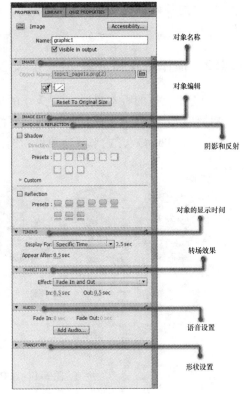

图6-13　属性设置窗格的各种参数

- 名称（Name）：通常由系统自动生成，无需手工定义。
- 常规（General）：包括对象的名称和样式等，通常情况下无需修改。
- 字符（Character）：包括字形、字号、颜色等，可根据需要调整和修改。
- 格式（Format）：包括各种排版格式，如对齐方式、缩进、间隔等。
- 图片（Image）：导入新图片和颜色选择等。
- 图片编辑（Image Edit）：设置图片的明亮度、对比度和图片方向等。
- 阴影和反射（Shadow & Reflection）：设置对象的阴影效果和反射效果，使之呈现出较强的立体感。
- 转场（Transition）：对象显示方式选择：出现或消失时的渐弱或渐强效果设置。
- 语音（Audio）：添加声音和渐弱或渐强效果选择。
- 形状（Transform）：可设置对象形状或方向变化。

需要着重提醒的是，只有当设计者用鼠标选中某个对象之后，其所具有的属性才会在"属性设置"中相应自动显示出来。不同的对象，其属性选项内容差异很大，注意不要混淆。

以上，我们初步掌握了CP操作工作界面中的6个基本窗格，包括快捷按钮、工具条、幻灯片缩略图、时间轴、幻灯片编辑与预览已和属性设置。这样，就走出了学习 CP 的基础但很关键一步。下面，可以尝试开始用 CP 来设计自己的微课或慕课了。

6.1.3 操作流程和步骤

相对于以往的版本来说，CP 7.0 的功能变得更加繁杂多样，为使设计者首先对它的整体使用方法有一个概括的了解，下面以"从 Microsoft PowerPoint 导入"（From Microsoft PowerPoint）方式来新建项目为例，先向大家介绍 Character Builder 7.0 的基本操作流程（见图 6-14）。

图 6-14　CP 7.0 基本操作流程

6.2　CP 7.0 核心功能操作详解

表 6-1 展示了 CP 7.0 的七项核心功能，涵盖了从课件项目创建到跨平台发布的多个环节，为教师们提供了强大的教学课件设计功能。

表 6-1　CP 7.0 的七大核心功能

功能分类		说明
1. 结构创建与顺序设计	项目和幻灯片设计（Project and Slides）	从 PPT 创建新项目（Project From MS PowerPoint）插入 6 种形式的幻灯片来创建项目
	顺序设计（Timeline）	利用时间轴功能用来设计和控制幻灯片内对象呈现的先后顺序和持续时间
2. 录制视频演示与软件仿真	录制高清视频演示（Video Demo）	可单独发布为 MP4 视频，并插入课件作为一部分，可编辑和添加各种效果，如 Add Pan & Zoom Effect（摇推镜头效果）、Picture-In-Picture videos（PIP 画中画视频）
	录制软件仿真（Software Simulation）	以 4 种模式来录制：Demo mode（演示模式）、Training mode（训练模式）、Assessment mode（测评模式）和 Custom mode（定制模式）

续表

功能分类		说明
3. 对象插入与交互设计	插入非交互对象（Non-interaction Objects）	向幻灯片内插入各种形式的对象（非交互性对象）
	插入交互对象（Interaction Objects）	向幻灯片内插入各种交互性对象，如交互图表（Interaction）、拖放内容（Drag-and-drop）等
4. 音视频与字幕编辑	音视频插入（Audio and Video）	可在幻灯片内录制、插入和编辑音频和视频素材
	字幕编辑（Closed Captioning）	在多幻灯片同步视频中编辑和插入同步字幕
5. 测验设计与编制	预测（Pretest）	无计分功能，用于在开始学习课件之前评测学习者的知识准备状况
	计分测验（Quiz）	可计分数，用以评测学习者的知识掌握水平，支持 GIFT 文件导入试题，共有 7 种题型：选择、判断、填空、简答、匹配、热点和排序
	调查（Survey）	用于获得学习者的反馈信息，常用题型如等级量表（Likert）
6. 外观设计与美化	对象样式编辑器（Object style editor）	可修改和定制 CP 中各种对象（标准对象、测试对象和运行对话）的外观和形式，并可导入或导出保存
	内容目录（Table of contents）	可设计和生成固定式或弹出式目录，定制格式并添加设计者的个人信息和图片、图标
	外表编辑器（Skiner editor）	可定制整个课件的外观样式（有模版供选择），包括播放控制条的样式、显示文字和位置等；外框的显示形式、质地纹理等
7. 跨平台多类型发布	计算机（Windows，Mac OS X）	MP4、SWF、PDF、可执行文件（EXE 和 APP）
	移动设备（Android，iOS）	HTML5 等

6.2.1 课件结构创建与顺序设计

正如文章一样，课件也是有自身结构框架的。它表现为两种基本形式：一是课件的脚本，二是课件的技术结构。前者类似电影的剧本，用以简略地表现整个课件的主题、内容呈现顺序和模块之间的关系等；后者则以脚本为基础，从技术层面将各种素材组件纳入其中，各就各位，各司其职，从而形成结构化的技术框架。这就是 CP 最重要的核心功能——为微课和慕课创建一个结构框架，以便于后续的各种媒体元素提供一个展示的基本平台。具体说，与微软的 PowerPoint 类似，CP 是以一张张单独的幻灯片为课件的基本构成要素。每一张幻灯片的形式不同，其中可插入的素材也各不相同，并据此构成了 CP 课件的基本结构。

在开始设计课件时，通常可以采用两种基本方法：一是直接向 CP 中导入已有现成内容和结构的 PPTX[1] 格式的文档，作为后续课件设计的基础。换言之，利用现成的 PPTX 课件来形成 CP 课件的基本结构。二是创建一个新项目（Project），然后插入各种不同形式的幻灯片（共6种），也就是从空白开始来设计课件的基本结构。

除了创建课件的基本结构之外，对于每一张幻灯片来说，CP 提供了一个针对幻灯片内对象的顺序调控功能，即利用"时间轴"（Timeline）功能来设计和控制幻灯片内各种对象呈现的先后顺序和持续时间。在 CP 中，所有插入幻灯片中的对象，都会相应地反映到时间轴上，并能被精确地定义出现的次序和显示的时间长度。

这样，在 CP 7.0 之中，以幻灯片为基本构成要素，就形成了课件的结构框架和对象顺序设计。下面，我们来动手操作上述功能，尝试以两种不同的方式来创建课件的基本结构。

1. 从 PowerPoint 文档来新建课件

启动 CP 7.0 之后，缺省状态下会自动显示一个欢迎页面（如图 6-15）。

这时，可以在欢迎页面中直接选择某种新建项目的方式来创建一个新项目，例如点击其中的"从 Micro PowerPoint 文档新建项目"（From Micro PowerPoint），随后 CP 就会自动打开窗口让设计者选择一个 PPT 文档。这里，建议设计者在左下角的"不再显示"选项前打钩，以后就不再显示这个欢迎页面，而是直接进入 CP 的工作界面，然后再通过文档菜单来新建项目，这样效率更高一些。

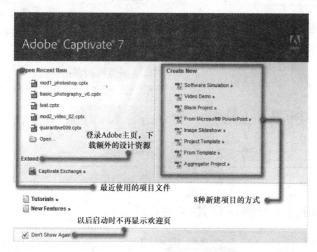

图 6-15 CP 7.0 的启动欢迎页面

如图 6-16 所示，当设计者进入 CP 的工作界面之后，首先点击文件（File）菜单，选择新建项目（New Project），随之会弹出多种新建项目的方式[2]。通常包括如下：

---

[1] 自 Adboe Captivate 7.0 开始，能够兼容和支持 MS PowerPoint 2013，并与之保持动态链接和更新。

[2] 与欢迎页面相比，这里新建项目的方式没有"软件仿真"（Software Simulation）和"视频演示"（Video Demo）。这两种新建项目的方式将在下一节专门介绍。

- 新建空白项目（Blank Project）：插入一个完全空白的项目框架，然后再加入 PowerPoint 幻灯片、图片、语音、视频、动画，或者录屏演示文档，再将这些对象组成一个完整的项目。
- 从 Microsoft PowerPoint 文档新建项目（Project From Microsoft PowerPoint）：可以导入一个完整的 PPT 文档，或者仅从中选择特定的幻灯片来导入，进而新建一个项目。
- 导入模版（Project From Template）：利用事先设计好的模版来新建项目。
- 图片幻灯演示（Image Slideshow）：可以导入一系列的图片或照片来生成一个图片演示文档，或"图片集"。通常用于生成类似电子相册之类的课件。
- 项目模版（Project Template）：当多人共同设计类似的项目，或一个大项目中的某些模块时，就可以利用模版来创建新项目。项目模版能够保证多人协同工作和提高工作效率。此功能需要网络支持。
- 基于组合的项目（Aggregator Project）：将多个 SWF 格式的文档组合为一个单独的项目，然后发布为一个单个的 SWF 文档。当设计者有多个组件时，这是一个很好的组合方法。

图 6-16　常用的各种新建项目方式

由于 CP 7.0 能够比较完善地支持 Microsoft PowerPoint 的各项功能，包括其背景图片、色彩、文字和动画等。目前，CP 支持后缀名为 .ppt、.pps、.pptx、ppsx 格式的 PowerPoint 文档。如果设计者的电脑未安装 PowerPoint 程序，那么，设计者仍然可以向 CP 导入 PPT 和 PPS 格式的文档。当然，导入之后，将无法再对这些文档进行编辑。如果设计者想导入 PPTX 和 PPSX 格式的文档，则要求必须事先安装 Microsoft PowerPoint 才行。

考虑到设计者通常都比较熟悉 Microsoft PowerPoint 的操作方法，在以往的教学或培训过程中积累了许多 PPT 文档。因此，强烈建议设计者在新建项目时优先使用"从 PowerPoint 文档新建项目"方式。例如，将在课堂教学中使用的 PPT 讲义直接导入，这可以节省大量的时间，充分利用原来的课件素材，提高课件设计的效率。

需要提醒的是，当设计者将 PPT 文档导入 CP 的过程中，需要注意以下事项：

- 当 CP 7.0 导入 PPT 文档过程中，不要关闭或操作 Microsoft PowerPoint。

- 用相同的用户模式使用 CP 7.0 和 Microsoft PowerPoint，如都是以管理员模式，或都是以非管理员模式。通常，建议设计者以管理员模式来使用。
- 当 CP 导入 PPT 文档时，避免使用操作系统的"复制/粘贴"功能。

了解上述信息之后，设计者就可以开始将原有的 PPT 文档导入 CP 了。首先，选择"从 PowerPoint 文档新建项目"之后，CP 会提示设计者在自己的电脑中选择一个原有的 PPT 文档。当设计者按照提示操作之后，就会出现如图 6-17 的窗口。

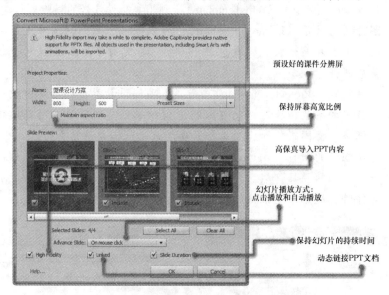

图 6-17 将 PPT 文档导入 CP 7.0

在将 PPT 文档导入 CP 过程中，有几个参数设置需要说明。

第一，关于"预设分辨率"（Preset Sizes），根据各种常见的硬件设备或需要，CP 为设计者预设了多种常用的课件分辨率（见图 6-18）。设计者可根据自己的需要选择使用。通常情况下，如果所设计的课件要跨平台和跨设备使用，而非只供某一种设备（如 iPad 或 iPhone 等）浏览，那么，建议选择 800×600 分辨率会比较保险。

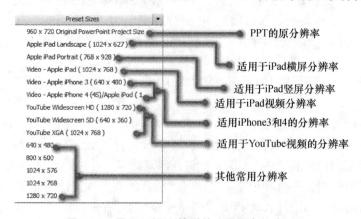

图 6-18 导入 PPT 文档时的分辨屏参数选项

第二，关于"高保真导入"（High Fidelity）选项，其基本含义是将 PPT 文档中的色彩、图片、动画效果等内容尽量原封不动地导入 CP 之中，包括带有动画的 Smart Art 等，以加强所导入文档的视觉效果。该功能仅适用于 .pptx 格式的文档。当选此项功能后，会使文档导入的时间延长。但考虑到导入的实际效果，建议使用此功能。

第三，关于"链接"（Linked）选项，是指 Adobe Captivate 可创建一个动态链接至源 PPT 文档。当这个链接的 PPT 文档在 CP 中打开编辑时，源文档则自动载入至 CP。由于源文档是被链接上，而非直接嵌入 CP 项目中，所以链接的 PPT 文档不会对 CP 项目的文件大小产生影响。通常，只有当设计者确认，将来 CP 项目完成之后，仅在设计者当前的电脑上使用时，方可采用此方案。

另一方面。如果设计者在导入 PPT 文档时不选择"链接"功能，那么，所导入的文档则被直接嵌入 CP 项目之中，会使 CP 项目文件变大。当 PPT 文档被编辑时，则不会影响到源文件。通常，如果所设计的 CP 项目将来要上传至互联网使用，那么，则必须使用嵌入 PPT 文档的方式，即不要使用"链接"选项。

第四，如果 PPT 文档带有语音内容，在导入 CP 之后，则被自动转为语音对象并在时间轴中显示为一个独立的对象。如果 PPT 文档带有标签和备注内容，那么，在导入时也将被自动导入。

第五，当 PPT 文档被导入 CP 项目之后，如果想对文档中的某些幻灯片内容进行编辑，那么，设计者就可以直接在 Adobe Captivate 中调用 Microsoft PowerPoint 程序，并对幻灯片进行直接编辑。操作方法是：将鼠标移到幻灯片编辑与预览窗口，点击鼠标右键，在弹出的菜单中选择"用 Microsoft PowerPoint 编辑"（Edit with Microsoft PowerPoint），见图 6-19。

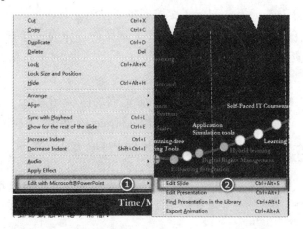

图 6-19　在 CP 中调用 Microsoft PowerPoint 编辑幻灯片

当上述参数设置完成之后，CP 7.0 就开始自动导入 PPT 文档。这时，电脑上 Microsoft PowerPoint 程序将被自动打开，并将 PPT 文档中的各种素材一个接一个地导入 CP 之中。请注意，在这个过程中，建议设计者既不要对电脑进行操作，也不要使用 Microsoft PowerPoint，以免影响文档导入过程而出错。

当导入过程结束后,设计者会发现,从形式上来看,PPT 文档基本原封不动地导入 CP 7.0 之中,包括背景、文字、图片、动画等。① 不过,如果仔细查看幻灯片的时间轴,设计者会发现,除语音素材之外,幻灯片中的其他内容都被集成为一个整体,在时间轴上表现为一个单独的对象,这就意味着原来幻灯片中的各种素材无法再被各个独立分开和编辑。换言之,当 PPT 文档被导入 CP 之后,原来在幻灯片中各自独立的素材,如文字、图片和动画等,都将被自动集成为一个整体,在时间轴上只显示为幻灯片一个单独的对象。这时,如果再想对幻灯片中的个别内容进行编辑和修改,只能通过图 6-19 所示的方法来进行,但在 CP 之中则无法实现。

接着,设计者可以点击"预览"(view)按钮,并选择"在网络浏览器"(In Web Brower),整个项目将在浏览器中自动开始播放,在形式上与原来的 PPT 文档播放几乎完全相同——唯一的区别是它已经转换为 Flash 格式的文档。播放中,当进入下一页幻灯片时,需要设计者鼠标点击一次。这是因为前面当在设置导入参数时,选择了"点击播放"而不是"自动播放"选项。若当初设计者选择了后者,幻灯片将自动从头播放至结束,无需鼠标点击操作。在预览过程中,如果设计者用鼠标右键点击查看,会发现,原来的 PPT 文档已被自动转换成为 SWF 格式动画文档。

这样,通过上述简单的步骤,就利用 Adobe Captivate 的"从 PowerPoint 文档新建项目"功能,完成了将原有的 PPT 文档导入 CP 的第一步。接下来,设计者可以根据原来的设计思路,以当前的项目为基础,继续进行课件的设计和编辑工作,如再添加新的幻灯片,或添加视频、测验或其他内容,使课件的形式和内容更加丰富多样。显然,利用这种方式来创建交互式微课或慕课,对于教师来说,是一个比较省力省时的方式。

2. 从新建空白项目来创建课件

除上述以"从 Microsoft PowerPoint 文档新建项目"之外,设计者同样也可以考虑使用通过"新建空白项目"方式来开始设计一个新课件。作为教师来说,当手头没有现成的 PPTX 文档可资利用,并且所设计的课件内容为全新时,这也是一个不错的开端方式。

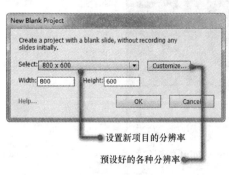

图 6-20 设置新项目的显示分辨率

如前面的图 6-16 所示,设计者用鼠标依次点击 Captivate 的菜单:文件(File)→新项目(New project)→空白项目(Blank project),就可创建一个新项目,作为设计新课件的第一步。

随后就会弹出一个对话框,要求设计者首先设置课件的分辨率(如图 6-20)。

分辨率设置完成之后,缺省状态下,CP 7.0 将为设计者自动生成一个仅有一张幻灯片的空白课件项目,作为设计的基础。如图 6-21

---

① 请注意,PPT 中原有的视频无法自动导入 CP,同时,在某些情况下,PPT 中的一些动画路径设计也有可能无法完全支持。

所示，当新建项目时，软件会自动打开 CP 的一个名为"主题"（Theme）的窗格，并显示出当前可选的主题模版。当设计者用鼠标点击其中的某一个主题模版后，其将自动成为新课件的当前主题。随后，设计者就可以在当前幻灯片中添加各种对象，如标题、图片、动画等，使之成为新课件的第一张幻灯片。

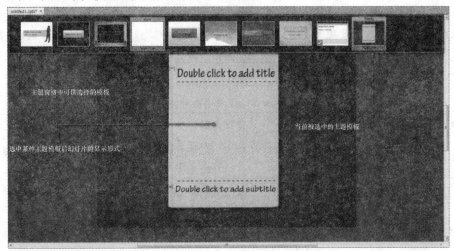

图 6-21　新建项目的主题模版选择

这里，需要着重介绍 CP 7.0 中的两个重要概念——"母幻灯片"（Master slide）和"主题"（Theme）。

在 CP 中，所谓"母幻灯片"（Master slide）是一种已预定义好共同的背景及对象（如图标、标题、脚注等）的基础型幻灯片模版，它使得整个项目内的所有幻灯片都表现出相同的外观或风格。一系列母幻灯片组合在一起，则共同构成一个"主题"（Theme）。

如图 6-21 所示，当设计者创建一个空白项目（Blank project），或从模版创建项目（Project from template），CP 将自动新建一个缺省的空白主题。通常，一个主题包括以下类型的母幻灯片：

- 主母幻灯片（Main master slide）：每一个主题只有一张主母幻灯片，它就是在母幻灯片窗格中显示的第一张幻灯片，该片的名称就是当前所属主题的名称。这张母幻灯片所具有的对象和背景颜色，将会自动出现在当前主题所属的其他所有主幻灯片上。
- 内容母幻灯片（Content master slides）：一个主题可包含一张或多张内容母幻灯片。它包括幻灯片中可用的版式设计和各种对象，例如，一张标题母幻灯片（Title master slide）专门可用于创建项目中的标题。
- 题型母幻灯片（Question master slides）：每一个主题都有若干张各自含有以下题型的母幻灯片：匹配题、热点题、李克特题和其他题型（选择题、填空题、判断题、简答题和排序题，以及成绩单幻灯片）。

需要记住的是，在除主母幻灯片之外，其他的每一种类型的母幻灯片都包括各种不同对象的占位符（placeholder），如文字标题、图片等。利用母幻灯片中的这些内容占位符，能使设计者方便快捷地插入各种对象：文本标题、文本动画、图片、FLV 或 F4V 事件类型的视频、SWF 动画等。

　　了解"主题"和"母幻灯片"这两个重要概念之后，设计者继续设计新课件项目。显然，当前新建的这个课件项目并不能满足设计者的设计需求，因为它只包含了一张幻灯片，设计者需要更多的幻灯片来加入课件之中。这时就要用到 CP 7.0 的"插入幻灯片"功能。在"插入"（Insert）菜单中，设计者可以看到有多达 10 种的幻灯片插入方式（如表6-2 所示）。

表6-2　插入（Insert）菜单中各种类型的新幻灯片

插入幻灯片的名称	详细说明
1. 新幻灯片（New Slide）	插入一张基于某种主题（Theme）的、与当前母幻灯片（Master Slide）相关联的空白新幻灯片
2. 选择某种母幻灯片（New Slide From）	从当前所使用的主题（Theme）中选择一张某种版式的母幻灯片并插入
3. 空白幻灯片（Blank Slide）	插入一张完全空白、无任何版本和内容的幻灯片
4. 题型幻灯片（Question Slide）	插入一张包含某些测验题型的幻灯片，并在最后自动添加一张成绩幻灯片
5. PPT 幻灯片（PowerPoint Slide）	将某个现有的 PowerPoint 文档导入当前项目之中，这与前面所讲的功能相同
6. 录制一段软件仿真（Recording Slide）	在当前项目录制并插入一段软件仿真（Software simulation）幻灯片
7. 图片幻灯片（Image Slide）	插入一张以所选定的图片为背景的幻灯片，可对背景图片进行编辑，如裁剪、调色和缩放等
8. CPVC 幻灯片（CPVC Slide）	插入一段已录制好的保存为 CPVC 格式的软件仿真幻灯片
9. 动画幻灯片（Animation Slide）	插入一张以所选定的动画为背景的幻灯片，动画的文件格式要求是 SWF 或 Gif，该幻灯片的播放时间将自动与动画的播放时间同步
10. 测验母幻灯片（Quiz Master Slide）	可插入各种题型母幻灯片（Question Master Slides），如匹配题、热点题、李克特题和其他题型

　　了解上述不同的插入幻灯片的方式之后，设计者就可以根据设计方案开始向课件项目中插入各种形式的幻灯片了，以便课件变得形式多样而且富有吸引力。

　　现在，你是不是越来越觉得，Captivate 的基本操作方法很像 MS PowerPoint 呢？确实如此，在 CP 7.0 中，课件项目就是由一张张不同类型的幻灯片组合而成，最后整合成为一个完整的教学课件，即微课或慕课。

6.2.2 录制视频演示与软件仿真

实际上，CP 在被 Adobe 收购之前，其核心功能就是录制和生成 Flash 格式的视频演示和软件仿真课件。并因此而获得"数字化学习卓越金质奖"（Excellence in E-Learning Gold Award），蜚声国际数字化学习领域。自从被 Adobe 收购之后，CP 的这项功能仍然被视为其"看家本领"，不断得到加强，功能日趋完善。在国内用户群体中，多数人了解和使用 Captivate，可能都是从它的这项功能开始的，这导致许多国内用户误认为 CP 就是一款单纯的"录屏软件"。当然，通过前面的介绍，相信绝大多数用户已认识到这种想法显然是片面的——Adobe Captivate 实际上是一个完整的课件制作软件，录屏仅是其诸多功能中的一项而已。下面，我们就开始学习 CP 的录屏功能，或者确切地说，是"视频演示"和"软件仿真"功能。

1. 录制模式的相关参数设置（Preferences）

根据经验，我们建议在开始使用软件仿真功能之前，先对 CP 7.0 中与之相关的参数进行设置，以便在录制时能正常使用各种提示模式。点击 CP 7.0 的"编辑"（Edit）菜单，选择菜单栏中最后一项"参数设置"（Preferences），随后弹出如图 6-22 所示的窗口。

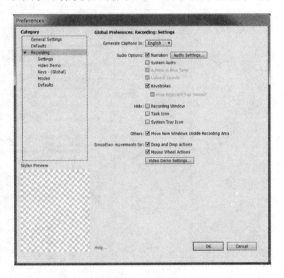

图 6-22　CP 7.0 的录制参数设置窗口

在这个参数设置窗口中，包括如下选项：

- 参数设置（Settings）：
  - 通用文字选项（General Captions in）：通常选择简体中文（Chinese Simplified）。
  - 语音选项（Audio Options）：通常选择讲话（Narration）。
  - 系统声音：录制电脑发出的声音，通常不选择。
  - 其他选项保持不变。
- 视频演示（Video Demo）：
  - 在视频演示模式中显示鼠标（Show mouse in video demo mode）：通常选用。
  - 视频颜色模式（Video Color Mode）：通常选用 16 bit。
  - 快捷按键（Keys）：展示录制过程中常用的快捷键，建议记住常用的键，如结束（End）、Pause（暂停）等。
- 录制模式（Modes）：如图 6-23 所示，共包括：文字标题（Captions）、鼠

标（Mouse）、点击框（Click boxes）和文本输入框（Text Entry Boxes）

- 文字标题（Captions）参数：添加文字标题框，将提示转为翻转式文字，使用智能图形来替代标题框。
- 鼠标（Mouse）参数：显示鼠标的位置和移动过程，在鼠标点击时添加高亮框。
- 点击框（Clickboxes）[①] 参数：当鼠标点击时添加一个点击框，成功文字框、失败文字框、尝试次数定义、当鼠标移到点击框上时显示手形。
- 文本输入框（Text Entry Boxes）[②] 参数：为文字输入区域自动添加文字输入框，成功文本框、失败文本框、提示文本框和尝试限制次数。

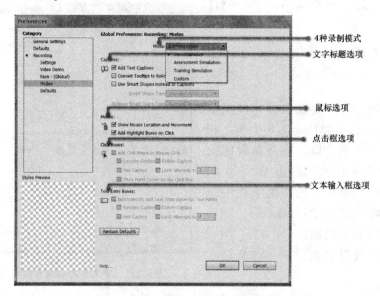

图 6-23 录制模式的参数设置

- 各类缺省样式定义（Default）：如图 6-24 所示，主要包括各种文字和标题的提示样式、高亮框样式、翻转文字和智能图形样式的设置。此外，用户还可创建自己新的样式。
- 创建新样式（Create New Styles）：点击此按钮可创建自己的各种新形式，如图 6-25 所示。需要提示的是，在定义文本字体时，一定要选择中文字体，否则可能会出现显示错误或乱码。在 CP 7.0 的字体库中，中文字体多数以拼音方式显示，在选择时应予以注意。

[①] 请注意，点击框选项在 Demo 模式下不可用，仅可用于"评估仿真"（Assessment Simulation）和"培训仿真"（Training Simulation）两个模式。

[②] 文本输入框选项在 Demo 模式下不可用，仅可用于"评估仿真"（Assessment Simulation）和"培训仿真"（Training Simulation）两个模式。

第六章 微课与慕课的交互设计工具——Adobe Captivate 7.0

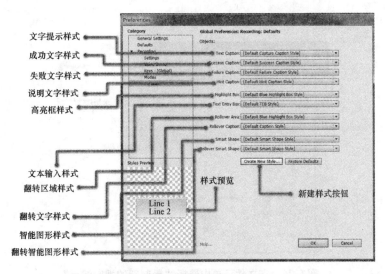

图 6-24　CP 各种缺省样式的设置

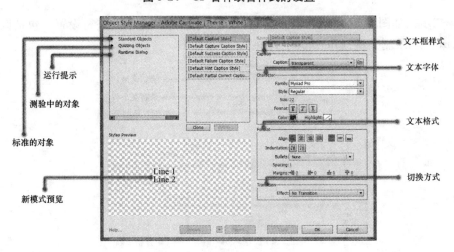

图 6-25　创建自己的新样式窗口

完成上述录制的相关参数设置后，就可以开始使用视频演示和软件仿真功能了。

2. "视频演示"（Video Demo）

在 CP 中，"视频演示"（Video Demo），即大家常说的"录屏"，就是把在电脑屏幕上针对某个程序所做的各种鼠标动作和键盘操作等动作过程录制下来，保存为视频格式（MP4 等），以便学习者重复观看。如果需要，设计者也可以自动同步录制自己在操作时发出的语音说明，或电脑系统自身（如视频播放）发出的声音。在录制时，既可以只选择录制当前正在运行的某一特定程序相关的运作，也可录制整个电脑屏幕上全部程序运行的相关运作。

视频演示的具体使用方法如下：

第一步，如图 6-26 所示，点击文件（File）菜单，在弹出的菜单中选择"录制视频演示"（Record new Video Demo）。

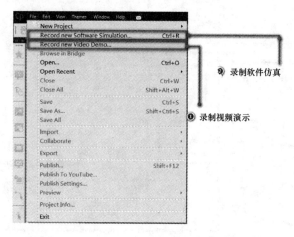

图 6-26　在文件菜单中选择"录制新的视频演示"

第二步，如图 6-27 所示，在弹出的窗口中对各种录制参数进行设置，包括区域大小（Size）和录制类型（Recording Type），分别如下。

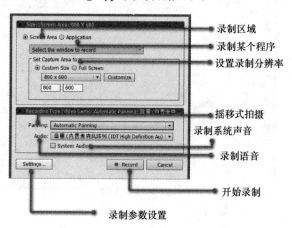

图 6-27　视频演示的录制参数选择

- 录制区域（Screen Area）：通过调整屏幕上红色方框线的方式，来手工选择录制区域的位置和大小。
- 录制某个程序（Application）：当选中该选项后，下面的下拉菜单被自动激活，并在其中列出当前计算机中已启动的程序名称，点击其中之一。
- 摇移式拍摄（Panning）：其中有 3 个选项：无摇移、自动摇移和手工摇移。若选择自动摇移，则在录制过程中，根据用户在屏幕的不同区域操作，会自动产生摇动的视觉效果。
- 录制语音（Audio）：其中有 2 个选项：无声或音量（内置麦克风）。选择后者则在录制屏幕操作的同时，会自动将教师的授课声音也同步录制下来。此外,如果需要录制计算机中所发出的声音,如视频播放时的声音,则可以选择系统声音(System Audio)。

上述参数全部设置完毕后,点击"录制"(Record)按钮,CP 7.0 则会弹出一个让设计者测试语音输入(Calibrate audio input)功能是否正常工作的窗口,若测试正常,能够录制和听到自己的声音,点击 OK 完成。随后 CP 进行倒计时 1、2、3 后自动启动录制。

这时,教师在计算机屏幕上所做的任何操作动作,包括讲课的声音,都可以自动录制下来。在录制过程中,用鼠标点击桌面右下角的系统图标,设计者会发现一个名为 CP 的小图标不停闪烁,这表示当前正在录制视频演示。当录制结束后,点击该图标,CP 7.0 将结束视频演示的录制过程,并自动以全屏方式来打开并播放刚才所录制的视频。观看完毕之后,点击右下角的"编辑"(Edit)则进入对视频演示的编辑和修改状态。

在编辑状态中,对于录制好的视频,设计者可通过 CP 7.0 的时间轴中所提供的编辑功能,进行进一步的编辑和加工。如图 6-28 所示,包括添加推拉摇移的视觉效果(Add Pan & Zoom Effect)、转场切换效果(Transitions)、将视频剪切为片断(Split video clips)、将某段片断删除(Trim video clips)、添加声音(Add audio)、编辑鼠标点击(Edit mouse points)、插入鼠标动作(Insert mouse actions)等,使所录制的视频更加美观和多样。

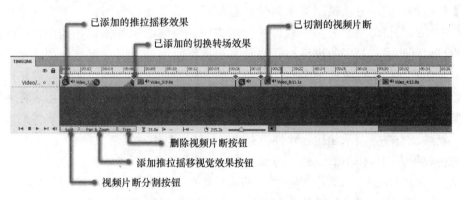

图 6-28　在时间轴中对录制的视频演示进行编辑

当对视频演示的编辑工作完成之后,首先将之保存为 CPVC 格式①的工程源文件,以便于以后再对视频进行编辑和修改。若对视频演示的效果都表示满意,那么就可以进入最后的发布环节。点击"发布"(Publish)按钮,CP 弹出如图 6-29 的窗口。对参数进行设置之后,点击发布按钮,则发布成为 MP4 格式的视频。

对于教师来说,利用这个视频演示功能,如果再给计算机外接一个数字手写板或手写屏,或者直接用带手写式触摸屏功能的笔记本电脑,如图 6-30,就可以录制类似可汗学院的那种手写录屏式微课,操作方法很简单。

---

① CPVC 是一种与 Adobe Captivate 所生成的标准 CPTX 格式文件有所区别的文件格式,它不是 CPTX 那样由幻灯片(Slides)组成,而是一整段可编辑的视频,可插入非交互性对象,如文本和高亮框,但它不能直接插入测验。这种 CPVX 格式的视频演示,同样也可以被插入 CP 生成的标准 CPTX 格式文件之中,成为课件的一个组成部分。

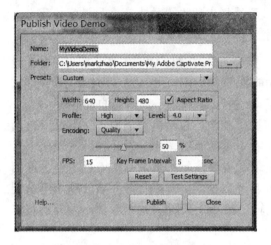
图 6-29 视频演示的发布窗口

图 6-30 用手写屏电脑来录制视频演示

3. "软件仿真"（Software simulation）

"软件仿真"（Software simulation）功能，顾名思义，就是把计算机屏幕上某个软件的操作过程或使用方法录制下来向学习者演示和供其操作练习，类似在计算机上模拟操作一样，其目的是学习某个软件的使用方法。与前面视频演示相同的是，该功能同样也可以同步录制教师的讲话声音或计算机系统发出的声音。但与视频演示不同的是，软件仿真功能不仅能够录制整个屏幕上的各种操作动作，同时还能在教师点击鼠标或键盘输入时，自动在屏幕上显示出相应的标题说明文字，以提醒学习者注意。甚至在某些情况下，可以设置一些测试性的仿真操作，来对学习者的技能掌握情况进行考查。显然，与视频演示相比，软件仿真功能的使用要相对复杂。

与视频仿真的操作类似，软件仿真的使用方法如下。

第一，如图 6-31 所示，点击文件（File）菜单，在弹出的菜单中选择"软件仿真"（Software simulation）。并在随后弹出的参数设置窗口进行录制参数定义。

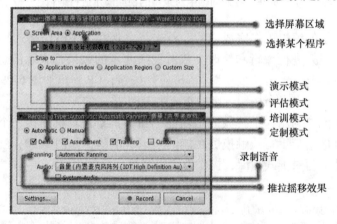
图 6-31 软件仿真的录制参数设置

录制参数设置的内容包括：

- 录制区域选择：选择屏幕区域（Screen Area）和选择某个程序（Application）。
- 对齐对照物（Snap to）：程序窗口（Application window），程序区域（Application Region）和定制大小（Custom Size）。
- 录制类型：自动（Automatic）和手动（Manual）模式。
  - 演示（Demo）模式。
  - 评估（Assessment）模式。
  - 培训（Training）模式。
  - 定制（Custom）模式。
  - 推拉摇移效果（Panning）：有3个选项：无摇移、自动摇移和手工摇移。若选择自动摇移，则在录制过程中，根据用户在屏幕的不同区域操作，会自动产生摇动的视觉效果。
  - 录制语音（Audio）：录制教师授课时的声音。
  - 录制系统声音（System audio）：录制电脑发出的声音。

上述参数设置完成之后，点击"录制"（Record）按钮，CP 7.0 则自动开始录制，录制形式与上述视频演示类似，它会在系统后台自动运行并录下教师在电脑屏幕的各个操作及讲课声音。录制完成后，点击系统图标或直接点击键盘上 End 键，CP 7.0 会将整个授课过程自动保存下来。这里需要注意的是，软件仿真所录制下来的内容，表现为一张一张单独的幻灯片形式，并且可对其中的内容进行更多复杂的编辑和修改，这一点与视频演示所生成的视频格式文件有所不同。

另外一点是，软件仿真功能还具有4种不同的录制模式，可以根据教师的需要录制不同形式的软件操作过程，包括：演示模式（Demo mode）、培训模式（Training mode）、测评模式（Assessment mode）和定制模式（Custom mode）。如果设计者在录制参数设置时选中了上述中的前3种模式，那么，当录制结束后，CP 7.0 自动为设计者录下了4个文件，分别自动命名为：*_demo.cptx，*_assessment.cptx，*_training.cptx。

最后，以上述两种方式所录制的素材内容，都可以被当做整个微课或慕课的一个组成部分（组件），纳入课件的整体设计之中。

6.2.3 内容插入与交互设计

除上述通过录制方式来获得课件素材之外，CP 7.0 还能够通过插入各种形式的素材来使课件具备丰富多样的表现形式。这就是它的内容插入和交互设计功能。

1. 插入幻灯片

在 CP 7.0 中，幻灯片是构成课件结构的基本要素。表6-2 中介绍了10种插入幻灯片的方法。实际上，与使用 Microsoft PowerPoint 一样，幻灯片同样也是 Adobe Captivate

7.0 的基本组成要素。以不同形式的幻灯片为基础，则构成了整个交互式微课的结构和框架。在设计时，通过插入不同样式和版式的幻灯片，设计者可以设计出形式多样的作品来。

在设计过程中，经常使用的幻灯片类型如表 6-3 所示。

表 6-3 常用的 4 种幻灯片插入方式

插入幻灯片的名称	详细说明
空白幻灯片（Blank Slide）	插入一张完全空白、无任何版本和内容的幻灯片
题型幻灯片（Question Slide）	插入一张包含某些测验题型的幻灯片，并在最后自动添加一张成绩幻灯片
图片幻灯片（Image Slide）	插入一张以所选定的图片为背景的幻灯片，可对背景图片进行编辑，如裁剪、调色和缩放等
动画幻灯片（Animation Slide）	插入一张以所选定的动画为背景的幻灯片，动画的文件格式要求是 SWF 或 Gif，该幻灯片的播放时间将自动与动画的播放时间同步

例如，设计者可以利用"动画幻灯片"来向项目插入一个以 Flash 动画为背景的幻灯片，然后再在这个动态背景上加入其他对象，如标题、图片等；设计者也可以利用"新建图片幻灯片"来创建一张以设计者所喜欢的图片为整个背景的幻灯片，然后再在上面插入其他对象。

当了解以不同方式来插入各种幻灯片之后，设计者就可以继续做下一步的设计工作：向幻灯片中插入不同的"对象"，使课件具有更加多样化的表现形式和功能。

2. 插入对象和交互设计

在 CP 7.0 中，作为设计者，可以根据需要向幻灯片中插入各种形式的 Objects（对象）。这里，所谓"对象"，就是指幻灯片中的一个"内容"，或者说，就是我们在上述交互式视频课件中所说的"素材"或"组件"。例如，Raptivity 所生成的动态交互图表，或 Adobe Ultra 所生成的虚拟场景的视频，以及 Character Builder 所设计的动画人物，都属于对象的范畴。利用这个插入对象的功能，设计者可以方便地将以往所设计的素材插入 CP 项目之中，使之成为一个结构化的完整课件。

CP 对象的表现形式是多种多样的，最常用的是标准对象（Standard Objects）[①] 和其他类型对象，共计 16 种，如表 6-3 所示。它们可分别用于向幻灯片中插入不同的内容，从文本到按钮，到各种具有特殊效果的功能，应有尽有。

[①] 完整的标准对象列表位于 CP 的插入（Insert）菜单之中，有一个名为"Standard Objects"的二级菜单，共计 11 种。

表6-3 工具条中的常用对象插入按钮及功能说明

名称	功能说明
智能图形（Smart Shap）	包括各种常用几何图形，如箭头、正方形、圆等，可将之插入幻灯片之中，并调整这些图形的方向和大小
文字框（Text Caption）	插入一段文字内容，例如标题，或说明性文字，并对其字体、字号、颜色、阴影等属性进行设置
翻转文字框①（Rollover Caption）	插入一种特殊的文本标题，只有当用户的鼠标移到幻灯片的某个特定区域时（"翻转区"），该标题才会显示出来，否则该标题则处于隐藏状态
图片（Image）	插入各种格式的图片，如 Jpg, Jpeg, Gif, Png, Bmp, Ico, Emf, Pot, Wmf
翻转图片（Rollover Image）	与翻转标题类似，它包括一张图片和一个翻转区域（即"翻转区"），当用户的鼠标移至该区域时，将自动显示出这张图片，鼠标移出后则相应消失
高亮框（Highlight Box）	插入一个高亮显示的方框，用来强调和突出幻灯片的某个区域，以吸引学习者的注意力
翻转微片②（Rollover Slidelet）	插入一个用来显示相关小片（即小型幻灯片）的区域，当鼠标移至此区域时，该小片就会自动显示出来
缩放区块③（Zoom Area）	插入一个特定区域，并自动将该区域放大显示，主要用于将学习者的注意力吸引至幻灯片的某一个区域中
鼠标（Mouse）	向幻灯片插入一个鼠标指针及其运动轨迹，用来指向或强调某个按钮或动作。可定制鼠标指针形状、轨迹、位置、音效等
点击框（Click Box）	点击框是幻灯片上的一个透明的可调整大小的区域，学习者必须首先用鼠标点击该区域之后，下一步的动作才会发生，如翻页等
按钮（Button）	插入一个按钮，供学习者点击。可以选择按钮的类型（文本按钮、透明按钮和图形按钮），设置点击它之后所发生的动作等
文字输入框（Text Entry Box）	向幻灯片中插入一个能够输入字符的文本框。这是测试学习者知识掌握情况的一个重要工具，设计者可以事先设定好答案，也可以事先加入相关提示信息

---

① 翻转标题由标题和一个用来标志特定区域的正方形框组成。

② Slidelet 这个单词的意思是，幻灯片中的一张幻灯片中，即一张小型的幻灯片，简称"微片"。例如，设计者可以在地图上为某一省创建一个翻转小片，当鼠标移至该省时，该省的一张照片就自动显示出来。

③ 缩放区块包括2个部分。缩放源（Zoom source）：指在幻灯片中设计者想要放大的那个地方；放大目标区（Zoom destination area）：用来显示缩放源的区域。

续表

名称	功能说明
动画文字（Text Animation）	插入一种带有动画效果的文字内容，通常用于标题设计或突出某些文字信息。CP 有一个包括 80 余种文字动画的模版库供设计者选择使用
动画（Animation）①	可向幻灯片插入 SWF 或 Gif 格式的动画文件，请注意不要混淆动画与视频之间的区别
视频（Video）	可向幻灯片插入两种形式的视频：Event video（事件视频）和 Multi-slide synchronized video（多张幻灯片同步视频）
交互图表②（Interaction）	可插入具有各种动态交互功能的演示图或示意图。CP 提供了数十个交互图表模版库

以下将列举一些插入对象的操作实例。

如果设计者想在幻灯片中插入某个对象，例如"文本框"，那么，就可以用鼠标点击对象工具条上的相应图标，一个文本标题框将自动出现在幻灯片之中。然后，向框内输入相应的文字内容并选中它，再在右侧的属性（Properties）设置窗格中进行设定，包括字号、颜色、字体等（见图6-32）。

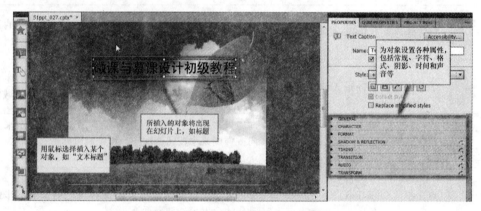

图 6-32　在幻灯片中插入文本标题

设计者也可以向幻灯片中插入一个"翻转图片"，操作流程与前者相同（见图6-33）。

同样，设计者也可以向幻灯片插入文本动画和音、视频对象，基本操作方法如下。

"文本动画"是一种具有动画效果的文本内容，通常用于幻灯片的标题，或用于需要学习者着重注意的位置，以吸引其注意力。点击"插入文本动画"工具按钮后，则弹出以下菜单（见图6-34）。

---

① CP 带有一个名为 Gallery 的文件夹，其中包括大量 SWF 格式的按钮、声音、箭头等形状的模版库，同样也可以通过插入动画的方式来直接插入至幻灯片之中。充分利用这些模版库内的素材，可有效节省设计时间。

② 对于交互图表，设计者只需要在模版库中选择其一，填写所要求的相应内容后，即可自动生成并插入课件之中，与本书第三章中所介绍的 Raptivity 功能类似。

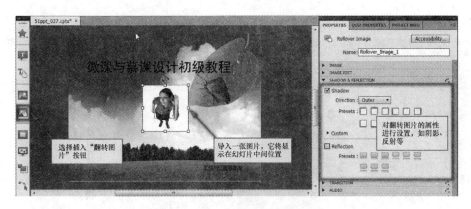

图 6-33　在幻灯片中插入翻转图片

输入相应的文字内容，并设定格式。请注意，在字体（Font）选择时要选择某种汉字字体，如 YouYuan（幼圆），否则汉字可能会显示乱码。点击 OK 之后，则在"属性设置窗格中"出现下列内容（见图 6-35），可以直接看到文本动画的实际效果展示。点击效果（Effect）下拉菜单，则出现 80 余种可供选择的文本效果，选中之后则自动在预览窗口显示出来。此外，设计者也可以对文本动画的其他属性进行定义，如阴影（Shadow）、时间（Timing）和转场效果（Transition）等。

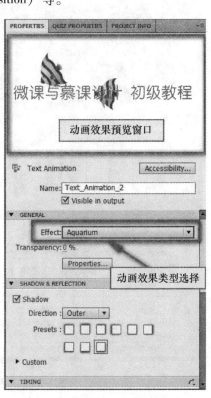

图 6-34　向幻灯片中插入文本动画　　图 6-35　文本动画效果选择与预览界面

文本动画插入的最终显示效果如图 6-36 所示。

"角色人物"（Characters）是 Adobe Captivate 7.0 提供的一项令人感兴趣的新功能，就是提供了一系列现成的"人物角色"抠像图片（PNG 格式）①，让设计者可直接插入设计者自己的课件之中（见图 6-37）。

利用这个功能，设计者可以很容易地在教学材料插入不同表情、姿势等的人物。当前软件自带有 12 款不同的角色人物，男女老少皆有，每款角色包含有 50 张不同的图像，基本上能够满足使用。不过，遗憾的是，这些人物图片都是外

图 6-36　插入文本动画的预览效果

国人的形象，使用起来可能不太切题。如果教师想要将自己的形象插入所设计的微课或慕课中，可以利用抠像幕布来拍摄自己的照片，然后用 Photoshop 等软件来将背景抠去，保存为 PNG 格式的图片。这样就有自己形象的"角色人物"图片了，使所设计出的课件更具有个性化特色。

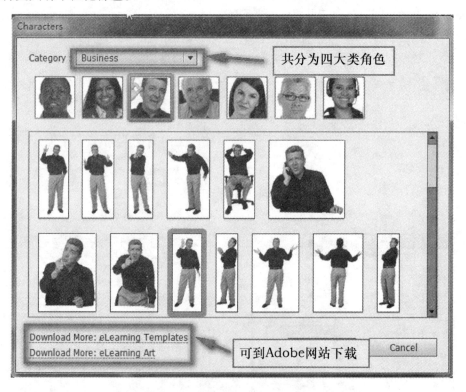

图 6-37　"角色人物"的模版库

---

①　由于角色人物的图片为 PNG 格式，教师也可以自己制作这种格式的人物图片，形成自己的图片库。

此外，CP 7.0 还可以实现某些交互设计功能，就是向幻灯片内插入各种交互性对象①（Interactive objects），使课件具有互动性，包括：文本输入框（Text entry boxes）、按钮（Buttons）及课件导航（Navigation）；各种形式的"交互模版"（Interaction），以及"拖放式交互素材"（Drag-and-drop interaction）。通过这个功能，就使课件具有了丰富多样的表现形式，能够吸引学习者的注意力。

例如，CP 7.0 还提供了一个名为"交互"（Interaction）的新功能。它与第三章中所介绍的 Raptivity 类似，就是为设计者提供一系列的动态图表的模版，设计者只需要在其中输入相应的内容，它就会自动生成一个具有动态互动效果的示意图（见图 6-38）。目前，软件自带了 20 多个交互模版：折叠、标签、过程圆形图、金字塔、时间轴、圆形矩阵、术语表、证书以及文字搜索。只需要选中一款交互类型，选中设计者想要的颜色，添加本文信息并点击确定，则能自动生成交互文件。如果想用更多的模版，设计者可去 Adobe 官方网站继续下载②。

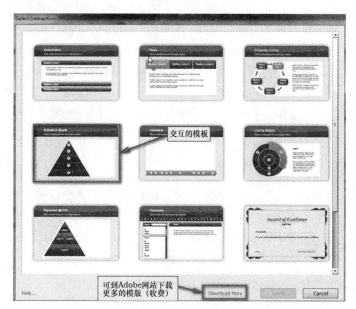

图 6-38　CP 7.0 提供的"交互"模版库

总的来说，在 Adobe Captivate 7.0 中，插入标准对象的操作方法和步骤基本相同。不过，由于所插入对象的不同，每一种对象所显示的属性设置内容略有差别，主要包括以下内容：

- General（常规）：包括对象的名称和样式等，通常情况下无需修改。
- Character（字符）：包括字形、字号、颜色等。
- Format（格式）：包括各种排版格式，如对齐方式、缩进、间隔等。

---

① 所谓"交互性对象"，是指除具有视频观看特点之外，学习者还可以通过相关设备与之互动，如拖放、填写等。根据学习者的操作，交互性对象能够提供各种形式的反馈，如提示文字、跳转、移动等。

② 下载这些模版可能需要另外支付费用。

- Image（图片）：导入新图片和颜色选择。
- Image Edit（图片编辑）：设置图片的明亮度、对比度和图片方向等。
- Shadow & Reflection（阴影和反射）：阴影和反射的方向设置。
- Transition（转场）：对象显示方式选择：渐弱或渐强等。
- Audio（声音）：添加声音和渐弱或渐强选择。
- Transform（方向）：可设置对象方向变化的角度。

需要提醒的是，只有当设计者用鼠标选中某个对象之后，其所具有的属性才会相应在"属性设置窗格"中显示出来。不同的对象，其属性选项的内容各不相同，注意不要混淆。

6.2.4 音视频与字幕编辑

在微课和慕课设计中，多媒体功能显然是必不可少的，CP 7.0 同样也提供了多种导入、编辑音频和视频素材的功能。主要表现为以下两个方面：一是可在幻灯片内录制、插入和编辑多种格式的音频和视频素材，包括可分别给对象、幻灯片或整个课件设置音频效果；可在幻灯片内插入两种类型的视频：事件视频（Event video）和多幻灯片同步视频（Multi-slide synchronized video）。进一步，还可以给后一类视频加上同步显示的字幕，以加强学习效果。微课和慕课的独特之处，主要是通过 CP 7.0 的音、视频功能而展示出来的。

1. 音频的插入与编辑

CP 7.0 具有强大的音频处理和编辑功能，能够使设计者灵活地展示出微课和慕课的语音特色，吸引学习者的注意力。在 CP 7.0 中，设有一个专用于插入音频的菜单"语音"（Audio），用来进行音频相关的操作。

当设计者点击语音菜单后，出现如图 6-39 所示的选项。

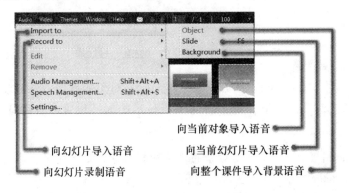

图 6-39　语音菜单内的功能

- 导入语音（Import to）：可以向某个对象或某张幻灯片插入一个语音文件，也可以向整个课件（Project）插入一个背景声音或音乐。
- 录制语音（Record to）：通过电脑的话筒来录制语音内容，同样也是可以针对对象、幻灯片或项目的背景。

下面，以向幻灯片中的某个对象插入语音为例，来展示操作方法。

首先，设计者需要先在幻灯片中用鼠标选中想要插入语音的对象，如一个漫画人物。然后在"导入"选项中选择对象（Object），将会弹出以下对话窗口（见图6-40）。

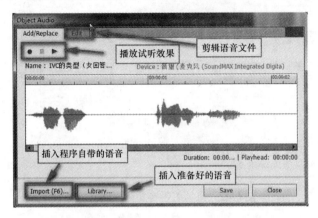

图6-40　向幻灯片中的对象插入语音素材

这时，设计者可以选择一个由前面第五章所介绍的语音合成工具 iFly Tech InterPhonic 所生成的语音文件（建议事先转换为 MP3 格式），然后导入所选中的对象之中。这样，当播放幻灯片中的这个对象时，所插入的语音将会自动播放出来（见图6-41）。请注意，在课件播放过程中，只有当被插入语音的对象出现时，语音才会自动播放。当该对象在时间轴上消失后，语音也会随之自动消失，不管该语音内容是否播放完毕。换言之，对象在 CP 时间轴上的显示定义时间，决定着语音播放时间的长短，与其自身时间长短无关。

图6-41　幻灯片中的对象播放语音

用同样的操作方法，设计者也可以向某张幻灯片（slide）插入语音材料。这样，当微课播放到这张幻灯片时，所插入的语音文档开始自动播放。伴随着幻灯片结束，语音播放也自动停止。

进一步，如果设计者通过"背景"（Background）选项来插入语音材料，那么结果就是，在整个课件播放过程中，自始至终都会自动播放所插入的语音文档。显然，这个功能适用于向课件插入背景音乐时使用。

在某些情况下，设计者或许想对所插入的语音文档进行编辑和修改，如在语音中插入一小段静音、删除某一段声音、插入一段新录制的声音，或者调整音量高低。这时，就可以利用 CP 7.0 所提供的语音编辑（Edit）功能。点击和选择语音菜单下的

"编辑"选项,则打开如图6-42所示的窗口。

图6-42 所插入语音文档的编辑功能

此外,自CP 7.0开始,还提供了一个英语的"讲话管理"功能(Speech Management)①,即常说的文本转语音。它可以让设计者直接利用该功能向幻灯片中插入所生成的语音文档。以这种方式所插入的语音文档,在CP 7.0的时间轴上专列一轨,显示为"文本转语音"(Text to Audio)。设计者可以对其进行编辑、修改,甚至为它添加"同步字幕"(Closed Captioning)。

该功能的操作很简单:在"语音"菜单中选中"讲话管理"功能(Speech Management),就会弹出如图6-43所示的窗口。这时,先选中某一个语音库,然后点击+号生成一个文本输入框,然后在输入框中插入英文单词,点击"语音生成"按钮(Generate Audio),CP 7.0就会自动向当前幻灯片中插入刚才所生成的语音文档。

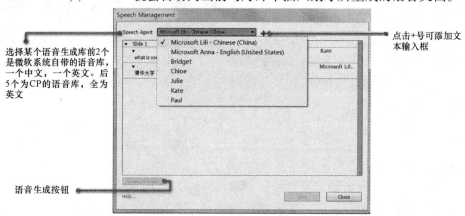

图6-43 文本转语音功能

---

① 要使用这个功能,用户需要安装一个基于英文的语音生成附加资源包。在Adobe网站的CP下载页面上提供该资源的免费下载。不过,用户可以通过Windows系统自带的一个中文生成库来生成和插入中文语音材料。

了解和掌握上述 CP 7.0 丰富多样的语音功能，可以使设计者的微课和慕课具备授课旁白、幻灯片讲解和背景音乐等功能，更加具有艺术表现力，提高学生的学习兴趣。

2. 视频的插入与编辑

毫无疑义，视频是微课和慕课的核心构成要素，同时也是教学课件最具有表现力的内容。虽然 CP 7.0 本身无法像 Adobe Premier 或 AE 那样具有强大的视频编辑功能，但对于课件设计来说，它提供了诸多极其独特的视频插入与设计功能，使得教师的授课视频能够以多种形态展现于微课和慕课之中。

在开始学习 CP 7.0 的视频功能之前，请注意，设计者应首先去 Adobe 官方网站下载和安装 CP 的一个名为 Media Encoder 的视频插件，其功能是自动将所插入的视频转换为 flv 或 F4V 格式的视频，以便于 CP 进一步的编辑。考虑到 Adobe 在视频处理和编辑领域的强大技术实力，使用它自带的视频转换插件所转成的视频兼容性，应该是最佳的选择①。

在 CP 7.0 的菜单中，有一个专用的"视频"（video）菜单，点击其中的"插入视频"（Insert Video）会打开如图 6-44 所示的窗口。

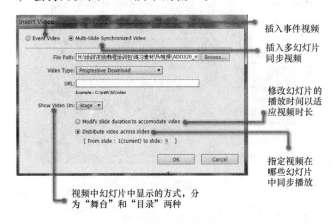

图 6-44　插入视频的方式及其设置

CP 7.0 为设计者提供了 2 种插入视频的方式，分别是"事件视频"（Event Video）和"多幻灯片同步视频"（Multi-slide synchronized video）。这里，需要重点解释这两个概念的区别和联系。这是当设计者在向幻灯片中插入视频之前，必须理解这两种不同形式和内容的视频。

所谓"事件视频"，就是在某一张幻灯片中显示的向学习者展示某个事件内容的视频。对于这种视频，学习者通常要做某种操作（如点击播放按钮）之后才会开始播放，故也被称为"按照用户要求播放的展示内容"（On-demand demonstration）。它通常会自动带有一个视频播放工具条，供学习者点播（见图 6-45）。

---

① 在某些情况下，设计者也可以直接利用格式工厂之类的视频格式转换工具将视频转为 flv 后再插入 CP 7.0 之中。但实践证明，这种方式可能在某些情况下导致一些后期视频播放中的问题，如播放跳帧等。

而"多幻灯片同步视频",就是指一个能够同步地在多张幻灯片中连续自动播放的视频。它通常没有播放工具条,学习者无法控制,而是自动播放。当导入这种视频之后,设计者可以决定视频可同步地显示在哪些幻灯片中,并与其中内容相互同步。在 CP 7.0 中,这种视频具有两种显示方式:一是舞台式(见图6-46),二是目录式(见图6-47)。

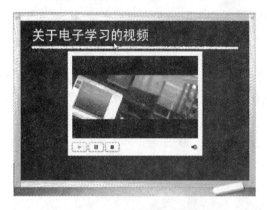
图 6-45　插入的"事件视频"

图 6-46　插入的"舞台式多幻灯片同步视频"

图 6-47　插入的"目录式多幻灯片同步视频"

表 6-4 展示了这两种视频之间的区别与联系。

表 6-4　事件视频与多幻灯片同步视频的比较

项目	事件视频	多幻灯片同步视频
播放	不能与幻灯片同步播放	可以与幻灯片同步播放
展示	只能以"舞台演播"方式显示	能够以"舞台演播"和目录①方式显示
存储	无法添加至资源库（Library）	可以添加至资源库
数量	可以向一张幻灯片中播放多个事件视频	只能将一个视频插入多个幻灯片中
字幕	无法加入同步字幕（Closed captioning）	支持加入同步字幕
操作	学习者可以利用工具条来播放、暂停、快进或回放视频内容	学习者无法控制视频的播放,它取决于设计者是如何设置它与项目同步

---

①　CP 中的一个专用术语,意思是指"内容目录表"（Table of Contents）,相关信息见本章 138 页。当启用该功能后,可在项目屏幕的侧面自动生成一个目录菜单,点击其中的标题则可直接跳相应的幻灯片页面。详细信息见"项目"（Project）菜单。

对于上述两种视频显示方式，相信设计者略加观察之后就会发现，事件视频通常只能用在微课中展示视频教学资源，而无法用于插入教师授课视频。而多幻灯片同步视频则专用于向微课中插入教师的授课视频，使之在若干张幻灯片中自动与讲义同步播放。如果所插入的视频是绿屏背景抠像视频，即透明背景的教师授课视频，那么，最终的显示效果，就是当前最流行的基于授课视频的慕课：教师在台前授课，相应的教学讲义在背景中同步显示播放，如图 6-48 所示。

图 6-48　利用多幻灯片同步视频功能制作的慕课

此外，更令人感兴趣的是，CP 7.0 还提供了另外一个对教学很有帮助的功能，就是在上述"多幻灯片同步视频"中编辑和插入"同步字幕"（Closed captioning）。这样，当播放这种视频时，可以同步显示视频的语音字幕，并根据需要随时打开或关闭字幕显示。不过，需要说明的是，使用该功能需要事先将视频中的语音转为文字之后，再通过人工方式插入视频的对应位置。通过这个功能，CP 所设计的课件，就如同常见的电影一样，既有声音也有字幕，对于提高学习者的记忆效果会有所帮助。

同步字幕功能的操作方法如下：

第一，插入多幻灯片同步视频之后，点击"视频"菜单，进入"编辑视频时间"选项（Edit Video Timing）。在弹出的窗口中点击"同步字幕"（Closed Captioning）标签，弹出以下窗口（见图 6-49）。

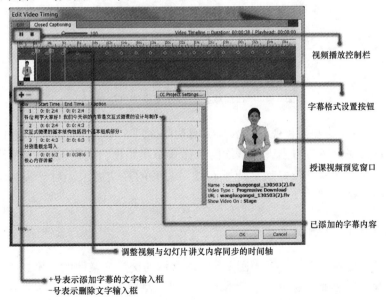

图 6-49　同步字幕的编辑窗口

第二，点击视频播放按钮后，教师的授课视频开始播放，等第一句话播放之后，设计者立刻点击暂停按钮。此时，点击"＋"号插入一个字幕文本输入框，在其中录入教师刚才所讲的第一句话。然后再次点击"＋"号插入第二个输入框，并接着播放视频，等教师讲完第二句话之后暂停视频，随后再在第二次输入框中录入刚才所讲的第二句话。后面依次类推，将教师的授课内容一句接一句地全部录入字幕之中。显然，这是一项工作量很大的任务。为降低工作量，也可以考虑事先将教师的授课文字内容转换为文档，然后在制作字幕时直接复制和粘贴进来。或者，在输入字幕时，不要一句接一句地输入，而是一小段接一小段地输入。这样，字幕和视频之间相互匹配的工作量就会相应减少一些。

第三，同步字幕添加完成之后，设计者还需要在微课中相应地添加一个用于控制字幕的开关按钮。操作方法是：点击"项目"（Project）菜单，选中"皮肤编辑器"（Skin Editor）选项，在弹出的窗口中找到并选中"同步字幕"选项。这样，当微课播放时，就会自动出现一个播放控制条，其中有一个名为"CC"（Closed Captioning）按钮。点击它，就可以打开或关闭同步字幕功能，如图 6-50 所示。缺省条件下，字幕功能是关闭的，需要学习者点击 CC 按钮之后方可显示。

图 6-50　在播放栏中打开同步字幕功能

学习完 CP 7.0 的音频和视频插入与编辑功能之后，相信设计者已初步了解了微课和慕课的设计方法。不难看出，与常规的单播式微课相比，利用 CP 7.0 所设计出的微课具有强大的交互功能，较好地适应了在线学习者的互动需求，对于提高学习者的兴趣和动机有一定帮助。

6.2.5　测验设计与编制

如果读者还记着本书第一章中图 1-5 中所展示的交互式微课的技术结构图的话，那么，学习者看完授课视频之后，紧接着就是"巩固测验"，以便考查学习者对所授内容的知识掌握状况。尤其是对于主要以自学为主的非全日制学习者（如慕课）来说，测验的作用更是必不可少。因为他们无法像那种面授教学＋在线自学相结合的混合式学习的学生那样，还有机会当面向教师们提问。例如，在慕课的学习过程中，一门课程的学习者遍及全球，数量过万，来源不一，目标不同，且背景庞杂。在这种情况下，要想保持基本的教学效果，显然是一件很有挑战的工作。这时，交互式微课中的"在线测验"就成为一个基本质量保障手段。

针对上述需求，CP 7.0 相应地提供了功能强大的在线测验功能（Quiz）。利用这个功能，教师能够在微课和慕课中插入和编制具有自动计分功能的电子测验。这样，在教学设计上来说，当学习者观看完上述教师的授课视频之后，立刻就可以参加即时测验，了解自己对知识的掌握情况。

目前，CP 7.0 能够提供两种类型的测验："预测"（Pretest）和"计分测验"（Quiz），并支持通过 GIFT 格式文件来导入试题。目前 CP 能够编制 7 种题型①，包括：选择题（Multiple-choice）、判断题（True-or-false）、填空题（Fill-in-the-blank）、简答题（Short-answer）、配对题（Matching）、热区题（Hotspot）、排序题（Sequence）。这些客观题可自动计算成绩，并在测验完成后自动统计成绩和正确率等数据，并可根据学习者的成绩来将其引入不同的学习路径。

正是由于测验的重要性，CP 7.0 为之提供了一个专门的菜单。当设计者想编制测验时，点击"测验"（Quiz）菜单，弹出如图 6-51 所示的选项菜单。

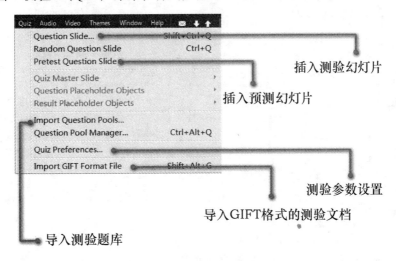

图 6-51 测验菜单内的选项

除计分测验之外，自 CP 6.0 开始增加了"预测验"功能，它不用来计分，而是用来了解学习者的知识、技能水平准备状况。然后根据结果来指引学习者访问相应的部分，最后进行测验以了解其学习状况。这个功能，对于我们设计微课和慕课也很有帮助。

此外，CP 7.0 在成绩计算方面的功能也有改进。例如，它提供了计算成绩时的倒扣分功能，主要用来防止学习者凭空胡乱猜测而得分。还有，还提供了"检查试卷"

---

① CP 的测验实际上还可用于调查问卷的设计，所以还提供了一种专用于问卷的题型：量表题（Rating scale）。

功能,即当做完全部测验题并提交后,可以让学习者重新查看试卷中每一题的正确答案及自己的回答对比。另外一个有意思的改进是,设计者可以在测验中提供个性化的语音反馈信息。例如,录音、将文本转换为语音或导入外部声音,在学习者单击对象时播放。这时,教师们可以充分利用本书中所介绍的InterPhonic来生成语音合成文件,作为测验的各种提示语音信息。或者也可以直接利用上述语音功能中的"讲话管理"(Speech Management)来插入语音提示。

1. 测验参数的设置

CP 7.0 专门为测验提供了一个参数设置功能,在开始使用之前,建议设计者先对参数进行相应设置,以便符合自己个性化的教学需求。如上图6-51所示,当点击选择其中的测验参数设置,弹出以下窗口,如图6-52所示。

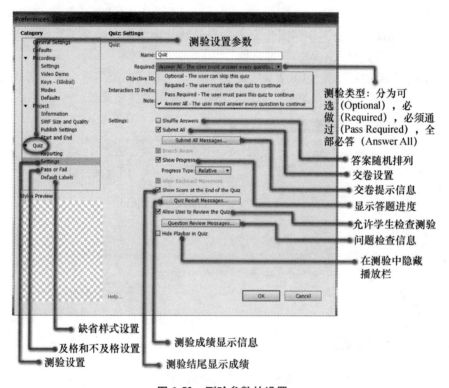

图 6-52　测验参数的设置

通常,我们建议设计者对测验的以下参数进行修改:

- 设置测验为"必须通过"(Pass Required)状态:即学习者必须通过测验之后方可进入下一课的学习。
- 设置为"答案随机排列"(Shuffle Answers):这样可以有效地防止学生猜答案。
- 显示"交卷"按钮(Submit All):即在测验中显示一个"交卷"按钮。这样学习者在答题时,就不必每回答一题后都要点击提交,而是在最后一页点击"交卷"就将全部答案一起提交。同时，还应修改交卷的提示信息，将英文翻译为中文。
- 在测验结尾显示成绩（Show Score at the end of the Quiz）：会在测验最后显示出考试成绩单，同时还应将英文的成绩单内容翻译为中文。
- 允许学习者检查试卷（Allow User of Review the Quiz）：学习者可以查看正确答案和自己填写的答案以便进行对比。

此外，对于测验及格分数线相关的设置（如图6-53所示），也应进行相应的修改。例如，答对总分的多少比例算是及格，通过或不及格后的下一步操作动作，比如是进入下一页幻灯片，还是打开一个文档或网址等。

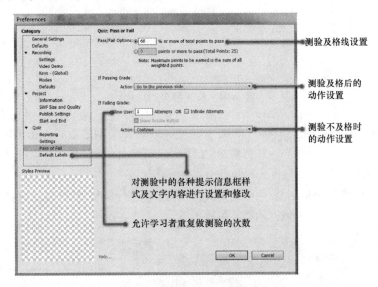

图6-53　测验及格相关的设置

完成上述测验参数设置之后，万事俱备，就可以开始设计和编制测验了。

2. 插入测验幻灯片

点击CP 7.0的"测验"（Quiz）菜单，弹出如图6-51所示的选项菜单。可以看到如下各种选项。

- 插入题型幻灯片（Question Slide）：根据测验的需要，选择某一些题型并插入。插入时，每一个问题占据一张幻灯片。
- 随机问题幻灯片（Random Question Slide）：系统自动从一个题库（Question Pool）中随机选择若干题型，这样可以防止学生"猜题"。在使用时请提前创建一个题库。请注意，这种随机问题幻灯片无时间线，只能使用各个幻灯片各自的时间参数。
- 预测幻灯片（Pretest Question Slide）：预测（Pretest）被用于了解学习者在开始课程之前的知识准备情况。根据学习者在预测中的回答情况，教师可直接将他们引入某一张特定的幻灯片或课程的某一模块去学习。这种方式可以根据不同学生的情况来实现学习路径的个性化设置。

操作上，选择"插入题型幻灯片"，并根据测验需求来选择题型（见图6-54）。

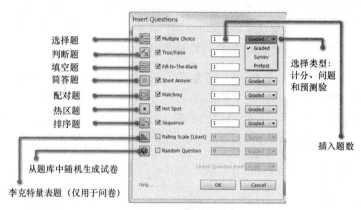

图6-54　插入题型幻灯片

在上述窗口中选择完想要插入的测验题型、数量和类型之后，点击OK，CP 7.0 将自动插入相应的幻灯片，每一个测验题占据一张幻灯片。同时，还会自动在测验最后一页添加一张成绩表，用来显示测验计分结果等信息。

随后，设计者就可以对每一页幻灯片中的题型进行编辑和修改，包括输入测验问题文本及其答案，以及分数设定等（见图6-55）。

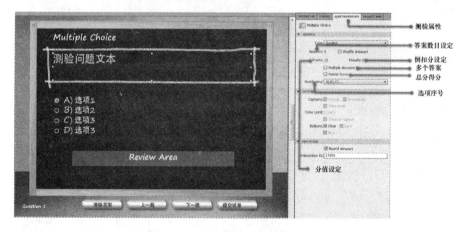

图6-55　测验题型的编辑和设置

例如，设计者首先应在问题框内输入文字内容，然后再在选项框内输入相应的选项。缺省状态下，只显示2个选项，这显然是不够用的。要想增加选项的数目，请点击右侧的"测验属性"（Quiz Properties）标签，在显示的窗格中的"常用"（General）栏中找到选项数（Answers）并将原来的"2"修改为"4"。这样，选项数就会自动变为4个。

如果这个题型的正确答案超过1个，那么，就在"多个答案"（Multiple Answers）

选项上打勾，这时就自动变为多选题。定义正确答案的方法也很简单：若是单选题，直接用鼠标选中正确的选项即可；若是多选题，则用鼠标分别点击正确的答案选项。此外，也可以选择是否"随机排列选项"（Shuffle Answers），若选中，则答案选项的顺序是自动随机排列的，每一个学生在回答问题时所看到选项顺序都各不相同。这样可以有效防止学生"猜答案"。

此外，测验属性还提供以下各种参数设置。

- 选项序号格式（Numbering）：就是选择选项前的序号显示格式。
- 可选项（Options）："试题说明文字"有三个选项："回答正确"（Correct）、"回答不完整"（Incomplete）和"时间限制"（Time Limit）。用于学习者答题过程中提供相应的反馈信息。若在选项前打勾，则会在学习者的答题过程中相应显示出来。此外，还包括定制在试题上显示哪些按钮（Buttons）：包括"清除"（Clear）、"上一题"（Back）和"下一题"（Next）。如果选中某一个，则会在试卷中自动显示出来。
- 动作（Actions）：此功能用来设置学习者回答完问题后所自动发生的动作。包括"成功后"（On Success）和"失败后"（Failure Levels）的设置，在这里，设计者可以设置当学生答对或答错题之后会发生什么，如是继续答题，还是打开一个文件，或是播放一个语音，等等。也可设置学生尝试答题的具体次数（Attempts），或无限制（Infinite），以及是否显示"请再试一次"（Try Again）的提示信息。

需要注意的是，不同题型的属性各不相同，上述所显示的内容也略有区别。

例如，热区选择题（Hot Spot）就是一个比较独特的题型（见图6-56）。它包含若干个要求学习者选择的区域，可直接用鼠标来点击选择。例如，热区选择题可列出多个图片，让学生从中选择符合要求的图片，直接用鼠标点击来选择。

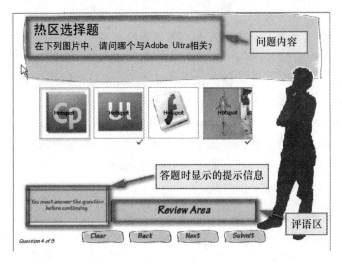

图6-56 热区选择题的操作

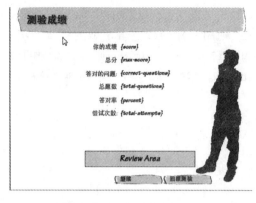

当所插入的全部题型内容设计完毕之后,在最后还有一张用来显示测验成绩的幻灯片(见图6-57)。在正式答题的情况下,将会自动显示出学习者的成绩和相关统计数据。

完成上述工作之后,交互式微课的一个重要学习环节——测验就初步完成了。随后,设计者可对整个测验进行试用,以检查各项功能是否正确无误。

图6-57 测验的成绩单幻灯片

6.2.6 外观设计与目录

作为一种大型综合性电子资源包,交互式微课和慕课的技术结构涉及诸多工具和各种形式的素材、组件,形式繁多、内容复杂。在这种情况下,一个课件的内容可能多达几十页,甚至上百页幻灯片。课件中不同模块和幻灯片之间的相关链接和逻辑关系错综复杂,如果没有相关的结构化工具来指导和辅助微课的结构设计工作,那么,开发过程中出现错误的概率就会随着内容的增加而相应不断增大。

如何解决这个问题呢?CP 7.0 同样也向设计者提供了多种解决方案,主要包括以下工具:

- "分支视图"(Branching View):用来显示整个微课的结构图示和路径,设计者可利用此功能来查看、调整和修改整个课件的结构框架,见图6-58。
- "内容目录"(Table of Content):主要功能类似书籍的目录和封面设计,即为课件提供一个"外包装层",既达到美观效果,同时也具有诸多实用功能,如实现课件不同部分的链接和跳转。
- "皮肤编辑器"(Skin editor):用于设置和定义课件的外观样式,包括本色、字体、字号及播放控制条定制等,CP 提供了包括 20 个皮肤和播放栏样式的模版库供设计者直接使用。见图6-58。
- "幻灯片注释"(Slide Notes):可向幻灯片内添加注释文本并利用 TTS 语音转换器将之转换为语音,同时也可将所添加的注释显示为与幻灯片同步显示的"同步字幕"(Closed Captioning)。该功能通常用于有听觉障碍的学习者。见图6-58。

1. 分支视图

在 CP 7.0 中,分支视图是一个用来展示项目之中全部幻灯片之间链接和相互关系的树状图形。利用它,设计者可以容易地从整体上观察到整个课件的结构和相互的跳转和链接关系(见图6-59)。

第六章 微课与慕课的交互设计工具——Adobe Captivate 7.0

图 6-58 分支视图、皮肤编辑和幻灯片注释

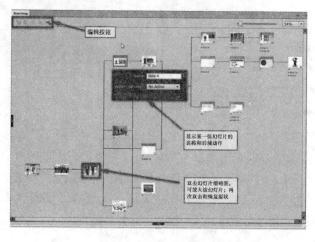

图 6-59 分支视图显示的课件整体结构

这个分支视图对于设计包含测验在内的课件，尤其是那种针对正误选项设置了不同路径的测验，帮助很大。例如，在一张选择题幻灯片中，设计者可以为正确选项设计一个"进入下一页幻灯片"的动作；而对错误选项则设置一个"跳转至某一页幻灯片"的动作。这样，当学习者选择了错误答案后，他就会自动被引至相应的幻灯片页面，对所学的知识进行补充学习。此外，为方便设计者查看，该面板左上角还提供了一个"导出分支图"（Exporting Branching View）的功能，可以将整个分支图导出为BMP 格式的图片来保存。在分支视图中，用鼠标点击各幻灯片的缩略图，可以放大该幻灯片以查看内部的详细内容。

总之，通过这个分支视图，设计者可以容易地把握整个课件的结构和不同素材之间的相互关系，为学习者设计各种不同的学习路径。因此，在设计过程中，设计者可以经常切换到这个界面中,查看自己课件的整体结构和幻灯片之间的相互关系。

2. 皮肤编辑器

皮肤编辑器(Skin Editor),就是为整个微课和慕课设计一个有关形状、颜色和样式的外观形式。程序自带了数十种可供选择的"皮肤",还可以设置是否显示播放工具条及其位置、颜色、选项等。使用时,点击"窗口"(Window)菜单可进入皮肤编辑,如图 6-60。

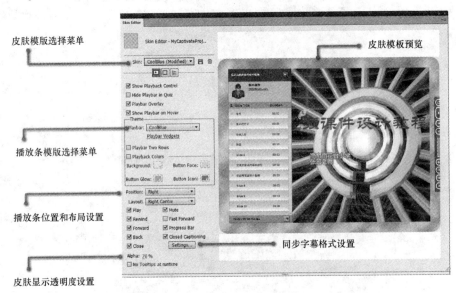

图 6-60　皮肤编辑窗口

通过这个设计工具,教师可以个性化地设置自己微课的表现形式,包括播放条的位置、形状,鼠标悬停显示、弹出式或固定式和透明度等。同时也可定义播放条中所显示的功能按钮数量,同步字幕的显示格式、行数参数等。

3. 内容目录表

CP 7.0 还为设计者专门提供了一个名为内容目录表(Table Of Content)的功能,可以为整个课件自动生成一个目录表。点击 CP 7.0 的"项目"(Project)菜单,选择其中的"内容目录表"选项,弹出如图 6-61 所示的窗口。

启用此功能之后,微课和慕课页面上将显示一个内容目录表菜单,它能够以固定或弹出式显示,扮演着整个课件的导航作用。学习者在使用时,通过它点击不同的标题进入课件的不同章节查看或学习。可以说,该功能提升了整个微课和慕课的交互程度,为学习者提供了丰富的学习路径。

第六章 微课与慕课的交互设计工具——Adobe Captivate 7.0

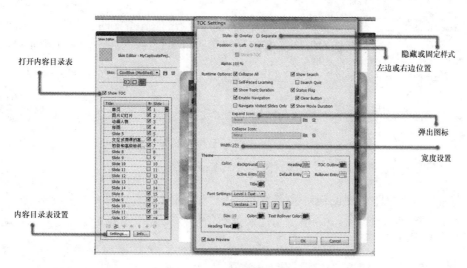

图 6-61　内容目录表的设置参数

4. 幻灯片注释

如上图 6-58 所示，点击"窗口"菜单下的"幻灯片注释"（Slide note）选项可打开此功能。它的主要作用，是向幻灯片内添加注释文本并利用 TTS 语音转换器将之转换为语音，同时也可将所添加的注释显示为与幻灯片同步显示的"同步字幕"（Closed Captioning），如图 6-62。需要注意的是，插入幻灯片注释之后，它并不会在幻灯片中显示出来[①]。但当向幻灯片中插入同步字幕后，其会自动伴随着幻灯片播放而显示。

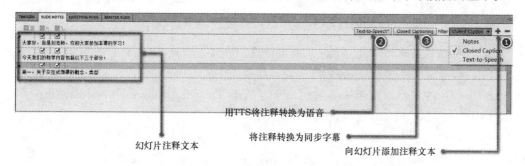

图 6-62　幻灯片的文本注释、语音转换和同步字幕

当设计者将当前幻灯片的注释转换为语音之后，该语音文件将自动插入当前幻灯片的时间轴之中，并以单个对象的形式显示出来。当微课开始播放时，它会：

- 幻灯片注释的语音会自动播放。
- 幻灯片的同步字幕内容会显示。

---

① 当将 Power Point 文档导入 CP 7.0 时，若其中的幻灯片包含注释文本，它们将会自动同步导入进来，成为 CP 7.0 中的幻灯片注释文本。

需要注意的是，在微课播放时，只有当学习者点击播放条中的 CC 按钮后，同步字幕才会显示出来。这个功能对于听觉有障碍的学习者来说，是一个很好的帮助。

6.2.7 预览与发布

到此，一个微课或慕课基本设计完成。这时，设计者就要用到 CP 7.0 的预览和发布功能。

1. 项目预览

实际上，在整个微课的设计和开发过程中，为随时查看课件的实际显示效果，设计者需要经常使用预览（Preview）功能来查看实际效果（见图6-63）。

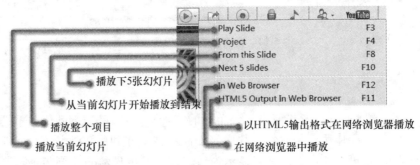

图 6-63　各种预览方式

操作步骤如下：

点击文件（File）→预览（Preview）就可以看到以下选项。

- 播放当前幻灯片（Play This Slide）：快捷按钮是 F3。
- 播放整个项目（Project）：快捷按钮是 F4。
- 从当前幻灯片开始播放到结束（Plays the project from the currently displayed slide to the end）：快捷按钮是 F8。
- 播放下 5 张幻灯片（Next 5 slides）：快捷按钮是 F10。
- 在网络浏览器中播放（in Web Brower）：快捷按钮是 F12。
- 以 HTML 5 输出格式在网络浏览器中播放：（HTML 5 output in Web Brower）。

通常情况下，如果只需要预览当前编辑幻灯片前后数张的显示效果，比较常用的是"播放下 5 张幻灯片"。这样既节省时间，也能看到后面幻灯片与当前幻灯片之间的相互关系。

2. 项目发布

课件设计和预览之后，CP 7.0 还提供了"打包发布"的功能，可将课件发布为多种设备（计算机和移动设备）、多个操作系统（Windows，Android，Mac OS，iOS）环境下的各种文件格式,主要包括:HTML5 文件、MP4 文件、SWF 文件、可执行文件(EXE 和 APP)。此外,所设计的微课、慕课还能够与课程管理系统(CMS)或学习管理系统(LMS)结合使用①。

尤其值得一提的是,CP 7.0 还提供对 HTML5 的支持,现在设计者能够将课程发布为 SWF 格式或 HTML5 格式,在苹果的设备上浏览②。从中可以看出,CP 所设计出的课件,具有相当大的兼容性和扩展性,一种设计可应用于多种技术环境,这对于提高课件的设计效率和应用范围,会有较大的帮助。

点击"文件"菜单→"发布"(Publish),或者点击工具栏中的"发布"按钮,就会弹出以下窗口(见图6-64)。

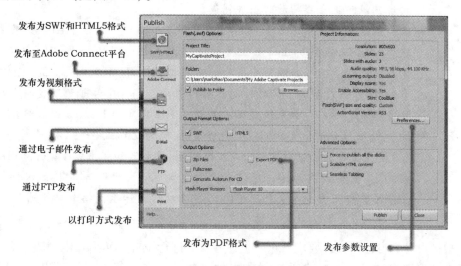

图 6-64　课件的发布参数设置

CP 7.0 提供了 6 种发布方式,分别介绍如下。

- SWF/HTML5:这是最常用的一种发布方式,将项目发布为 .SWF 格式或 HTML5 格式。
- Adobe Connect:这是将当前的项目发布至 Adobe Connect③ 平台之上,后者会自动生成一个网址(url),点击此链接就可直接播放当前项目内容。这要求设计者首先必须了解 Adobe Connect 的网址(url)和登录账号。
- Media:将当前项目发布为 Windows 可执行文件(EXE)、Mac 可执行文件(APP)或 MP4 视频。

---

① 有关 CP 7.0 发布的微课和慕课与网络教学平台结合使用的相关内容,请参阅本书第十章。
② CP 7.0 所发布的 HTML5 格式课件,仅用于上传到服务器之后,然后用 iPad 或 iPhone 在线浏览,但无法直接导入苹果设备之中,因为苹果是一个封闭的系统,用户不能直接像 Windows 那样导入文档。如果想要将 CP 生成的微课转换为在苹果设备上离线安装和浏览的格式,请参阅本书第七章内容。
③ 这是 Adobe 公司的一个交互式网络视频会议系统。要想发布在此平台上,要求事先具有 Adobe Connect 的账号。

- E-Mail：同样发布为某种可执行文件或.SWF文档，并通过电子邮件发送。
- FTP：将项目上传至某个FTP服务器并播放。
- Print：将项目发布至打印机输出。

在上述6种发布方式中，最常用的就是发布为SWF/HTML5格式。当选择这种方式时，需要注意以下相关选项的设置。

- Flash（.swf）选项：包括"项目名称"、文件夹、发布至文件夹选项。需要注意的是，建议项目名称不要使用任何汉字[①]，而是使用英文或拼音，以防止在线播放时出现错误。
- 输出格式选项（Output Fromat Options）：包括SWF、HTML5。如果要发布为能在iPad或iPhone上播放的格式，则可以选择HTML5选项。需要注意的是，并非项目中所有的对象都支持HTML5格式，例如，文本和SWF格式动画、翻转标题、翻转图片、翻转小片等都不支持HTML5格式。所以，如果不是必要的话，不必发布为HTML5。
- 输出选项（Output Options）：包括"打包为Zip文件""全屏播放""为光盘生成自动播放文件""选择Flash播放器的版本""输出为PDF格式"。需要强调的是，建议在"打包为Zip文件"前打钩，这样整个项目将发布为一个ZIP压缩包，方便以后上传至网络教学平台（如Blackboard）供学习者点播。

根据设计者自己的设计要求，可对上述各参数进行设置，然后点击"发布"按钮，程序自动将整个项目相关的全部素材或组件打包并发布。完成后会弹出一个提示框"Publish completed successfully"（发布成功）。打开所定义的发布文件夹，就会看到一个文件夹Zip或压缩包，这就是最终生成的交互式视频课件。用浏览器或Flash播放器就可以打开浏览。

到这里，设计者的微课和慕课开发工作基本告一段落！

[①] 这里需要强调的是，为保证所有素材或组件都能够在发布至互联网上后能够正常调用和播放，建议设计者在为Adobe Captivate的素材命名时，一定不要使用汉字，而应该使用英文或拼音。否则有可能出现无法正常显示某些素材的错误。

第七章　跨平台移动课件转换方案——Adobe AIR

在第六章 CP 7.0 完成交互式微课和慕课的基础之上，本章将介绍 Adobe 的另一个重要工具——Adobe Integrated Runtime（简称 AIR）。这个工具能解决什么技术问题呢？简单地说，对于教师们，它的主要功能在于将 CP 7.0 所生成的微课或慕课，转换成为智能移动终端能够播放的格式，实现微课和慕课在智能手机、平板电脑等移动终端上的跨平台播放，为学习者构建一个"无所不在的学习环境"。

图 7-1　Adobe AIR 图标

换言之，若从技术上来说，AIR 能够允许用户利用现有的 Web 开发技术，包括 Flash、Flex、HTML、JavaScript 和 Ajax，建立和配置跨平台的桌面应用格式，从而真正实现微课和慕课的跨平台使用。

为实现 Flash 的跨平台移动终端播放，自 2010 年开始，Adobe 公司开始将 AIR 技术引入移动平台，一举打开了通往移动领域的大门。而对于 Flash 开发者来说，该技术的出现为他们转向移动应用开发提供了便利条件。目前，AIR 已实现对 Android、BlackBerry Tablet OS 和 iOS 三个移动操作系统的全面支持。从目前的状况看，AIR 在 Android 平台上的表现最抢眼：一方面，AIR 程序在 Android 设备（手机和平板电脑）上的运行性能得到了用户的肯定；另一方面，当前市面上绝大部分 Android 手机和平板电脑都支持 AIR 程序，而且电子市场上使用 AIR 开发的程序数量呈上升趋势，图 7-1 为 Adobe AIR 图标。

7.1　AIR 概述

对于教师们来说，AIR 实现了跨平台应用，使其不再受限于不同的操作系统，在桌面上即可体验丰富的互联网应用，这在微课和慕课的设计与开发中具有重要的价值和意义。因为利用这个技术，能够以比以往更低的资源占用、更快的运行速度和顺畅的动画表现，使得微课播放实现跨平台。

通俗来说，AIR 是利用 Adobe 公司的 Flash 技术开发的视频播放平台，其主要功能就是让用户可以在多个平台上观看、使用相同的 Flash 文件。AIR 最大的好处，在于为用户提供了一个一致的跨操作系统的平台和框架，使用户只需要针对其中一种运行环境进行开发，而不必对其他特定的操作系统分别一一进行开发。简言之，一次开发，多平台使用。

那么，具体来说，AIR 究竟能帮我们教师做些什么呢？

随着网络通信技术、硬件设备以及软件应用开发的不断发展，如今人们的学习过程不再仅仅发生在课堂中，而是更多地向移动化以及碎片化的方向发展：人们需要在沙发上、地铁上、餐桌上随时随地学习。而这种发展趋势向我们提出的第一个挑战，就是学习材料的可移动性。书，自然是可移动的，但是其信息承载量以及展现方式的缺陷使得其不能成为移动化学习中的最优选择。多媒体课件，如 Flash，因其在文字、声音、图片、视频等多信息通道的综合表达优势而备受在 PC 端学习的学习者的青睐。但令人遗憾的是，在移动化学习过程中，Flash 课件却不能像音乐或纯视频文件一样直接拷贝到各种移动设备中直接播放使用。例如，目前苹果的基于 iOS 系统的 iPad 和 iPhone 就不支持 Flash 播放，同时 Flash 在 Android 系统上的播放也需要事先很麻烦的插件安装和设置。

在这种情况下，AIR 就为我们提供了一个完整的跨平台的移动技术解决方案，让教师们能够将 PC 端制作好的 Flash 课件直接打包后，发布成为可以在安卓系统或苹果 iOS 系统中直接安装的应用程序（APP）。这样便实现了多媒体课件的跨平台使用，满足了移动化学习的基本需求。

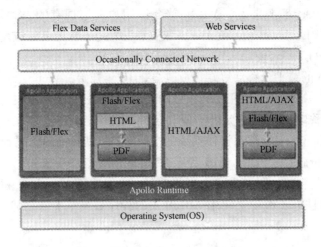

图 7-2　Adobe AIR 技术结构示意图

7.2　AIR 软件安装

AIR 允许在计算机的桌面上运行应用程序。首先，用户需要在计算机上安装一个 AIR 平台，装好后，AIR 程序便可运行。

第一步，下载并安装 AIR

用户可登陆 Adobe 官方网站 http：//get. adobe. com/cn/air/ 进行软件的下载。下载

完成后打开安装包，按照程序提示完成软件的安装。

第二步，安装 Adobe Flash

用户可以登录 Adobe 官方网站进行软件下载，在此建议下载 Adobe Flash CS5.5 以上版本。

第三步，安装 JAVA 运行环境（JRE）

AIR SDK 软件开发包的正常使用需要 JAVA 的运行环境，用户可以从链接①处下载 JRE。

下载后双击安装包，并按照提示完成安装。

第四步，安装 AIR SDK

AIR 软件开发包（SDK）下载地址为http://www.adobe.com/devnet/air/air-sdk-download.html.，用户需要将下载得到的 AIRSDK_Compiler.zip 解压缩至硬盘。

第五步，配置环境变量

为了在命令行下执行开发工具，我们还需要设置系统 Path 环境变量。如图 7-3 所示。

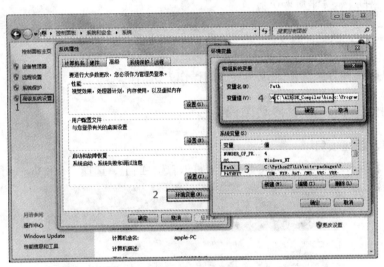

图 7-3　配置 AIR 环境变量

在控制面板→系统和安全→系统界面下，点击"高级系统设置"，之后点击"环境变量"按钮，在"系统变量"一栏中找到 Path 变量，点击"编辑"，在弹出窗口的变量值一栏中的文本内容后面添加 JRE 和 AIR SDK 的安装路径。比如之前已经将 JRE 安装到 C:\Program Files (x86)\Java\jre7，AIR SDK 安装到 C:\AIRSDK_Compiler，则需要在"变量值"原内容后面添加以下内容：

C:\Program Files (x86)\Java\jre7\bin;C:\AIRSDK_Compiler\bin;

需要注意不要遗漏分割用的分号。

设置完成后，在 Windows 中启动命令提示符（点击"开始"按钮，在"搜索程序

---

① 下载网址：http://www.oracle.com/technetwork/java/javase/downloads/index.html.

与文件"一栏中输入 cmd），输入 adt – version，出现版本号，即安装配置成功。如图 7-4 所示。

图 7-4　检验 AIR 安装

7.3　利用 AIR 转换移动版微课

利用 AIR 来开发适用于 Android 系统的 Flash 格式微课，通常采用以下两种方案：

- 一是直接在 Adobe Flash 中开发，直接调用 AIR 功能发布为移动版课件，如安卓版和 iOS 版。
- 二是利用 AIR 将已开发好的 Flash 格式微课（SWF），发布为安卓平台可运行的格式。

下面以第一种方案为例来说明具体的操作方法。

7.3.1　制作 Android 版移动微课

第一步，新建项目

如图 7-5 所示，在打开 Adobe Flash 软件的首选页面上，选择"AIR for Android"选项。

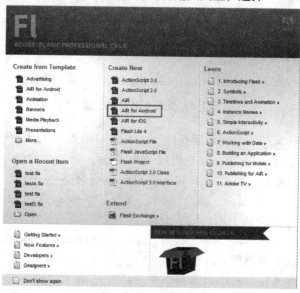

图 7-5　在 Adobe Flash 中新建安卓项目

第二步，制作课件并调试运行

此步骤中与一般情况下的操作没有任何差别，用户只需要按照设计要求完成 Flash 课件的制作，并基于 Adobe Flash 软件进行调试即可。需要注意的是，在开发安卓平台的 Flash 课件时，需要使用 ActionScript 3.0 脚本语言，并且在设计制作过程中应适度简化 Flash 课件的结构及其动画设计，这样一方面可以满足移动设备的容量限制，另一方面可以减少课件打包过程中出错的概率。

第三步，发布设置参数

在完成 Flash 课件的制作之后，需要对其进行发布设置，以满足在安卓系统上使用的要求。如图 7-6 所示。在 Adobe Flash 操作界面中点击 File 并选择 Publish Settings，点击 Player 选项右侧的扳手按钮。

图 7-6　发布设置

之后在弹出界面中进行发布设置。具体设置项及其意义如下。

1. 通用设置（General），见图 7-7。

通用设置的参数包括以下几方面。

- Output：将要输出的 apk 文档名。
- App name：制作应用的 App 名称。
- App ID：应用的 ID，主要用作发布在安卓应用市场（Android Market）上的标识，每次对应用进行更新需要同样的 ID。
- Version：版本号，在安卓市场上更新时需要比前一版的版本号高才可以上传。
- Version label：版本标签，只作显示用。

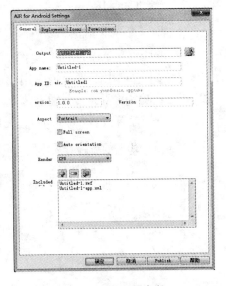

图 7-7　通用设置参数

- Aspect：显示方向，指定应用是 Portrait（直屏）、Landscape（横屏）或是 Auto（自动）。
- Full screen：全屏显示，选中的话应用将全屏显示，否则会保留安卓系统的 Title Bar。
- Auto orientation：是否自动旋转屏幕。
- Render：一般 Flash 都是经过 CPU 进行运算，在移动端上，可以选择 GPU 加速。
- Included：将文件编译成 apk 时，把另外的文件一同打包，如图片等。

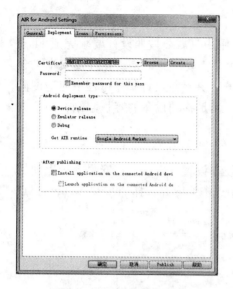

图 7-8 配置的设置参数

2. 配置（Deployment），见图 7-8。

配置的参数包括以下几方面。

- Certificate：验证档，可以选择现有的验证档。也可以点击 Create 生成一个属于自己的验证档。
- Password：验证档密码。
- Android deployment type：用于指定要采用的部署类型，如果想要创建一个发布就绪的版本或者希望预览发布版本的外观，则可以使用 Device release 这个选项；如果想要创建一个用于桌面 Android 仿真器的版本，则可以使用 Emulator release 这个选项；如果想要调试应用程序，则使用 Debug 这个选项。
- Get AIR runtime：如果使用者安装这个 apk，发现没有 AIR runtime 时，会到所选位置下载，预设选择 Google Android Market 即可。

3. 图标（Icons）设置，见图 7-9。

在这个选项中需要上传应用的图标，分别需要 36px×36px、48px×48px、72px×72px 三个版本的图标，分别上传。

4. 权限设置（Permissions），见图 7-10。

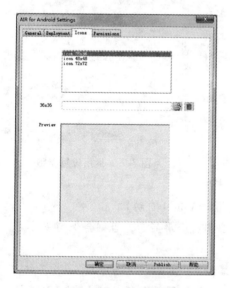

图 7-9 图标的设置参数

图 7-10 权限设置参数

用于指定应用程序为访问特定 Android 设备部件（例如摄像头和 GPS）所需要请求

的权限。然后用户在安装过程中需要授予应用程序这些权限。如应用程序需要使用移动设备的摄像头，则需要点选 CAMERA 选项。

第四步，发布并安装应用程序

在完成发布设置后，点击"发布"（Publish）按钮，Adobe Flash 将在所选文件夹内生成相应文件，后缀名包括 .apk、.fla、.html、.swf、-app.xml 等文件。

其中 .apk 文件就是可以在安卓系统下进行安装的文件，用户利用相关软件或直接将其拷贝至移动设备的存储卡中，并将其打开进行安装。安装完成后，之前制作的 Flash 课件将会以应用程序的形式展现在移动设备中，供用户随时使用。需要注意的是，安卓系统的手机在播放此类课件 App 之前需要安装安卓版的 AIR，用户可以在各大软件商店免费下载安装。

第二种方案，我们可称之为"直接转换法"，即将已经制作好的 Flash 文件发布为安卓格式。

除了如上文所述方法来设计制作 Flash 课件，用户也可以将制作好的 Flash 文件（.fla 文件）直接转为 AIR for Android 格式，如图 7-11 所示，在 Publish Settings 选项中点选 Player，在下拉菜单中选择 AIR for Android 即可。需要注意的是，转换前的 .fla 文件必须是用 ActionScript 3.0 脚本语言设计完成的。

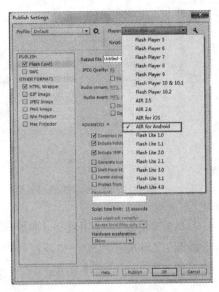

图 7-11　直接转换格式

7.3.2　制作苹果 iOS 版移动微课

在 Adobe Flash 软件中，要想制作可以在 iOS 操作系统下使用的 Flash 课件，与上一节中介绍的制作安卓系统下的课件的基本过程相同，只是在一些具体设置上有所不同。

首先，在新建项目时需要在图 7-5 所示图中选择 AIR for iOS。如果是用 .fla 文件直接转换，则需要在图 7-11 所示选项中同样选择 AIR for iOS。其次，在发布设置中，如图 7-12 所示，"通用"（General）选项中与安卓系统下基本相同，只是需要选择设备（Device），可以选择 iPhone 或者 iPad；在图 7-13 所示的"配置"（Deployment）设置选项卡中，需要上传 .p12 格式的认证档及其密码①，还需要在 Provisioning 处上传 iPhone Dev Center 所下载的 .mobileprovision 文件。设置完成后点击 Publish，发布后会得到 .ipa 文件，将其同步到苹果设备中便同样可以以应用程序的形式在设备中使用制作的 Flash 课件。

需要注意的是，如果之前使用的认证档不是通过注册苹果开发项目得到的，那么之后生成的 .ipa 文件便不能直接在设备中使用，只能在已"越狱"的苹果设备中安装。

---

①　通常情况下，获得此认证档需要加入苹果开发者项目，支付一定数量的费用。当然也可以从网络资源中搜索可用的认证档。

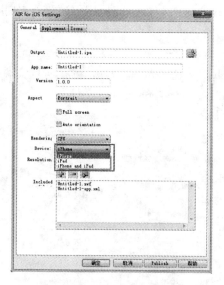

图 7-12　iOS 版的通用设置

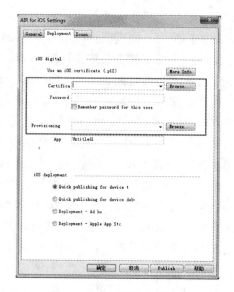

图 7-13　iOS 版的配置参数

与安卓系统下应用程序不同的是，iOS 系统下的应用程序在开发时需要提供一个启动画面。iOS 应用程序在加载过程中显示的启动画面是一个标准组件。关于使用这个初始图像有如下一些基本约定。

- 图像尺寸必须为 320px×480px。
- 在开发和测试期间图像必须采用 PNG 格式，在提交应用程序到 App Store 时必须采用 JPG 格式。
- 图像文件必须命名为 Default.png（测试时）和 Default.jpg（App Store 提交时）且字母区分大小写。
- 图像文件必须位于项目根目录下（与.fla 文件位于相同目录）。
- 图像文件必须添加为项目的一个包含文件（即需要添加到 Included 选项中）。

如果在项目目录下已有 Default.png 文件，则在应用程序加载期间将会自动显示它。与 AIR 应用程序不同的是，它不需要专门编写显示启动画面的代码，它将会自动完成相应操作。

7.4　转换案例：将 SWF 微课转换为 Android 和 iOS APP

实际上，很多情况下我们并不要求学科教师从头开始设计制作一个 Flash 课件。而且，教师也可能找不到想要使用的 Flash 课件源文件（.fla 文件），而只有.swf 格式的 Flash 成品文件，如 Adobe Captivate 所生成的微课和慕课电子课件，就是 SWF 格式。在这种情况下，AIR 同样可以帮助教师们实现微课和慕课课件的跨平台使用。这个功能，使得 AIR 成为 CP 7.0 的一个最佳的移动课件转换技术方案。

以下，我们来看一看，如何利用 AIR 将 SWF 格式的微课和慕课转换为手机和平板电脑上可用的课件。

第一步，创建项目文件夹

在之前安装 AIR SDK 的目录 AIRSDK_ Compiler 下，创建 myApp 目录存放我们的应用，myApp 下面建立 bin，cer，分别用于存放生成的安装包和证书文件。接下来创建 yspp 目录，在其中存放原始 SWF 格式的课件（以"影视批评课程"的课件 MovieCritics.swf 为例），在 yspp 下面创建 icon 目录，存放移动客户端用于显示的图标。

整体的目录结构如下所示。

```
C:\AIRSDK_ Compiler \myApp
├─bin
├─cer
└─yspp
    │  MovieCritics.swf
    │  yspp.xml
    │
    └─icon
          48.png
          72.png
          96.png
```

第二步，创建描述文件

在 yspp 文件夹下创建一个 xml 的应用描述文件，命名为 yspp.xml，在这个文件里面配置应用的启动入口、安卓设备参数、苹果设备参数、图标等重要信息。这个文件非常复杂，我们只需要根据需要做局部调整即可。具体信息可以参考 AIR 官方网站的介绍。

下面是影视批评的描述文件 yspp.xml 内容。

```xml
<?xml version = "1.0" encoding = "UTF-8"?>
<application xmlns = "http://ns.adobe.com/air/application/3.8">
<id>cn.edu.pku.etc.yspp</id>
<versionNumber>1.0.0</versionNumber>
<filename>yspp</filename>
<name>影视批评</name>
<versionLabel>v1</versionLabel>
<customUpdateUI>false</customUpdateUI>
<allowBrowserInvocation>false</allowBrowserInvocation>
<initialWindow>
<content>MovieCritics.swf</content>
<fullScreen>true</fullScreen>
<aspectRatio>landscape</aspectRatio>
<autoOrients>false</autoOrients>
<visible>true</visible>
<renderMode>gpu</renderMode>
```

```
</initialWindow>
<supportedLanguages>zh</supportedLanguages>
<icon>
    <image48x48>./icon/48.png</image48x48>
        <image72x72>./icon/72.png</image72x72>
        <image96x96>./icon/96.png</image96x96>
    </icon>
```

下面是安卓系统的相关信息。

```
<android>
<manifestAdditions>
<![CDATA[
<manifest>
<uses-permission android:name="android.permission.INTERNET"/>
<uses-permission android:name="android.permission.WRITE_EXTERNAL_STORAGE"/>
<supports-screens android:normalScreens="true"/>
<uses-feature android:required="true" android:name="android.hardware.touchscreen.multitouch"/>
<application android:enabled="true">
<activity android:excludeFromRecents="false">
<intent-filter>
<action android:name="android.intent.action.MAIN"/>
<category android:name="android.intent.category.LAUNCHER"/>
</intent-filter>
</activity>
</application>
</manifest>
]]>
</manifestAdditions>
</android>
```

下面是苹果 iOS 系统相关的信息。

```
<iPhone>
<InfoAdditions>
<![CDATA[
<key>UIDeviceFamily</key>
<array>
    <string>1</string>
    <string>2</string>
</array>
]]>
</InfoAdditions>
<requestedDisplayResolution>high</requestedDisplayResolution>
</iPhone>
</application>
```

描述文件主要分三部分，第一部分应用基本信息，包括应用名称、版本号、启动文件、客户端图标等。第二部分是安卓系统信息，包括系统权限配置、屏幕参数等。第三部分是苹果 iOS 系统信息，包括设备类型（iPhone、iTouch、iPad 等），屏幕是否是高清分辨率等。通常情况下，不需要修改后两部分内容，根据 Flash 格式的课件不同，重点修改第一部分内容即可。

用户需要根据具体情况修改的有如下几处：

- xmlns = "http://ns.adobe.com/air/application/3.8" 里面的 AIR SDK 的版本号 3.8 可以根据实际版本修改。
- \<id\>cn.edu.pku.etc.test\</id\> 此处的 id 需要保证其唯一性，一般采用域名倒序的写法。
- \<versionNumber\>1.0.0\</versionNumber\> 此处的版本号可根据实际情况修改。
- \<filename\>test\</filename\> 编译出的文件名。
- \<name\>test\</name\> 应用程序的名称，用来显示在移动终端用户界面上。
- \<versionLabel\>v1\</versionLabel\> 版本的显示名称。
- \<content\>MovieCritics.swf\</content\> 待转换的课件文件名。
- \<fullScreen\>true\</fullScreen\> 是否全屏显示。
- \<aspectRatio\>landscape\</aspectRatio\> 显示方向，横屏或者竖屏。
- \<autoOrients\>false\</autoOrients\> 是否自动旋转显示。
- \<image48x48\>./icon/48.png\</image48x48\> 图标的文件名。

第三步，测试应用程序

在命令行中使用 cd 命令进入之前项目所在的文件夹，随后使用 adl 命令对应用进行测试，如下所示。

```
cd C:\AIRSDK_Compiler\myApp
adl yspp\yspp.xml
```

随后将出现课件在移动设备中播放时的模拟画面，如图 7-14 所示，用户可以通过正常浏览、点击的方式来检测转换后的课件是否存在问题。

第四步，生成验证档

在对应用程序打包之前，需要一个验证档对这个应用程序进行签名。如果是在安卓系统下使用，可以使用前文中已经生成过的 .p12 文件及其对应的密码；如果是在苹果 iOS 下使用，如前文所述，需要加入苹果开发者或者使用非正规渠道的验证档。

也可以通过如下命令生成一个安卓系统下的认证档，并放入 cer 文件夹中。

```
adt -certificate -validityPeriod 25 -cn SelfSigned 2048-RSA cer/Android.p12 123456
```

图 7-14 测试界面

其中 Android.p12 和 123456 是用户所用的认证档文件和密码，需要根据实际情况修改。

第五步，打包签名

使用 cd 命令进入 yspp 文件夹。

```
cd C:\AIRSDK_Compiler\myApp\yspp
```

输入图 7-15 所示命令对文件进行打包，输入第一行命令并按回车后，需要输入认证档的密码，前文中我们生成的 Android.p12 的密码是 123456。随后会出现提示打包已经完成。需要注意，不要遗漏打包命令最后的空格加句点。

```
C:\AIRSDK_Compiler\myApp\yspp>adt -package -target apk -storetype pkcs12 -keystore ..\cer\android.p12 ..\bin\yspp.apk yspp.xml .
password:
testNOTE: The application has been packaged with a shared runtime.
```

图 7-15 打包命令及提示

命令执行结束后，名称为 yspp.apk 的文件就被生成并放入了 bin 文件夹中。此时，全部目录结构和文件如下所示。

```
C:\AIRSDK_ Compiler \myApp
├──bin
│     yspp.apk
│
├──cer
│     android.p12
│
└──yspp
      │  MovieCritics.swf
      │  yspp.xml
      │
      └──icon
            48.png
            72.png
            96.png
```

第六步，安装

用户可以通过 USB 数据线将打包之后的 yspp.apk 文件直接拷贝到安卓设备中，随后打开按照提示进行安装即可，也可以选择第三方软件管理系统进行课件 App 安装。安装后及运行情况如图 7-16、图 7-17 和图 7-18 所示。

图 7-16　课件 App 安装过程

图 7-17　安装后在移动设备上的显示

图 7-18 微课 App 在移动设备上的运行

至此,将一个.swf 格式的 Flash 课件成品重新编译为.apk 文件,并安装到移动设备以供使用的工作就全部完成了。这样,我们就实现了微课和慕课设计的跨平台播放,为学习者提供了更多和更丰富的设备选项。

第八章 微课与慕课的发布平台——U-MOOC

通过以上第三至第八章的学习,从设计和开发工具的角度,学习者已基本掌握微课与慕课的制作方法:从微视频的拍摄与制作,动态图表的设计,到语音动画人物的定制,再到交互式微课的整体架构及跨平台、跨设备的发布等。接下来,我们将进入微课与慕课设计与开发的最后一个环节——网络发布。

毫无疑问,对于教师来说,劳心费力所开发出来的微课或慕课,显然不可能仅运行于教师自己电脑上,或仅在课堂教学过程中向学生们演示,而是要发布在互联网或移动终端设备上,供学习者在不同的学习环境中使用和浏览。既然如此,那么,如何将设计好的课件发布到网上呢?这时,从混合式学习的整体技术环境上来说,正如我们在本书第二章"图2-3"[①]中所提到的那样,网络教学平台,或称之为"课程管理系统""学习管理系统",则是微课和慕课发布的最佳选择。下面将介绍一个适用于普通院校的微课与慕课发布平台——U-MOOC(见图8-1)。

8.1 U-MOOC 概述

文华在线的"网络交互式教学云平台"(U-MOOC),于2014年3月通过教育部教育管理信息中心组织的专家组评议,被认为"设计理念先进、功能全面,符合我国高校教学信息化的实际需求",适用于教学型院校发布微课和慕课资源,对于提升学校的教学信息化水平具有重要价值。

整体来看,该平台功能较完整地覆盖了"教、学、管、考、评、研"诸教学环节,符合教育主管部门有关教学质量工程和教学信息化的相关规定;平台能帮助院校建立学科教学基本状态的数据库,并实现教学质量常态化监控,推动教学量化考核、优质资源共享、教师专业发展等。从这个角度来说,U-MOOC 对于院校实施"高等学校教学质量与教学改革工程"的相关建设工作有一定推进作用。

从教学角度看,在 U-MOOC 平台中,通常至少有三种角色:学生、教师、管理员。学生可以在平台上完成课程学习、作业、考试等一系列自主学习活动。围绕课程教学的实施,教师的主要功能包括进度成绩、班级管理、教学计划、作业管理、考试管理、资

---

① 相关内容参阅本书第二章的2.3节微课与慕课的整体技术解决方案。

源管理等。管理员的主要功能包括开课分班、教学管理、教学评价、权限管理等。教师和学生还可以通过讨论区和消息工具进行在线交流。表 8-1 展示了 U-MOOC 的基本功能。

图 8-1　U-MOOC 首页

从这个技术结构来看，U-MOOC 不仅适合于学科教师来发布和展示所设计的微课与慕课资源，而且更重要的是，能够为基于微课或慕课的混合式学习提供诸多方面的师生互动支持，如作业提交、在线讨论等。

表 8-1　U-MOOC 的基本功能

模块	说明	工具
个人首页	学生和教师登录以后，进入个人"首页"，这里显示了个人课程和班级的动态信息，见图 8-2	学生可查看近期学习课程，通过"继续学习"打开课程学习界面，从上一次退出处开始学习 教师同样可以查看自己的班级和课程，并通过"进度成绩"快速查看学生的学习进度。也可以在"班级管理"中查看学生名单和在线状态，审批学生的加班申请
课程学习	学生可以在此浏览在线课程，见图 8-3	浏览课程中的图文内容，观看视频，完成交互练习，参与课程中的讨论；查看学习进度与成绩，常见问题
进度成绩	教师在此查看班级学生的学习进度和成绩	查看学习进度、成绩策略、汇总成绩，查看和导出学生的行为记录
班级管理	教师可以管理班级与学生	创建新班级，修改班级属性，查看学生名单及在线状态，管理学生分组，批准学生加班申请等
教学计划	教师可以编辑课程内容，设置自主学习和面授教学的计划	添加章节、页面，编辑页面内容，添加作业、考试，调整章节和页面顺序，隐藏章节；设置自主学习计划，设置面授计划
作业管理	教师可以给学生布置和批阅作业	布置作业，查看和批阅学生作业，共享优秀作业等
考试管理	教师可以安排考试，见图 8-4	添加个人试题和试卷，查看共享试题和试卷，安排考试，查看和批阅学生试卷，查看考试成绩分析报告，导出考试成绩等
资源管理	教师可以上传和管理教学资源	上传资源，包括图片、视频、音频、文档等；查看共享资源等

第八章 微课与慕课的发布平台——U-MOOC

以下是 U-MOOC 相关的系统截图：教师登录后的个人首页、课程学习和在线考试等。

图 8-2　教师个人首页

图 8-3　课程学习界面

159

图 8-4　U-MOOC 在线考试界面

图 8-5　U-MOOC 讨论区界面

8.2　U-MOOC 发布微课和慕课

通过以上对 U-MOOC 的介绍，相信读者头脑中已初步形成一个关于教学管理系统功能的概括性认识。不过，具体到各个学科的课堂教学实践过程时，仍然需要授课教师根据自己的学科特点、教学内容和个性化的教学理念，来决定具体的应用模式与操作方法，教学工具的功能是固定的，但应用方式则需要教师的灵活把握与个性化运用，正所谓"运用之妙，存乎一心"。

在这种共识基础之上，对于学科教师来说，可能更多需要考虑的是，如何将这种教育改革思想和理念落到实处。换言之，我们在前面几章中颇花费心思而设计出来的交互式微课和慕课，究竟如何应用于混合式学习的技术平台——U-MOOC 之上呢？这正是下面将要介绍的核心内容。

8.2.1 创建基于微课的混合式课程

正如前面所介绍的，当学校将 U-MOOC 作为全校统一应用的教学管理系统建立起来以后，对于普通学科教师来说，在这个平台之上创建自己的课程，则会变为技术门槛相对较低的工作。教师只要事先准备好了相关的教学内容，如电子版教案、讲义、图片、音视频素材、参考文献、试题和作业等，或根据本书前面介绍完成交互式微课和慕课的制作。然后，借助 U-MOOC 平台的支持，学科教师只需要具备基本信息素养和操作技能，就可以完成自己微课和慕课的网络发布工作，并很快将之应用于自己的混合式学习之中。

这也正是基于课程管理系统的混合式学习当前在国际上盛行的一个关键原因——该技术架构有效地降低了普通学科教师在教学中使用新技术的门槛，使他们不必再去学习和掌握各种复杂的与学科教学本身关系不大的技术工具，而只需要将教学的重点放在如何运用之上。

实际上，在 U-MOOC 平台中，教师创建课程网站的流程如图 8-6 所示，简单明了，操作快捷。当然，如果想要使之与自己学科教学实现"无缝"连接，或以往所说"整合"，甚至"融合"，则还需要教师们在教学实践中不断学习和探索，从中总结出符合自己教学特点的混合式学习应用方法。

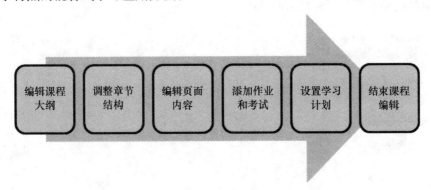

图 8-6　在 U-MOOC 中创建课程的流程图

下面以 U-MOOC 作为案例，介绍创建混合式学习课程的基本操作方法。首先，需要说明的是，在 U-MOOC 中所创建的任何课程，在默认状态下都是"封闭的"，即无论教师还是学生，都需要账号和密码方可登录和查看教学内容。登录之后，由于权限的不同，教师登录之后可以对课程内容进行编辑，而学生通常只能浏览或在讨论区中提出问题。因此，教师需要具有系统的登录账号方可编辑自己的课程。

图 8-7　U-MOOC 平台"通识课"登录界面

U-MOOC 的课程采用开放式的课程框架，教师可以基于课程默认的互动教材，在课程中插入作业、考试等教学活动，并为这些教学活动安排教学计划。

登录系统后，如图 8-8 所示，进入"教学计划"页面，选择需要编辑的标准课程，即可看到课程大纲。教师可在默认的课程大纲基础上，添加章、节、页面或教学活动；也可以通过拖动调整章节和页面的顺序。

图 8-8　课程编辑界面

新增的页面，教师可以进行编辑或者删除。如图 8-9 所示，点击页面上的编辑按钮，可打开内容编辑器，编辑教学内容。

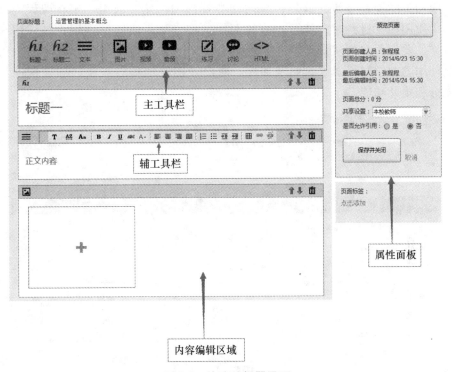

图 8-9　内容编辑器界面

在 U-MOOC 中，内容编辑器为教师提供了一个可视化的互动教材编辑工具，操作十分简单。内容编辑器的界面主要由如下三个区域构成。

- 主工具栏：提供了各种内容"组件"。教师点击工具栏中的各个组件，在内容管理区域就会自动插入一个对应的内容区块。这里提供的工具包括文本以及图片、音视频等媒体组件，还有练习、讨论等交互组件。
- 内容编辑区域：教师可以在这里编辑教材内容，比如添加文字、插入图片等。在每个内容区块上方，还有一个辅工具栏，提供更多辅助操作，例如设置文字格式、添加链接、上下移动内容区块，或删除区块等。
- 属性面板：显示页面的更新信息以及属性设置。

当前页面的内容编辑完成以后，教师可以点击属性面板中的"预览页面"按钮，查看页面在学生端呈现的效果；也可以点击"保存并关闭"按钮，保存当前页面。

在页面中插入图片、视频、音频等媒体素材时，既可以直接从本地上传，也可以从资源库中选择已上传的素材。从本地上传的媒体文件，同时也会自动保存到资源库中。在页面中插入练习时，则是从题库中选择已有的试题。在页面中还可以插入讨论话题，引导学生就教学内容本身进行有意义的讨论。

为方便教师在页面中插入资源，U-MOOC还为教师提供了在线的资源管理工具。如图8-10所示，资源管理实际上是一个网络资源库或网络硬盘，用户可以将各种与课程教学相关的资源上传到这里，分门别类管理和存储。当用户想在课程内容的某个页面中使用相关材料时，就可以直接调用，将之插入或链接到用户的课程内容之中。这样，要比每次都从自己的计算机中上传文件方便得多，尤其是对那些可能需要重复使用的教学材料来说，更是如此。所以，建议教师们在设计和制作课程内容时，充分利用此功能。

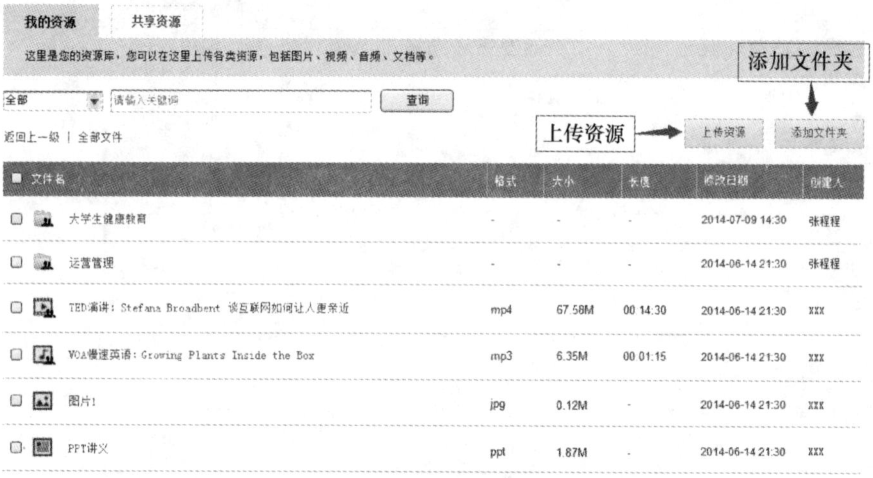

图8-10 资源管理界面

简单来说，内容编辑器就是为教师们提供一系列向课程页面添加各种自主学习内容的方法，包括阅读性和浏览性的图文、视音频内容，也包括可获得及时反馈的练习，以及互动式的讨论等。

除了这种供学生自主学习使用的教学内容以外，教师还可以利用U-MOOC的开放式课程结构，在课程中穿插一些其他的教学活动，例如作业、考试、问卷调查等。这些活动主要是用来检查教学或学生自主学习的效果，了解学生的知识和技能掌握情况，以便教师随时了解学生的学习进度。相对于传统课堂教学来说，这种在线测验或提交作业的方式，在一定程度上方便了教师了解学生学习情况，因为教师可以随时方便地设置测验题目并施测，不必受试卷印刷等硬件环境的影响。尤其是对于以客观题型为主的在线测试来说，也省去了教师考后阅卷的负担，能相应提高教学的效率。

U-MOOC为教师提供了一个完整的课程框架，从课程大纲、论坛、通知、作业和考试布置、提交和成绩管理等，应有尽有。作为一名普通学科教师来说，目前U-MOOC提供的在线教学工具，完全能满足日常教学的需求。究竟在自己的课程中使用哪些工具、添加哪些内容，教师需要根据自己的教学风格、学科特点和学生情况来具体选择和使用。

以上就是教师基于标准课程创建自己的个性化课程的方法和流程。那么教师如何创建一门全新的在线课程呢？实际上，为了方便院校在日常教学过程中，将教学与教研的角色区分开来，默认情况下，普通教师并没有创建一门全新课程的权限。但是，院校管理员可以根据实际教学的需要，为教师开通课程管理的权限。

拥有内容管理权限的教师，要创建一门新的课程，首先要切换到拥有内容管理权限的角色，例如"课程组长"。如图 8-11 所示。由于各院校的角色和权限由院校管理员自行设置，因此不同院校拥有此权限的角色名称可能不尽相同。

图 8-11　教师登录后切换角色界面

角色切换成功以后，教师可以看到顶部的导航菜单也发生了变化。首页进入"教材管理"页面，在"我的教材"子菜单中列出了教师参与编辑的所有教材。列表中显示了课程的基本信息以及发布状态。教师可以点击右上角的"添加新教材"按钮，添加一个新的互动课程，也可以点击已有课程的标题或是操作中的"编辑"按钮，编辑已有的课程内容。课程内容的编辑过程与前面讲过的课程大纲的编辑过程非常类似。

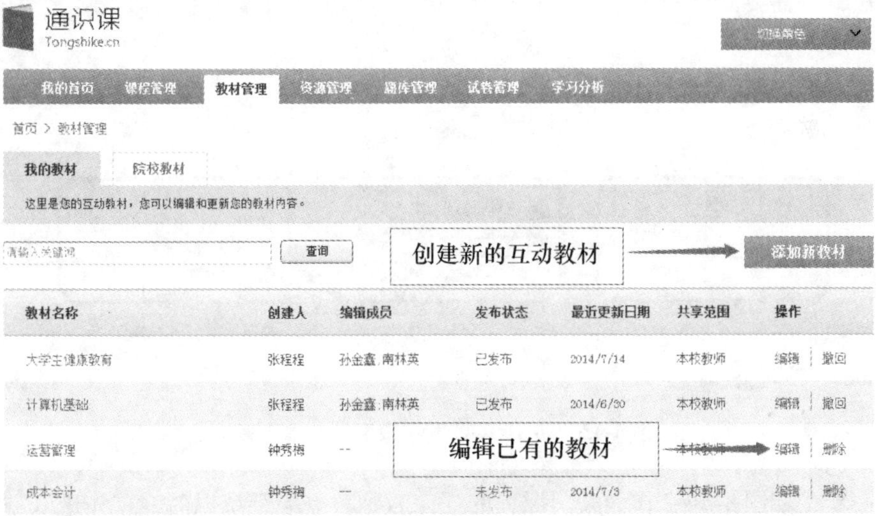

图 8-12　教材管理界面

课程内容编辑完成后，教师需要先发布课程内容，然后在"课程管理"中"添加新课程"，并为课程指定对应的教材。内容管理除了可以对课程和教材进行管理以外，同样可以管理资源、题库和试卷。当然，U-MOOC 也为教师提供了大量共享的资源和试题，教师可以直接引用，也可以将自己的资源和试题共享给其他教师。

总之，从上述创建课程的基本操作流程可以看出，对于学科教师来说，只需要经过数个步骤就可以轻松创建自己的在线课程，规划和组织好课程的教学内容和材料，并利用 U-MOOC 提供的各种教学工具来组织教学活动。对于具备基本信息技术素养的教师来说，这并非难事。实际上，从以往应用经验来说，困难不在于创建和编辑课程，而更多的是在于如何在教学中使用微课和慕课。换言之，如何将在线课程与课堂面授教学相互"混合"起来使用。这可能才是教师们面临的教学难题，需要花费更多的心思去探索和设计。

8.2.2 上传和发布交互式微课

在 U-MOOC 上创建在线课程时，当然不能忽略我们前面开发出来的交互式微课和慕课。正如前面所强调的，对于伴随着互联网成长起来的年轻一代学生来说，图片、视频、即时通信工具、搜索引擎等，已成为他们生活的必然组成部分，即使在学习过程中也是如此。不难想象，如果教师设计出来的课程与传统的教科书或教参一样，仅由文字、图表等静态素材和内容构成，显然对"网络一代"的学生来说是缺乏吸引力的。对于那些在网上已经看惯了丰富多彩的动画、视频和逼真的网络游戏画面的学生来说，要想满足他们对课程网站的内容与形式的期待值，无疑是一件相当有挑战性的工作。这里，我们在本书前面章节所介绍的交互式微课，有可能使学生看到后眼前一亮，激发起他们的学习动机。

如图 8-13 所示，以下将向大家介绍在 U-MOOC 平台上传和发布交互式视频课件的操作方法，只需要简单的 3 步，就有可能为教师的微课和慕课锦上添花，更富有吸引力和展示度。

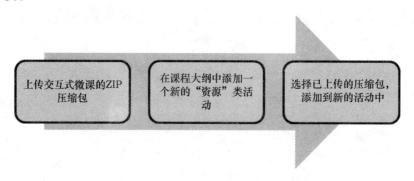

图 8-13　U-MOOC 发布微课的基本步骤

第一步，如图 8-14，作为某门课程的任课教师，登录系统以后，首先进入"资源"页面，单击"添加文件夹"，新建一个用来保存所上传课件的文件夹（如名为 IVC-Demo），并进入该文件夹。随后，点击"上传资源"按钮，在弹出的对话框中，选择"上传课件包"。最后点击"浏览"按钮，并在弹出的对话框中选择所设计的交互式视频课件压缩包的保存位置，选中后上传。

当课件的 ZIP 包成功上传后，系统将会自动解压并在资源文件夹中显示出压缩包内的所有文件。

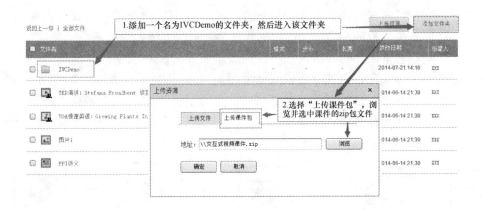

图 8-14 上传交互式视频课件压缩包

第二步，如图 8-15 所示，在课程大纲中点击"添加活动"，活动类型选择"资源"。课程大纲中会新增一项活动。点击活动中的"选择资源"按钮，在弹出的对话框中进入已上传的 zip 包，选中 IVC Demo 的首页文件后提交。

图 8-15 在课程大纲中添加一个"资源"活动

最后点击"添加"（见图 8-16），将课件添加到课程大纲中。这样，整个交互式微课的上传工作就完成了！当学生单击此标题时，视频课件将会自动开始播放，向学生们展示一个声像俱全、栩栩如生的动态教学课件，感受一种全新的学习体验。

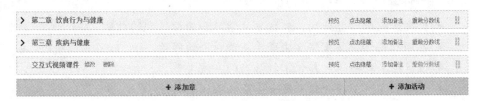

图 8-16 插入交互式微课后的课程大纲

8.3 基于微课的混合教学模式

就我们对国内混合式学习应用与发展现状的了解来说，如果一所学校能够向学科教师提供 U-MOOC 教学系统的服务，使之有机会创建自己的在线课程；同时，教师还能接受本书所介绍的"交互式微课"设计与开发培训，具备相应的技能。那么，在当今国内混合式学习的改革实践中，这所学校的教师已榜上有名。进一步，如果教师还有机会学习后面所谈到的基于U-MOOC教学平台+交互式微课的混合式学习模式,那么,毫不夸张地说,教师在当前国内的混合式学习实践中已名列前茅。

这里,根据教学设计的基本理念与以往教学实践的经验总结,我们提出一个"U-MOOC + Micro-lecture"混合式学习模式(见图8-17),为各学科教师们提供一个基本设计思路。以此为基础,教师们可以根据自己的学科特点、教学特长和技术水平自行在教学实践中修订和选择使用。在遵循混合式学习原则基础上,每一位老师都有可能摸索出一种个性化的教学实践方案来。

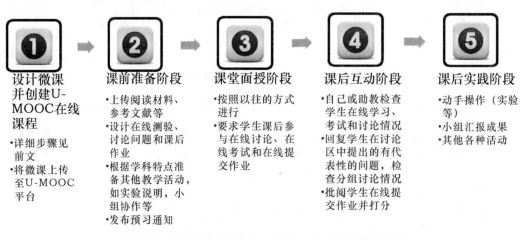

图8-17 "U-MOOC + Micro-lecture"混合式学习模式

首先,教师需要利用前面所介绍的微课设计与U-MOOC使用方法,来为自己的课程创建一个在线课程,然后根据教学大纲来创建不同的教学章节和页面,并将各种教学内容(阅读材料、参考文献、实验说明、课后作业等)上传至资源库中,最后在各章节的页面中编辑好自主学习内容,并插入相关资源的链接。

此外,教师还需要完成以下课前准备工作。

- 设置课程的学习计划,包括自主学习和面授课堂的计划。
- 在课程论坛中发布供学生课后在线讨论的问题。
- 设计用来检查学生知识掌握情况的在线考试。
- 为全班学生创建分组并布置小组任务(可选)。

然后,教师就可以通过U-MOOC平台的"消息"功能向学生们发布课程预习通知,让他们在课前浏览自主学习内容,以便对下一堂课的内容能有所准备。这里需要提醒的是,建议教师们可以利用U-MOOC的隐藏功能,在上课前一天或半天再显示自主学习内容,不要过早显示,以防止学生因了解下一节课的教学内容而出现缺课现象。学生们通过U-MOOC平台的手机客户端也可以随时随地接收到教师发布的通知。

完成以上准备工作之后,可以说就完成了混合式学习的第一个阶段:在上课之前就通过U-MOOC在线与学生进行沟通与交流,使学生对随后的教学内容能够提前有所了解和准备。正所谓"预则立,不预则废",学生课前是否预习,对于课堂教学效果大有影响。但在传统的教学模式下,教师虽然可以提前要求学生预习,但很难对学生行为进行干预。相反在混合教学模式下，不仅可以通过平台的学习记录进行检查和跟踪，还可以通过多种网络工具来提醒和督促。

在课程面授阶段，教师仍然可以按照自己的教学习惯来组织和实施课堂教学，不必做任何改动。不过，在结束课堂教学之前，还需要教师向学生布置课后的问题讨论、考试和作业等，见图8-18和图8-19。在混合式学习中，这些工作都要求学生在课后通过在线的方式来进行，并不需要占用课堂教学时间。通过这种方式来延伸教学时间，同时也使教师在一定程度上能够利用U-MOOC这种教学工具来对学生的课后学习行为进行监控。因为教师可以通过学生在讨论区、考试和作业中的表现，了解学生对课堂教学的知识掌握情况。而在传统教学中，这显然是很难做到的，或是需要较高的时间成本才能够做到。现在利用U-MOOC，则可以轻易实现。

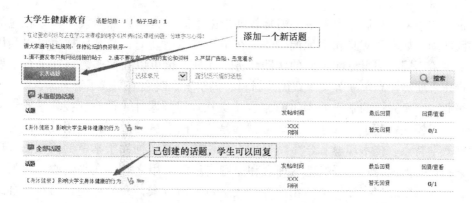

图8-18　在论坛中创建课后讨论问题

图8-19　要求学生课后完成在线作业

值得一提的是，U-MOOC可以为各个班级的学生创建分组，方便学生完成协作学习。尤其是对于班级规模较大的教学来说，利用此功能可将全体学生划分为不同的学习小组，并给他们分配不同的学习任务，实现组内的协作学习和组际竞争学习。这种在线式的小组学习方式，对于培养学生的协作能力的精神很有帮助，同时也可以有效地提高教师的教学管理效率，利用不同小组的组长来负责本组的学习活动。

除了使用U-MOOC提供的各种在线互动工具以外，交互式微课此时也可以成为学生课后自学的重要工具，为学生提供一种互动性强的在线学习方式。

在要求学生们课后在线讨论、考试和小组学习之后，作为教师，也需要做一些相应的教学管理工作，如利用U-MOOC平台中的"进度成绩"来对学生的各种在线学习活动进行监控。进度成绩的内容包括以下几方面。

- 学习进度：它显示所有学生的平均学习时长，已完成的人数，未完成的人数；学生在各章节的完成情况和参与情况。
- 学习分析：它显示所有学生的各类行为的统计数据，以及每个学生在线学习的行为轨迹。
- 成绩汇总：它显示了按照预先设定的多元化的成绩评价指标，汇总计算得出了学生的总成绩。

此外，教师或助教也需要经常登录平台，回答学生们在论坛中提出的各种问题；查看和批阅学生或小组所提交的作业并给出相应的作业成绩及修改意见，系统将会自动反馈给每一位学生。

混合式学习的最后一个阶段，则是教师根据不同学科的特点再设计一些相应的教学实践活动，如动手实验和实地调研等。在组织这些活动时，教师同样也可以利用分组功能，给不同的小组分配不同的实践任务。此外，也可以在实验之前在平台上发布实验操作手册和注意事项等文字或图片材料，供学生实践之前阅读了解。

至此，一个完整的基于 U-MOOC 平台 + 交互式视频课件 + 课堂面授教学所组成的混合式学习模式就基本完成了。需要强调的是，不同学科的教师在使用此模式时，需要根据教学特点、技术环境和学生情况而有所调整，不必拘泥于本章的流程图。还是那句话：在掌握混合式学习的基本理念和原则之后，运用之妙，在乎一心，教师可以基于自己的教学思想来提出个性化的混合式学习实施方案，充分体现自己对混合式学习的理解。

第九章 基于课堂面授的互动反馈系统——Clicker

在本书的第一章谈到混合式学习时,我们就曾强调,作为各种教学技术在课堂教学中应用的基本指导思想,无论是微课、慕课,还是翻转课堂,其应用基础都应该遵循混合式学习的理念,重视新技术支持下的在线学习与课堂面授之间的相互结合。我们的基本观点是,对于全日制的学校来说,在当前及可以预见的未来数十年中,任何一种基于技术的教学组织形式,都只能是课堂面授教学的辅助形式,而绝不可能喧宾夺主,成为占据主体地位的教学组织模式。即使对于当前被过度热炒的慕课来说,同样也是如此——将之视为一种展示研究型大学的学术风采是一回事儿,不妨可以玩出若干新花样来,吸引公众的眼球,提高大学的知名度。但若是想将之纳入大学的常规教学计划,接纳全世界各地任何一名学习者并承认其所修的在线学分,那恐怕就完全是另一回事了。

基于上述理念,我们认为,作为学科教师来说,无论你的微课或慕课设计得交互性如何强大,如何能够吸引学习者的眼球和兴趣,但在实际的教学实践之中,教师们显然是无法摆脱课堂面授教学这一核心环节的。既然如此,我们在选用教学技术工具时,就不能仅盯着那些基于教学资源设计的技术手段,同时也应该更多地选用一些能够在课堂现场教学中提升师生之间交流与互动的技术工具。所以,本章就向各位教师介绍一种操作简单、便携实用的用来促进课堂面授的交互式教学工具——课堂互动反馈系统。

相关研究资料显示,"互动反馈系统"(IRS)[①] 或称Clicker,被认为是目前国外学校正在逐步推广应用的一种旨在提高课堂教学中师生互动频率和反馈效果的代表性工具哪图9-1所示。有研究者(Carmen Fies, 2006)指出,"'互动反馈系统'目前在教育领域正逐步普及,无论是在大学教室里,还是中小学,或者非正式学习环境下,它都随处可见。它不仅可用于收集学习者的过程性或积累性评价数据,同时也能用于了解学生关于某

[①] 目前,互动反馈系统(Interactive Response System,简称IRS)的术语并不统一,在国外教育技术研究界有各种名称:Audience Response System(ARS),Classroom Communication System(CRS),Electronic Response System(ERS),Classroom Performance Systems(CPS),Interactive Learning System(ILS),Personal Response System(PRS),Interactive Response System(IRS)等。通常,学生反馈系统(SRS)和交互式反馈系统(IRS)使用频率较高。此外,在不同国家其名称也有所区别,美国和中国港台地区通常称之为"Clicker"或"key-pads";而在英国则通常被称为"handsets"或"zappers"。在国内通常称之为"按按按"。

些知识或对某问题的态度与看法的相关信息"[①]。

作为本书所提出的交互式微课和慕课解决方案的组成部分，我们将这种能够为面授教学提供即时性信息交流的小型便携式硬件设备，作为一种具有不可替代作用的课堂环境下的互动设备。这种设备的一个突出特点，就是能够在课堂面授环境下，不必依靠互联网，仅通过一些便携简单的投票器，来实现教师与学生之间的面对面的实时信息互动，从而实现课堂环境下的可视化师生互动。如图9-1所示。

图9-1 课堂交互反馈系统应用图

9.1 交互反馈系统简介

技术上，"互动反馈系统"（IRS），是指一种在班级教学环境下用于实现教师与学生之间交流与沟通的电子管理工具，一般由常规的多媒体教室（包括计算机和投影机等）、学生遥控发射器、接收器和相应的管理软件组成，它的主要目的在于让教师及时获得学生对所学内容的知识掌握情况或意见反馈。

其应用模式如图9-2所示：教师利用计算机和投影机在课堂上呈现所讨论的问题及选项，每一名学生则可按动手中无线（Wireless/IR/RF）遥控器上的数字按钮，来回答并发送答案。当全体学生回答完毕后，系统会实时自动收集和统计反馈数据，并以图表等形式在投影幕上呈现。同时，利用后台的数据管理系统，IRS可在学生人数众多的大班教学环境下迅速发布、收集、统计和呈现各种教学信息，如课堂问题讨论、教学测验和教学效果评价等。此外，在联网条件下，每一名学生的数据都会被自动记录并存储在数据库中，或者将学生的反馈数据上传或输出至网络教学平台（如上述U-MOOC）。

[①] Carmen Fies1, and Jill Marshall（2006）. Classroom Response Systems: A Review of the Literature [J]. Journal of Science Education and Technology, Vol. 15, No. 1, March 2006.

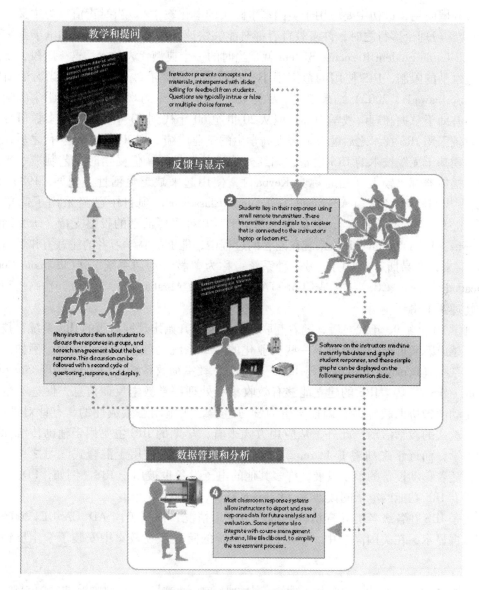

图 9-2　IRS 教学应用的流程图

实际上，IRS 并不是一种刚出现的新技术，早在十年之前，美国研究者布兰斯福德（Bransford etc. 2000）就曾指出，基于 IRS 教学互动技术的教学方式将可能成为促使课堂教学转变为以学习者、知识、评价和社区为中心的重要推动力量之一[①]。有研究资料（Judson and Sawada，2002）表明，IRS 技术的前身早在 20 世纪 60 年代就已经开始在高

[①] Bransford, J., Brophy, S., & Williams, S. (2000). When computer technologies meet the learning sciences: Issues and opportunities. Journal of Applied Developmental Psychology, 21 (1), 59-84.

等教育领域使用，最初主要应用于美国军事院校的电化教学①。当时正值行为主义和刺激-反应学习理论盛行之时，许多教育者都对能够快速反馈师生正确结果的电子系统很感兴趣，Litton Student Response System 就是当时的一个典型代表技术。这一阶段，受技术发展水平的限制，IRS 使用的范围很小，在技术上都是有线传递信息。当时的研究（Judson & Sawada, 2002）结果表明，尽管 IRS 受到了学生的欢迎，提高了学生的学习兴趣并有助于掌握和理解教学内容，但从 20 世纪 60 年代到 70 年代期间，多数研究都没有发现采用 IRS 技术之后能够显著提高学生的学业成绩。到 20 世纪 80 年代之后，则开始出现基于无线技术的 IRS 设备，如红外传递的摇控器。但受当时工艺制造水平的限制，摇控器都比较大（当时称为 Keypad），使用起来缺乏灵活性。例如，1985 年，IBM 在"高技术教室"（Advanced Technology Classroom）项目中已经采用了简单的 IRS，称为"学生反馈系统"，它最初主要用于对几种主要活动的投票支持。研究结果（Horowitz, 1988）显示：IRS 系统在问答的过程中，能够提高学习者的注意力和学习效果。②后来，路易斯等人发明了另一种系统，称为"教室沟通系统"（Classroom Communication System, CCS），它是 CLASSTALK 的原型（Abrahamson, 1999），在高校和大学的物理课中得到应用。③

到了 20 世纪 90 年代之后，随着互联网的普及，开始出现网络版的 IRS 系统，技术也越来越成熟和可靠。近年来，一些商业化的 IRS 系统已经被开发和应用。例如：个人反馈系统（Personal Response System, PRS）④，教室绩效系统（Classroom Performance System, CPS）⑤ 等。IRS 的建立能够有效收集和处理课堂教学反馈信息，促进学生的学习主动性，协助教师即时调控学生的学习进程，实施动态生成性的、有针对性的、因材施教式的教学活动。此外，从应用方式来看，早期的 IRS 主要用于辅助传统面授课程教学，而近年来随着 E-learning 的发展，IRS 也开始被用于混合式学习之中。此外，伴随着移动设备的不断发展，许多其他的电子设备也被用于 IRS，例如，PDA、手机和带有 IRS 功能的电子阅读器等（Carmen Fires, 2006）。

关于 IRS 在各级各类教育机构的推广与应用情况，根据美国 ADUCASUE⑥2008 的调查数据显示，在美国高校中，平均约有 6.4% 的院校已在教室中安装了学生反馈系

---

① Judson, Eugene and Daiyo Sawada. (2002). "Learning from Past and Present: Electronic Response Systems in College Lecture Halls." Journal of Computers in Mathematics and Science Teaching, 21 (2): 167-81. Retrieved 19 February 2010 from: ttp://www.aace.org/dl/files/JCMST/JCMST212167.pdf.

② Horowitz, H. M. . Student Response Systems: Interactivity in a Classroom Environment [R], IBM Corporate Education Center, 1988

③ Abrahamson, Louis . Teaching with Classroom Communication System - What it Involves and Why it Works [A]. Invited paper presented at the 7th International Workshop " New Trends in Physics Teaching" [C]. Puebla, Mexico, May 1999, 27-30.

④ Cue, Nelson. A Universal Learning Tool for Classrooms? [A]. Proceedings of the "FSRSt Quality in Teaching and Learning Conference" [C]. December 1998, 10-12.

⑤ eInstruction. Classroom Performance System [EB/OL]. http://www.einstruction.com, 2003.

⑥ EDUCASUE 是由两个成立于 20 世纪 60 年代的专业协会 Educom 和 CAUS 于 1998 年合并而成，位于美国科罗拉多州，是一个专注于高等教育信息化的非政府组织，自 2001 年 10 月起负责管理全美国的".edu"域名，仅授予通过认证的高等教育机构。

统。其中，研究型大学的安装比例最高，达到15.4%①。其中包括美国的哈佛大学、康奈尔大学、布朗大学等700余所高校。例如，美国科罗拉多大学发布的一项研究报告（Christopher Keller，2009）显示，在物理系和相关学科的教学过程中，利用IRS来进行课堂概念理解测验已经成为教学的重要组成部分。② 在不同院系中，使用IRS的课程数量也在不断增加中，最多的系已超过10门课程以上。

关于IRS在我国的应用，相关研究资料显示，IRS在我国台湾地区的起步比较早。早在1995年，台湾中央大学开始研究教学中的反馈环节如何与技术整合问题。2000年，台湾地区由台湾大学牵头，15所小学参加项目实验，开始进行地方政府的推广工作。2002年，"EZClick（IRS）"在台湾地区150所小学的1000多个实验班普及应用。2004年，在台湾地区已拥有2000多个实验班；至2006年台湾地区的IRS应用进一步普遍，甚至在某些学校达到了人手1机。③

在中国大陆地区，自2002年开始，有研究者启动了"十五"重点课题"引进信息反馈构建互动教学模式的研究"，共有50多所课题实验学校参加。④ 该课题以"1：1技术增强学习"的理念为指导，从IRS在课堂教学中的应用小测验入手，含有IRS支持下的互动教学的理念、方法及相关教学模式，并提出"以师为中心"和"主导主体"（双主）的两种互动教学模式。2006年，中央电教馆正式立项的国家重点"利用互动技术发展社会化学习网络的研究"是"十一五"全国教育技术重题，该课题在2006年到2010年的五年间在国内中小学中进一步对IRS的应用做深入的研究。⑤

9.2 IRS教学效果综述

自20世纪90年代以来，国外许多研究者开始关注"学生反馈系统"在高校中的应用效果及使用方法等问题。经过文献检索，以下列出了笔者检索出的近年来国外发表的IRS研究文献（见表9-1）。

表9-1 国外有关IRS的相关研究文献及研究方法

研究者	测量	访谈	问卷	测试结果	观察记录	反思
Boyle et al., 2001		×	×			
Bullock et al., 2002		×	×	×		
Cue, 1998	×					
Davis, 2003		×			×	

---

① Pam Arroway and Bhawna Sharma. EDUCASUE Core Data Service Fiscal Year 2008 Summary Report [R]. 2009, 9, http：//www.aducause.edu.
② Christopher Keller (2009). Classroom Response Systems (Clickers)：A Literature Review.
③ 据研究资料介绍，目前台南市镇海国小学已达到此水平。
④ 林建祥，潘克明. 互动反馈教学培训教材 [M]. 北京：北京松博科技有限公司2010年资料.
⑤ 李雨. 利用互动技术发展社会化学习网络的研究 [C]，北京"十一五"全国教育技术研究重点课题课题通讯，2006.

续表

研究者	测量	访谈	问卷	测试结果	观察记录	反思
Dufresne et al., 1996		×	×		×	
Fies, 2005	×			×		×
Ganger and Jackson, 2003	×					
Hall et al., 2002	×					×
Mestre et al., 1996	×					
Nicol and Boyle, 2003	×	×	×			
Paschal, 2002	×			×		
Poulis et al., 1998	×					
Reay et al., 2005	×			×		
Woods and Chiu, 2003	×					

注：表中×表示该研究采用了某种研究方法。资料来源：笔者根据文献整理

以下将从 IRS 对学生出勤率、学习成绩、教学内容和师生关系等方面，来具体介绍国外的研究成果。

9.2.1 提高学生的出勤率、记忆和成绩问题

有研究结果（Van Dijk et al., 2001）表明，互动反馈系统可以有效地提高学生在课堂上的学习注意力[①]，统计数据显示，如果在教学中使用 IRS，学生通过投票器来参与问题回答的可能性要增加 2 倍。同时，如果学生的回答还能获得分数的话，则这种可能性还会更高。不过，也有研究结果显示，由于多数教师认为在课堂中增加同伴讨论和分组学习会导致课堂难以有效控制，因此，IRS 与传统课堂结合时，需要充分考虑到讲授式教学内容与互动活动之间的相互平衡问题，例如在传统讲授式课堂中的应用（教学内容多而交互活动少）和协作学习式课堂中的应用（教学内容少而互动活动多）时，IRS 的应用方法和策略是有所区别的（Van Dijk et al., 2001）。

多位学者的研究（Jackson and Trees, 2003）表明，在课堂教学中，当互动反馈系统的应用与学生的成绩相联系的话，尤其是当 IRS 成为日常课堂教学的组成部分之后，其应用将会提高学生的出勤率。[②] 例如在一项实验（Burnstein and Lederman, 2001）中，一名物理老师发现，当课堂使用 IRS 测验的分数占整个课程成绩的 15% 或更多时，学生的出勤率可以提高至 80%～90%；而且，学生们会在课堂上更加重视测验，会更

---

① VanDijketal. Justin Time Teaching [N/OL]. http://faculty.uoit.ca/kay/papers/arsrev/AppendixA_Labels.pdf 2001 [Accessed 17/05/11].

② Jackson and Trees. Clickers in the Large Classroom: Current Research and Best-Practice Tips [C]. CBE Life Sci Educ, 2003.

加积极主动地参与课堂测验活动。[1]

图 9-3 显示了在一项研究中当使用 IRS 的课堂测验分数占总成绩 10% 时的学生出勤率情况；不过，也有研究者发现，当 IRS 课堂测验分数占课程总成绩的比例在 5% 以下时，其应用对学生出勤率的影响微乎其微。总的来说，这些使用经验似乎表明，将课程交互活动与成绩相互联系，是提高学生对教学活动重视程度的有效方法。

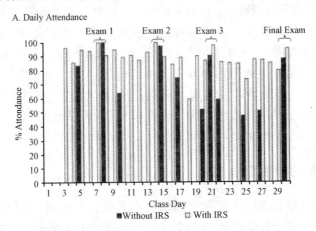

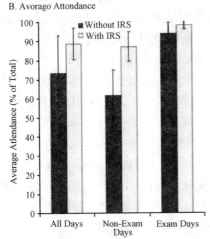

图 9-3　IRS 对学生出勤率的影响

数据来源：Jane E. Caldwell（2007）. Clickers in the Larege Classroom: Current Research and Best-Practice Tips, Vol. 6, Spring 2007.

图 9-3 的数据同样显示了 IRS 在数学课教学中对学业成绩的积极作用：它的应用使获得 A 的学生数量提高了 4.7%，并降低了 3% 的退课率，同时也降低了学生获得 D 和 F 分数的比例，约为 3.8%。这些研究结果表明，在教学过程中积极和适当地使用 IRS，可以至少提高某些学生的学业成绩，同时也可以降低成绩不及格学生的比例。这些发现与西

---

[1] Burnstein, R. and Lederman, L.（2001）Using Wireless Keypads in Lecture Classes The Physics Teacher, 39 pp8-11. [N/OL] http://www.replysystems.com/pdfs/benefits/24.pdf [Accessed 03/01/09].

弗吉尼亚大学（WVU）J. Zelkowski 在数学课的观察结果一致：班级中前四分之一的学生成绩获得提高，同时也能够提高中午课程（而不是上午课程）的出勤率。[①]

另一方面，也有研究（Caldwell et al., 2006）表明，交互反馈系统的应用也可能会降低学生的退课率（attrition rate）。通过对比 2 个班级（分别使用和未使用 IRS）在学期开始与结束时的出勤率，数据显示，在使用 IRS 的班级中，没有参加期末考试的学生比例为 4%；而未使用 IRS 的班级中，没有参加期末考试的学生比例则达到 8%～12%。

对于这种现象，笔者认为，一个解释是，教师每次上课都使用 IRS 来提问促使学生出勤率提高。当学生意识到教师每次上课都要使用 IRS 来进行测验并记录分数时，多数学生会事先做比较充分的预习和准备。可以设想一下，如果学生在上课时如此花费时间去认真地预习、准备并参加测验，那么，从成本效益角度来说，他们通常都会最终选择参加期末考试并获得成绩，而不会像未使用 IRS 班级的学生那样轻易选择放弃考试——因为这些学生本来就对课程没有投入很多精力和时间。

9.2.2　教学内容的覆盖范围问题

大多数有关交互反馈系统应用效果的研究都表明，由于利用 IRS 组织活动占用了教学时间，因而导致课堂教学内容的减少（Burnstein and Lederman, 2001）。不过，也有学者（Elliot, 2003）指出，这种教学内容的减少可以在其他方面得到"补偿"，例如，学生在理解力方面的增强，教师能够及时发现学生学习中的困难，以及教师对教学进程和步骤是否符合学生情况的及时了解等。[②]

解决此问题的一个方案，是在教学过程中使用"脚本"或教学大纲。在一项有关混合式学习的研究（d'Inverno et al., 2003）中，教师利用课程管理系统（网络教学平台）来向学生提供教师部分教案的大纲内容，而这部分内容将会在课堂教学过程中被基于 IRS 的问题讨论所替代。[③] 还有一种方法则是"及时教学"（Just-in-Time-Teaching, JiTT）：利用网络教学平台来让学生在课外时间进行"预习性练习"，使之在上课之前就对教学内容有所了解；而课堂教学时间则被用于进一步深化和巩固学生对教学内容的理解。[④] 此外，另一种成功的方法则是让学生在课外时间阅读和做作业，而在上课时则利用 IRS 来检验学生对所阅读内容的理解情况。[⑤]

以往的许多研究（Burns, 1985）证明，在讲授式课程教学中，即使在教学效果最好的上课后前 15～20 分钟里，学生也只能记住教师所授内容的 20%～25%。[⑥] 因此，

[①] Jane E. Caldwell, Clickers in the Large Classroom: Current Research and Best-Practice Tips, Clickers in the Large Classroom, Vol. 6, Spring 2007.

[②] Elliot C. Using a personal response system in economics teaching. Int. Rev. Econ. Educ. 2003, 1 (1): 80-86.

[③] d'Inverno R., Davis H., White S. Using a personal response system for promoting student interaction. Teach. Math. Appl. 2003, 22 (4): 163-169.

[④] Novak G., Patterson E. T., Gavrin A. D., Christian W. Upper Saddle River, NJ: Prentice Hall; 1999. Just-In-Time Teaching: Blending Active Learning with Web Technology.

[⑤] Knight J. K., Wood W. B. Teaching more by lecturing less. Cell Biol. Educ. 2005, 4: 298-310.

[⑥] Burns R. A. Information Impact and Factors Affecting Recall. Annual National Conference on Teaching Excellence and Conference of Administrators; May 22-25, 1985; Austin, TX. 1985. Presented at. (ERIC Document No. ED 258 639).

教师至少应该把一部分教学时间用于活动，如同伴讨论或问题解决等，而不是满堂灌。实际上，在许多有关 IRS 的研究中都隐含着这样一种假设：在教学过程中，教学内容的覆盖范围并不是影响教学效果的关键因素，相反，学生在教学过程中的主动性和专注性是影响学习效果的重要因素。

9.2.3 师生对 IRS 的态度问题

如图 9-4 所示，多项研究（McDermott and Redish，1999）结果显示，绝大多数学生（88%）对于在课堂教学过程中使用互动反馈系统表示出"比较赞同"或"非常赞同"的态度。这与其他相关研究文献的结果基本相同：多数学生都喜欢在课堂中使用 IRS。例如，当被问到使用 IRS 是否有趣、有帮助或是否应该使用时，正向反馈的学生比例通常都超过 70%，或者在 1-5 的李克特（Likert）量表中平均等级达到或超过 4。[1] 在某些情况下（Bunce et al.，2006），即使应用 IRS 之后对学生成绩未体现出显著影响的情况下，学生仍然认为使用 IRS 对其学习有帮助。[2]

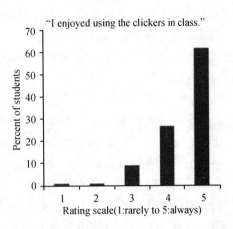

图 9-4 学生对在课堂上使用 IRS 的态度

也有研究结果（Nichol and Boyle，2003）表明，当 IRS 在教学中应用之后，学生经常会产生一种感觉：教师似乎比以前更能够了解学生的需要了，而且教学方式也会变得更加"温和、友好和亲密"或者"关爱"[3]。

杰克森（Jackson）和特锐（Trees）的研究（2003）显示，一部分学生特别喜欢 IRS 的"匿名功能"，认为其有巩固学习的效果，以及 IRS 能够使学生将自己的答案与班上其他学生进行比较的功能，因为这让学生有助于"恢复信心，当他们答错之后，会发现出错的不止他一个人"[4]。此处，当学生们被允许分组学习时，他们认为与同学们交流有助于对教学内容的理解，相互协作对学习非常重要。

在西弗吉尼亚大学（WVU）的研究中，一些学生对 IRS 的反馈有一定的代表性：

- 与书面测验相比，我更喜欢 IRS 测验，因为我们立刻就能看到结果。
- 我喜欢 IRS 是因为它能帮助我的学习过程，而且能和其他同学讨论问题。
- 我喜欢 IRS，原因是它能帮助我巩固对学习内容的理解，并且在教学过程中提供了一个很好的暂停，这可以让我们更加透彻地理解内容。

---

[1] McDermott L. C., Redish E. F. Resource letter PER-1. Phys. Educ. Res. Am. J. Phys. 1999, 67 (9): 755-767.

[2] Bunce D. M., Van den Plas J. R., Havanki K. L. Comparing the effectiveness on student achievement of a student response system versus online WebCT quizzes. J. Chem. Educ. 2006, 83 (3): 488-493.

[3] Nichol D. J., Boyle J. T. Peer instruction versus class-wide discussion in large classes: a comparison of two interaction methods in the wired classroom. Stud. Higher Educ. 2003, 28 (4): 457-473.

[4] Jackson M. H., Trees A. R. Clicker implementation and assessment. 2003.

当然，并不是所有学生都喜欢使用 IRS。一些学生认为："用这种工具后课堂秩序一团糟，应该恢复原来的教学方法"（d'Inverno et al.，2003）。还有一些学生则对需要自己出资购买投票器表示不满。为解决这个问题，有些高校（如 WVU）目前是由学校出资购买设备，将之放置于教室墙壁上的设备箱中，上课时分配给学生，下课后则收回保存。北京大学目前也采用类似方法。

值得注意的是，有研究发现，在使用过程中，也有学生对于 IRS 的应用表现出一定的焦虑情绪，其通常原因是因为 IRS 的应用与其课程成绩相互联系，学生们对于 IRS 系统能否正确地记录自己的成绩有一些疑虑（Jackson and Trees，2003）。不过，有研究者认为，如果教师能够定期地发布课堂 IRS 测验的成绩，则会有效地降低学生的焦虑（Jackson and Trees，2003）。另外一些减轻学生焦虑或压力的方法包括：在课堂的 IRS 测验中，无论学生答案是否选对，教师都给他们一定的分数——选对的给满分，选错的给部分分数；并不是每次都记录学生的 IRS 测验成绩，而是采取随机抽样的方式来记录；或者在所记录的学生 IRS 测验成绩中，去掉一部分成绩最低的分数，只保存较高的分数，等等（Caldwell，2007）。

最后，学生对于 IRS 的消极评价还源自其他方面的原因，例如投票器容易丢失；由于教师对所使用的软件缺乏经验而导致的技术故障；使用 IRS 组织课堂教学耗费时间，以及由于 IRS 的使用而使大学生感受到自己的出勤受到了"监视"而心生不快等（Knight and Wood，2005）。还有一种情况（Simpson and Oliver，2006）则是，学生认为，教师利用 IRS 所提出的问题学习价值不大，或者认为仅仅是为使用 IRS 而提问，为收集学生的数据而使用。[①] 此外，也有一些倾向于在竞争性学习环境下学习的学生不喜欢这种协作性学习氛围（Knight and Wood，2005）。

如同学生一样，多数教师都对使用 IRS 持赞同的态度。[②] 通常，他们认为这有助于快速而方便地检验学生对学习内容的理解情况。他们强调，在使用 IRS 后，学生们会更加主动、注意力更加集中，更愿意参与讨论。

例如，教师们在访谈中谈道如下内容。

- 在使用 IRS 之后，我很少在课堂上发现打瞌睡的学生。
- 使用 IRS 之后，我印象最深的是，它在大课堂教学的情况下也能够引发讨论……当学生们发现一个问题的答案各不相同时，他们则会很迫切地想好好讨论一番。
- IRS 的使用对学生的课堂表现有重要的影响作用，使得他们在专注于教学的同时也能够激发其学习兴趣……我感觉，无论在课堂上还是课后，学生们都开始愿意提问题了。
- 使用 IRS 之后，我的教学更多的是受学生的指引……更加反映出学生

[①] Simpson V., Oliver M. Using electronic voting systems in lectures. 2006. www.ucl.ac.uk/learningtechnology/examples/ElectronicVotingSystems.pdf.

[②] Beatty I. D., Gerace W. J., Leonar W. J., Dufresne R. J. Designing effective questions for classroom response system teaching. Am. J. Phys. 2006, 74 (1): 31-39.

的需要，而不是如以前那样是我所想象的他们的需要。

当然，不可否认的是，并非所有的教师都支持使用 IRS（Brewer，2004）。当由于缺乏技术支持而导致 IRS 的技术故障时，或者考虑到课前准备讨论问题耗时太长，或者成本太高时，教师们都会不太愿意在教学中使用 IRS。[①]

近年来，国内学者也开始关注和研究互动反馈系统在高校的应用问题。2009 年，北京交通大学的研究者首次将 IRS 引入大学课堂的教学研究。研究者在调研学生们对这种新教学工具的态度时，发现多数学生的反馈是比较积极的，认为对学习效果有帮助（见表9-2）。

表 9-2　中国大学生对课堂应答系统的态度调查

学生评价	非常赞同	赞同	中立	不赞同	非常不赞同
我喜欢用 Clicker	44%	20%	25%	9%	2%
Clicker 能帮助我更好地理解课堂内容	39%	21%	25%	13%	2%
我会推荐别的同学和老师在将来在课堂中使用 Clicker	25%	33%	20%	16%	6%

同时，国内也已有以 IRS 为研究主题的硕士研究生毕业论文（霍涛涛，2009），该论文从课堂互动模式和社会网络的角度分析了反馈技术支持下的课堂互动的应用情况。作者通过文献综述分析发现，课堂上师生互动低效化问题是当前教学中的一种普遍现象。信息技术引入课堂实际上并没有有效解决这一问题，甚至在某种程度上加剧了这种现象，出现了信息技术工具与课堂师生互动的脱节问题。[②] 为了深层次理解课堂互动低效化的根源，作者从教育社会学、语言学、教育心理学和教育学等多个视角分析了信息化教学中的师生互动活动。

9.3　IRS 在北京大学应用效果的实验研究

自 2008 年开始，北京大学就开始尝试在本科生和研究生教学中使用课堂互动反馈技术，先后有十余个院系的数十位教师试用了国内某品牌的 IRS 设备，实验都达到了预期效果，受到许多教师的欢迎。随后，伴随着新型设备的更新换代，IRS 又开始被用于北大的一些学术讲座和研讨班现场讨论之中，也取得较好效果。以笔者过去五年的亲身使用经验为基础，本节将介绍课堂互动反馈技术在教学和学术讲座中的实际应用情况。

9.3.1　北京大学的实验研究结论

该项目由北京大学教育学院的研究者实施。在 2010—2014 年期间，研究者在北京

[①] Brewer C. Near real-time assessment of student learning and understanding in biology courses. BioScience 2004，54 (11)：1034-1039.

[②] 霍涛涛. 反馈技术支持下课堂互动模式研究［D］. 首都师范大学硕士学位论文，2009 年 5 月.

大学的多个院系本科生和研究生的课堂教学中使用了 IRS 交互反馈工具,并通过课堂观察、评估量表(见表 9-3)和访谈等方式对应用效果进行了多方面研究。[①] 从时间跨度和结果来看,这项研究是目前国内关于 IRS 在高校中应用的代表性研究。

表 9-3　IRS 教学效果评估量表

分析维度	调查问题
上课出勤率	使用 IRS 之后,我不敢轻易再旷课了
师生互动性	我认为,上课使用 IRS 后,对加强师生之间互动有明显的促进作用 我认为,教师使用 IRS 进行教学,能够使教师了解学生对知识点的掌握情况,从而及时调整教学策略
学习兴趣	我认为,使用 IRS 进行教学,对集中精力上课有明显的促进作用 我认为,互动教学使课堂气氛更加宽松融洽,学生更加乐于学习,学习兴趣明显提高
主动参与性	我认为,上课使用 IRS 之后,我更愿意参加课堂讨论 我认为,上课使用 IRS 之后,我参加问题讨论的愿望更强烈了
对内容的理解	我认为,使用 IRS 上课,可以使我对知识点留下更深的印象,从而对学习效果有一定的提高 这套系统有助于我更好地理解教学内容
思维的发散性	我认为,使用 IRS 之后可以使教学方法和策略应用更加灵活、多样、有针对性 我认为,使用 IRS 有助于使我在回答问题时思路更开放
课堂感受	我认为,使用 IRS 上课,给学生的学习带来了很多负担 我认为,使用 IRS 上课,感觉明显地变得更加紧张了 我认为,IRS 教学,对学习没有明显的改善,可有可无 我喜欢使用这套系统

北京大学的研究结果显示,IRS 的引入使得学生课堂参与积极性有明显提高,同时也在一定程度上提高了学生的集中注意力。需要注意的是,IRS 对教学的短时效果和长时影响存在一定差异性。从长时影响效果来说,IRS 对于学生的新鲜感会逐步下降,进而对其积极性和课堂参与主动性的影响也会相应有一定程度的减弱。但即使这样,统计显示,其正面影响还是明显的。此外,笔者认为,IRS 对学生课堂参与积极性的长时间促进,可能会不断加深学生对课堂知识的理解能力。从学业成绩的角度来看,统计结果显示,IRS 系统对参加实验学生的平时成绩和期末成绩都有正向的影响,使用 IRS 的班级比没使用 IRS 的班级平时成绩高 1.29 分,期末成绩高 1.87 分。尽管对平时成绩和期末成绩的影响在统计上不显著,但对总评成绩的影响在 0.1 程度上是统计显著的,使用 IRS 的班级比不使用的班级总评成绩平均高 1.64 分。

另一方面,从对师生的访谈结果来看,教师们的基本观点是,IRS 用于课堂测验可以省去传统试卷的制作,所以更加方便。而且在一定程度上鼓励了学生参加测试的积极性。不过,这套 IRS 系统的使用与所授课程的特点和类型有直接的关系,有些课程比较适用,有些则不然。此外,对于未来的推广和应用,教师非常强调培训和技术支

[①] 伊江. 互动反馈技术在高校中应用效果研究 [D]. 北京大学硕士学位论文,2011 年 7 月.

持的必要性和重要性。与此同时，从学生的角度来看，多数则认为 IRS 有助于课堂学习，可起到调动学习兴趣和提高学习注意力的作用，在一定程度上提高了课堂学习效率。不过，这还不足以从根本上变革和提升学生的学习方式。在推广和应用方面，这种新教学工具还存在着不少问题有待改进，例如学科适用性、课堂测验时的应用方式等。

综上所述，从整体来看，当 IRS 技术导入课堂教学，可以在一定程度上改善课堂教学中的交互效果，促进教学中各要素的相互作用以及教师和学生的自我交互，促进群体的理解与记忆。面向全体学生的测查提高了教学中交互的广度；简便灵活的测查方式有助于提高师生交互的深度和频率；按键回答的方式有利于避免担心答错而产生的胆怯心理；成绩的统计记录为师生自我反省、自我交互创设了良好的外部条件。这样的交互不仅可以激发学生的情感，有利于提高学习成绩和学习积极性。①

技术上，在这项实验研究中，北京大学所使用的这款 IRS 设备的型号，为"按按按" EZClick RF-C05（4 键）/30 便携式讲演套装，其中硬件设备包括 RF-C10 型遥控接收器、RF-C02 型教师遥控器和 RF-C05 学生遥控器（如图 9-5 所示），同时还有相应的 EZ-Click 4.5 版配套软件。

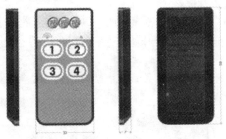

图 9-5　北京大学实验所用的 RF-C05 便携式投票器

该套设备硬件采用了 2.4G 无线技术。其中学生遥控器 RF-C05 为 RF2.4G/4 键/单电池（型号 CR2032），发射距离在空旷理想测试环境下达到 35 米，一般环境达到 20 米。延时、耗电量则可保证半年以上使用，表面按键耐力大于 10 万次。教师遥控器 RF-C02 是 18 键/双电池（含 AAA 级 7 号电池）。遥控接收器 RF-C10 是黑色 U 盘型，可与教师遥控器 RF-C02、学生遥控器 RF-C00、RF-C01、RF-C03、RF-C05 配套使用，全向 360 度接收距离大于 30 米，配 USB1.5 米屏蔽连接线。

与上述硬件相配套的是 EZClick4.5 系列软件，该系统能以悬浮水平或垂直外挂工具的形式驻留操作系统，可进行多种反馈题式，在互动反馈技术的常态易用性，多系统整合兼容性（如电子白板），以及报表丰富性等方面，较上一版本有较大改善。

这套设备的技术特点主要表现在两个方面。

- 互动参与性：依托教学内容进行问题设计，教师在讲座或课堂上的某个教学阶段，以选择/判断题的形式，提出认知问题，受众通过遥控器进行即时反馈（答题），具有课堂教学的互动参与性。
- 差异显性化（可视化）：系统自动收集全体学生的即时反馈信息并分类记录、自动统计；作答完成后，教师可以通过翻牌/看统计等功能，在大屏幕投影上即时显示作答统计信息，揭示作答正确率和认知差异信息，使差异信息显性化。

---

① 张晓彬，李霜爽. 互动反馈系统（SRS）及其对传统课堂教学的优化设计［J］. 现代教育科学，2007（10）.

9.3.2　软硬件设备的安装与调试

在设备使用之前，教师需要事先将遥控接收器与教师的笔记本电脑连接起来。操作方法同插入 U 盘完全一样，插入之后接收器的指示器闪动，表示设备已经接通（如图 9-6）。需要注意的一点，为保证接收效果，最好将接收器放置在教室前端的开放位置，不能放入密封的环境中，以免影响接收信号。同时，学生遥控器在上课之前现场每人分配 1 只。

图 9-6　遥控接收器与教师电脑的连接

硬件设备安装完毕之后，还需要在教师的计算机上安装所附带的 EZClick4.5 软件。点击安装文件开始安装（如图 9-7），根据软件的提示一步步完成安装。

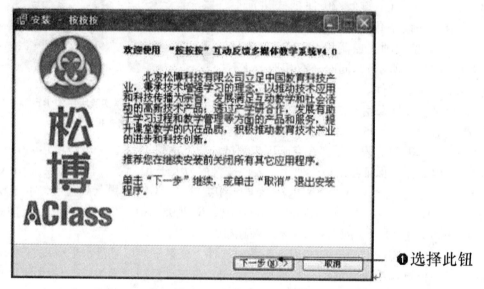

图 9-7　EZClick 软件安装

9.3.3　软件的设置与使用

安装完毕之后，可通过桌面快捷方式或开始菜单选择 EZClick4.5 的主程序——"按"互动反馈软件平台，启动主程序，可看到图 9-8 中的 EZClick4.5 启动后的悬浮外挂平台显示。

图 9-8　EZClick 的悬浮外挂平台

第一步要做的工作是进入系统设置,进行接收器设置。点击悬浮菜单中的 ✿（系统设置）按钮,进入系统设置模块（见图 9-9）。将接收器插入电脑的 USB 插口之中,然后在下拉菜单中选择与之相对应的型号,点击"自动探索"。然后按动某一个投票器的数字按钮,若出现图 9-9 中的信息,则表明电脑已能够正常接收投票器发射的信号,设备可以正常使用。

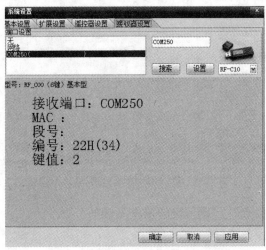

图 9-9　进行系统设置模块以连接接收器

第二步要做的工作是班级学生管理。在"普通状态"下点击 ☻（班级学生管理）按钮,可进行班级学生资料设定和班级管理。如图 9-10 所示。

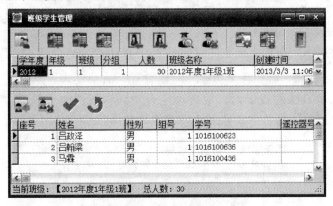

图 9-10　班级学生管理

班级学生管理可分为两部分。

- 班级资料操作——包括新增班级、修改班级、删除班级、关闭、导入覆盖、导出班级等功能。
- 学生资料操作——选定某个班级后,在班级内的学生资料部分,可以新建学生资料、修改学生资料、删除学生资料。

第三步工作,是在 PowerPoint 的"按点"加载项中进行问题按点预设。EZClick 安装程序内含支持 PowerPoint 进行"按点"预设的加载项，在软件安装过程中，可将加载项插入 PowerPoint 中。按点问题预设插件是一个具有独立功能的 PowerPoint 加载项，可帮助教师利用 PowerPoint 来进行按点的问题预设。打开 PowerPoint 软件后，当教师新建并打开幻灯片时，在其幻灯片页面左上角会有一个"按点"设置按钮（如图 9-11 所示）。

图 9-11　PowerPoint 中的按点加载项

在 PPT 中进行"按点"问题预设的操作步骤如下。

1. "按点"问题预设流程

- 打开已经制作好的 PowerPoint 教学课件，移动到需要设置"按点"问题的相关页面。
- 根据对按点问题内容的编写，设置这个问题的教学功能、学科属性、问题设置、活动模式、设计意图、教学策略等属性。

2. 问题属性设置（或预设）

教师在需要提出问题和收集全体反馈的 PPT 页面上，进行"按点"问题设置（见图 9-12）。点击 ，选择教学功能，问题设置、活动模式、设计意图、教学策略等属性，教师根据本节课的教学内容依次设定设置。当授课时系统将会自动进行识别，如果设置了相关属性，则会自动弹出"问题作答窗口"。

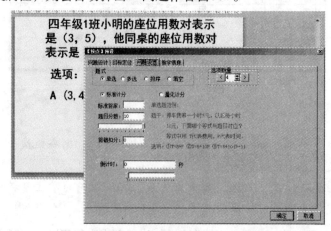

图 9-12　在 PPT 中进行"按点"问题设置

点击"确定"按钮保存,在添加备注的地方就会显示出设定好的所有信息代码。在课件中的所有内容都完成后,点击保存后退出。

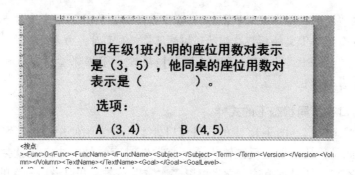

图 9-13　按点在备注中显示的信息代码

第四步,进入授课状态。点击 图标出现系统主菜单,显示 EZClick 软件的全部功能模块。EZClick 功能窗口具有两种状态:"普通状态"和"授课状态"。在"普通状态"下,主菜单中的灰色项表示目前不可用的功能,深颜色表示目前可用功能;在"授课状态"下,则所有功能都是可用功能(为深颜色)。

在上课之前,教师点击 进入授课状态后,主菜单则由"普通状态"切换到"授课状态",并显示出以下菜单栏(见图9-14)。

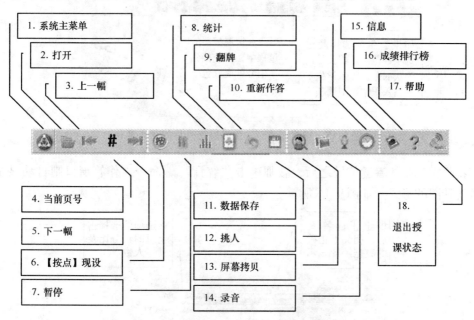

图 9-14　系统主菜单的各按钮功能说明

如图 9-14 所示,这个问题作答窗口实际上是一个独立的控制窗口,集中反映学生现场答题情况(即时反馈信息),该窗口同时整合了相关教学控制功能,包括打开 PPT 文档,现场设置按点,显示反馈窗口、翻页、统计等功能。在教学过程中,教师可通过这些按钮来控制和实现相应的功能。

1. 作答窗口的启动机制

- 在"授课状态"下，单击打开 命令按钮，打开某个含有按点预设相关页面的PPT文件后，在翻动到相关记录或页面时，由系统自动弹出。
- 在"授课状态"下，通过【按点】现设（根据课堂内容即时设置）功能自动弹出。

2. 作答窗口在不同状态下的式样

互动反馈状态窗口：图9-15中的作答窗口处于允许学生使用遥控器输入选项值的互动反馈状态。此时，某个学生反馈输入后，该学生对应学号的小方块就会变颜色，表示该学生输入了答案。如果是单选，学生可以多次输入答案，并以最后一次的输入为准。

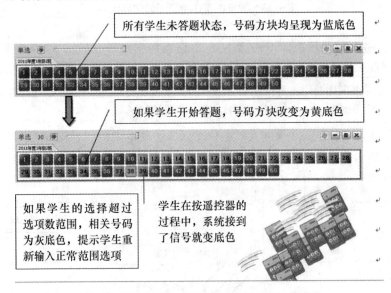

图9-15　接收器收到学生答题信号后的状态变化

接收完学生的答题信号之后，教师单击"统计" 命令，作答窗口则自动显示为柱状统计图的形式，如图9-16所示。

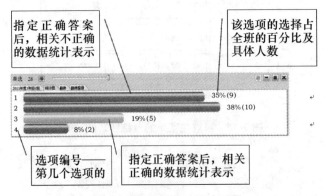

图9-16　答题结果的统计图表

随后，教师点击"翻牌"命令后，作答窗口按座号顺序显示每个学生的选择情况。如果此学生答对了就显示为绿色，否则显示为红色。

3. 按点现设功能

在某些情况下，如果需要，教师也可以利用"现设按钮" 进行现场问题设置和活动设置相关内容的调整。如图 9-17 所示，教师在正常播放教学幻灯片时，可直接点击现设按钮，弹出【按点】现设对话框，直接设置题式、选项数量、计分方式（标准计分/量化计分）、题目分数/选项分数、题目答案、难度等信息。设置完成点击确定后会自动弹出作答窗口，此时学生可按下学生遥控器进行反馈活动，作答结束后教师可点击相应命令按钮查看反馈结果。

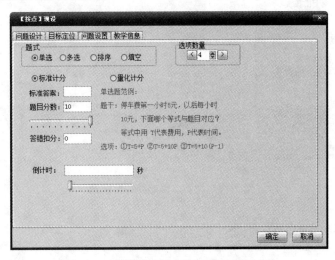

图 9-17　在教学过程中使用按点现设功能

最后，当教学结束后，教师还可以利用"学习历程报表"功能来查看和导出本节课中学生的答题统计图表。点击"学生历程报表"按钮，启动学生历程报表程序 Report.exe 并弹出如图 9-18 所示的窗口。

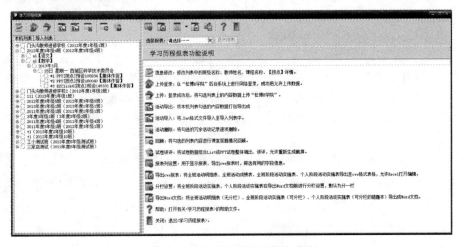

图 9-18　打开学习历程报表功能

如图 9-19 所示，在报表窗体左侧的"列表索引筛选区域"筛选完相关索引后，在"显示报表"之前，需要选定报表的相关类型。该选单主要包括表格类型和统计图类型，之后点击"显示报表"功能按钮，使得相关报表或统计图在"报表、统计图显示区域"中显示出来，并允许相关浏览、筛选、调整、导出等操作。

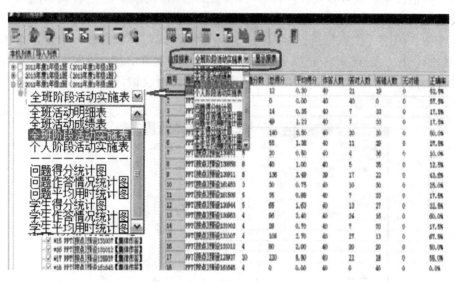

图 9-19　浏览、筛选和导出数据

9.4　IRS 课堂教学应用案例

以下是中小学和高校的各学科运用 IRS 的教学案例，供教师们参考。

9.4.1　小学自然课

[中国台湾地区] 桃园县竹园小学 吕老师　教师从小学自然入手，在课堂上讲述闷热的概念。通过问题，在课堂上制造一个矛盾事件，挑起学生思维中的认知冲突，让学生通过小组合作方式，先进行同侪讨论……

> 问题：在何种状况下，汗水不易蒸发，所以常让人觉得又湿又热，而感到不舒服？
> 选项：①温度 25°、相对湿度 80%　　②温度 30°、相对湿度 10%
> 　　　③温度 40°、相对湿度 10%　　④温度 32°、相对湿度 75%

学生可以通过小组同侪讨论的方式，有机会向别的同学解释自己的想法，在互动的环境中进行彼此说服（同侪教学法）。讨论后，大家做出了属于自己的判断，进行即时反馈（用遥控器选择答案）。

吕老师：如果第一次的分组同侪互动教学的反馈通过率不理想，老师经过讲解补充一些概念以后（给学生支架），又出一道概念相同的类似题目，让学生围绕题目展开二次讨论，并通过互动反馈技术进行二次反馈，观察学生的通过率……

这部分反馈一般被称为后测，主要目的是检验学生在经过教师引导并进行二次讨论后的教学效果如何。一般会得到比较满意的结果；如果再有不理想的结果就要转到后续讲的"困难及解决之道"……

9.4.2 小学语文课

北京市朝阳区王老师 讲授师在教小学三年级语文《妈妈的账单》一课时，把教学内容透过问题式的情境化设计，用选择题的形式来呈现。进行问题引入，让学生通过IRS进行作答，揭示出来的作答差异，调动学生引发讨论，激发学生的思维和学习动机……

- 10 岁的彼得给妈妈做了一些事情，向妈妈索要 60 芬尼；当他吃晚饭时，看到了妈妈为他辛苦 10 年，为他开出 0 芬尼的账单时，他感动了……

① 观察"彼得给妈妈开出的账单"（见表 9-4），提出课堂问题，激发学生思维：

表 9-4 彼得母亲开出的账单

母亲欠他儿子彼得如下款项	
取回生活用品	20 芬尼
把挂号件送往邮局	10 芬尼
在花园帮助大人干活	20 芬尼
彼得是个听话的好孩子	10 芬尼
共　　计：	60 芬尼

题干：彼得给妈妈开了这样一份账单，你认为应该还是不应该（如上表 9-4）
选项：A. 应该　　B. 不应该

② 通过 IRS 让学生进行表决，表达意见；揭示反馈差异，把学生内心的不同想法揭示出来（如左图 9-20：19% 的同学认为"应该"，81% 的同学认为"不应该"）。

③ 让不同选项的学生展开课堂辩论，通过彼此说服的过程，激发学习动机的同时，发散学生思维。

进而对比妈妈的账单（见左表 9-5），引领思维深入。

图 9-20

题干："请你结合妈妈账单（见左表 9-5）上的内容想一想：妈妈在账单上跟儿子要 0 芬尼，你同意吗？为什么？"
选项：A. 同意　　B. 不同意

表 9-5 彼得欠母亲款项的账单

彼得欠母亲如下款项：	
为过的十年幸福生活	0 芬尼
为他十年的吃喝	0 芬尼
为在他生病时的护理	0 芬尼
为他有一个慈爱的母亲	0 芬尼
共　　计：	0 芬尼

互动反馈后，揭示作答结果——选择"同意"的占 67%，选择"不同意"的占 33%，教师再次让两种意见的学生展开发散辩论，通过说服彼此的过程，得出结论——"母爱是无价的"，全体学生都被感动了，学习动机和思维再次被激发……

9.4.3 初中数学课

北京市袁老师 老师在讲授初中二年级数学"一次函数与一元一次不等式"一课中,通过讨论一次函数与一次不等式的联系,从运动变化的角度,用函数的观点加深对已学过的不等式的认识,加强知识间横向和纵向的联系,发挥函数对相关内容的统领作用。

首先前测导入,引出问题——单纯从函数解析式的角度认识一次函数与一元一次不等式的联系。

题干:1)解不等式 $5x+6>3x+10$,2)求自变量 x 为何值时,函数 $y=2x-4$ 的值大于零。
提问:你认为上面两个问题有联系吗?
选项:A. 有   B. 没有

此问题的设计意图:让学生认识到求不等式的解集和求自变量为何值时函数值大于零是同一个问题。

课堂操作策略:运用"按按按"互动反馈技术进行即时反馈,显示统计差异后引发讨论。在教师的引导下,学生通过讨论得出结论:不等式 $5x+6>3x+10$ 的解集就是函数 $y=2x-4$ 值大于零时的自变量的取值范围。

进而,从函数图像的角度认识一次函数与一元一次不等式。

题干:请你通过函数 $y=2x-4$ 的图像找出函数值大于零的自变量的取值范围(见右图9-21)。
选项:A. $x>0$ B. $x<0$
       C. $x<-4$ D. $x>2$

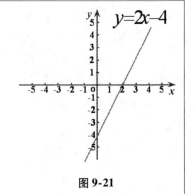

图 9-21

此问题设计意图:进一步提高一次函数与不等式的联系,培养学生数形结合的能力。

课堂操作策略:运用"按按按"互动反馈技术收集学生识图的学情状况,进行及时测评与诊断,便于迅速矫正错误的理解,在课堂上发现问题、导学调控、解决问题……

袁老师:通过互动反馈技术做小测验,快速诊断每个学生起点或即时检测课堂教学效果,是每个老师最容易快速入手的切入点。拓展教学用途是各类诊断性测查,例如：①前馈性测查——测查学生学习新知需要一定的基础知识或对将要学习内容的掌握情况，可以科学地确定教学起点，从而决定教学内容的取舍与轻重；②形成性测查——教学过程的每个环节进行测查，以决定是否转入下一个环节学习及查漏补缺；③终结性测查——单元或阶段教学后了解学生状况，验证、修改教学设计。

9.4.4 高中数学课

北京市缠老师 老师在讲授高中一年级数学"异面直线及其夹角"一课中，引导学生积极探索，运用了类比的方法、平行变换思想、化归的思想，逐步构建新知。

学生刚开始学习立体几何，知识很有限，觉得问题抽象，难以思考全面透彻。知识的迁移转化能力、空间想象和逻辑思维的能力都比较差。在教学中有待于不断引导、指点、提高 、深化。该课开始阶段以问题引领教学，利用互动反馈的机制，刺激学生根据问题形成空间抽象概念，提出以下问题。

题干：两条直线互相垂直，它们一定相交。
选项：A. √　　B. ×

此问题由学生自己探究解题，然后汇报交流，教学过程发挥了自主、探究及协作等学习方式的优势。问题的设计意图：了解学生对异面直线概念的掌握情况，预计多数学生应该理解。有效解决差异的教学操作策略：反馈后进行有针对性的对话，引导存在问题的学生重温异面直线的概念，当堂利用实物举例。

进而提出以下问题。

题干：垂直于同一直线的两条直线，有几种位置关系？
选项：A. 1种　　B. 2种　　C. 3种

此问题的设计意图：引导学生思考直线位置关系，并了解学生的课堂现状。预计部分学生多会忽略相交的情况，通过举例来具体引导学生构建新知，例如：教室墙角。

……

最后，出示以下问题，当堂检测。

题干：长方体的一条对角线与长方体的棱所组成的异面直线有（　　）
选项：A. 2对　　B. 3对　　C. 6对　　D. 12对

此问题的设计意图：引导学生思考正方体的构造，寻找异面直线。根据学生的反馈情况分层留作业。

在设计阶段，每个问题设计之后，最好留有几个预案，根据学生反馈情况区分处理；预案中主要是关注根据课堂生成信息，解决问题的教学策略，体现因材施教的教学理念。

9.4.5 大学数学课

玛丽亚（Maria）思考，如何将这种非计算方式的问题运用在微积分的学习上？如何设计能吸引学生、让学生讨论问题？通过有效的教学策略协助学生理解和建立概念？于是玛丽亚带领的团队开始设计以下微积分题目（判断题/选择题）。例如：

> **题干1**：股票投资者通常会看变化率的改变，来协助他们判断是否进场投资。你的股票经纪人提醒你，股价的变化率正在增加，根据这结果，你该如何判断？
> **选项**：A. 股价是增加的　B. 无法确定股价是增加还是减少　C. 股价是减少的
> **题干2**：判断下叙述真或假——你曾经是刚刚好三英尺高？
> **选项**：A. 真　　　B. 假

这些问题及课堂互动操作不仅引起学生的学习兴趣，选择差异进一步引发学生的热烈讨论，看似不像微积分的题目，却可以从微积分的角度去分析、判断及获得答案。教师也能深入思考所教的内容应如何传递给学生。Maria发现，这些经过思考及讨论的学生，在这门课上的测验成绩，比她之前的学生表现得好，更重要的是，她感觉到学生真正对数学产生兴趣并乐在其中。

◆ **概念与认知的厘清，比计算技巧让学生获得更多**

玛丽亚认为，数学不仅是演算及应用，应该是一门具有概念性、理解性的学科。结合IRS应用，如果让学生多点时间去思考概念，让老师少花点时间在计算题上，而是做较详细的概念解释，学生能学到什么？学生是否会更喜爱数学呢？玛丽亚将继续设计有趣的微积分概念问题（适合IRS应用的问题），并思考解决问题的教学策略。借由玛丽亚教授的结论，应用IRS的答案已显而易见。

9.4.6　大学物理课

美国康奈尔大学2006年实施导入IRS的研究计划，尝试各种教学策略、评估该技术的学习成效；2007年大规模导入IRS于课堂教学，总结出以下优点。

- ①在大课堂增加对学生的吸引力。
- 检查学生的了解程度。
- 支持同侪教学和讨论。
- 快速问问题。
- 发现学生的常见迷思概念。
- 随堂测验。

IRS要成功运用于课堂上，真正评估出学生的学习成效，"问好问题"（Asking good questions）是关键。

◆ **资深数学教授Maria Terrell思考如何提升学生的学习力**

玛丽亚参与该研究计划，负责训练助教，协助他们获得成为未来老师的本领，思考应该带给助教什么样的教学方法？以便其将来在教学时能提升学生的学习力。总结如下：

- 建立一个积极的学习环境。

- 要激发学生对数学的兴趣和求知欲。
- 要给学生更多机会对概念的正确性做臆测及讨论。
- 要帮助学生检视自己的学习。

针对数学课程，什么才是学生所需？如何让学生学习？玛丽亚总结出以下两点。

- 学生对于一些重要的概念，有着先前已有的认知概念甚至是误解。老师该如何去厘清这些概念或误解？如何获取促进学生概念转变的教学经验？
- 老师需要随时检视学生的学习情况，能判断及实时改变教学方式及内容，以协助学生建立正确的观念。

◆ 问"好问题"，能引发学生兴趣及讨论

玛丽亚得知哈佛大学教授艾锐克·马泽（Eric Mazur）在物理课上运用概念测试法及同侪教学法，发现一个很重要的结论：透过一个"好问题"让学生回答甚至讨论，是得知学生理解与否的关键！如果问题能与生活相关，学生记忆更加深刻。例如：艾锐克教授的一个物理学 IRS 问题让玛丽亚印象深刻：

> 题干：一艘载着巨石的船浮在湖面上，如将巨石丢出船外，让其沉入湖中，对于湖岸而言湖中的水是？
> 选项：A. 上升　　B. 下降　　C. 维持不变

这是一个"好问题"，应用 IRS 即时反馈后的统计差异能引发学生讨论。

第十章 微课与慕课的展示平台——全国多媒体课件和微课大赛

如导论中所言,激发教师应用信息技术积极性的重要措施,就是将教学技术设计与开发能力列入教师能力评估体系,使信息技术的教学应用成果与传统的学术成果(论文、科研课题、研究报告和专著等)一样,可以成为教师个人事业提升(职务与职称晋升)的重要依据。教学课件比赛,就是这种推动教育信息化发展理念的现实体现,它为那些愿意钻研信息技术教学应用的教师们提供了一个展示设计成果的平台,实践了"以竞赛促应用"的理念。

作为学科教师,当其微课和慕课完成之后,我们的建议是,不仅要将微课应用于自己的混合式学习之中,同时,更为重要的是,要将微课和慕课资源用于提升个人职业发展。具体地说,就是要利用所设计的微课和慕课参加各种课件大赛,扩大自己在教学应用领域的学术影响力。这对于教学信息化的可持续发展来说,至关重要,不可忽视。

10.1 以赛促用——网络时代名师培养平台

实际上,在过去几十年的教育信息化建设过程中,以上述思路和想法来组织和实施的各级各类的教学课件比赛数不胜数,应该说都在一定程度上推动了学校教学信息化的普及性应用。这些教学课件比赛中,有学校自行组织的内部比赛,有省市相关教育主管部门实施的区域性比赛,也有少数的由教育部主办的全国性比赛,它们的宗旨、目标、标准和流程等既有区别,又相互联系。但从另一个角度来说,并非所有这些教学课件比赛都能被真正纳入教师的教学与学术成果评估体系之中,而能够真正帮助教师实现职业生涯提升的,则更是少之又少。显然,若想通过这个途径来实现教师的事业发展,并非易事。

出现这种情况的原因是多方面的。比赛自身的合法性、权威性、专业可信度、社会声誉、公众认可度、时间延续性、评比指标的严密性与科学性、比赛流程的公开性及评审的公正性,甚至公众口碑等因素,都可能是影响一项比赛能否被广泛认可和被各级教育行政管理部门纳入教师能力评估体系的重要原因。尤其是如今的互联网时代,网民的声音、网络舆论是推动一项公共事务改革与前进的重要动力。课件比赛主办方的权威性、可信性、公正性和科学性等因素，都会被毫无保留地公开置于互联网的监督之下，那些符合学校教师们需要、能反映教师们意愿和对教师事业发展真正有帮助的教学课件比赛，自然会受到教师们的支持和认可，竞相报名参加。参赛作品数量众多，课件类型多样，技术水平高，参赛者自会感觉收获大；比赛评审标准严格、科学，评审流程公开与公正，奖项的含金量和专业认可程度自然相应提高。诸多因素合而归一，这项比赛的结果就会自然而然地被纳入教师能力评估体系之中：先是被教师所在的院系、学校所认可，然后被地区教育主管部门所认识，最后直到成为一个被整个学校教育系统所广为接受和认可的指标。这时，教学技术设计与开发能力，就会与传统的各种教学和学术能力一样，最终成为教师们事业前进的可靠依据，他们在信息技术上的努力与付出，最终得到了丰硕的成就与回报。

若以上述为标准，目前符合要求的教学课件大赛显然为数不多，屈指可数。以教育部相关部门组织的全国性教学课件比赛为例，目前有代表性的主要有三个比赛，分别是：教育部职业教育与成人教育司所举办的"全国职业院校信息化教学大赛"；教育部教育管理信息中心举办的"全国多媒体课件大赛"；教育部中央电化教育馆举办的"全国教育教学信息化大奖赛"。从目前的情况来看，这三个可以算得上是国内教育技术界较为知名和影响力较大的教学课件大赛，其详细情况见表10-1。

表10-1 教育部主办的三个全国性教学课件大赛情况比较[①]

比赛名称	主办机构	举办届数	2013年度作品总数	参赛院校类型与分组	参赛作品类别
全国职业院校信息化教学大赛	教育部职业教育与成人教育司	第4届	667	中等职业技术院校；高等职业技术院校	多媒体教学软件、信息化教学设计、信息化实训教学和网络课程
全国多媒体课件大赛	教育部教育管理信息中心	第13届	3746	高校（理、工、文、医）；高职（理、文）和中职；普教（高、初、小、幼）	多媒体课件 网络课程 微课程
全国教育教学信息化大奖赛	教育部中央电化教育馆	第18届	2748	基础教育；中等职业教育；高等教育	课件、信息技术与学科教学整合课例、学科主题社区、一对一数字化学习综合课例、精品开放课程和教育教学工具类软件系统

当然，从表10-1中也能比较清楚地看出，这三项全国性比赛在所针对参赛院校类别和参赛作品类型等方面具有一定的差异性。例如，以参赛院校覆盖范围来看，由教

[①] 本表格所引的各项数据均为作者在教育部网站上检索获得。

育部教育管理信息中心所主办的"全国多媒体课件大赛",它表现得最为广泛和全面。这项比赛的参赛院校数量最多,院校类型和级别最为齐全;同时还根据参赛作品的专业属性进行了分类,如普通高校分为理科、工科、文科和医科4个组,高等职业院校则分为理科和文科2个组。应该说,这种详细的院校类型与作品类别的划分,为比赛的科学性和公平性提供了较好的保证,毕竟不同院校、不同学科专业的信息技术应用方式有较大的差异性。不过,若从参赛作品类别的角度来看,中央电化教育馆所组织的"全国教育教学信息化大奖赛"中所接收的类别最多(6类),其次为教育部职业教育与成人教育司所主办的"全国职业院校信息化教学大赛"(4类),最后为教育部教育管理信息中心主办的"全国多媒体课件大赛"(3类)。

不难看出,后者的参赛作品很聚焦,只集中于教学课件类作品(单机版多媒体课件、网络课程和微课程),显然其核心对象是学科教师;而前两者则比较分散,既包括课件,也包括教学设计、教学案例、网络社区和软件系统等,其对象比较广泛,既有学科教师,也包括学校和技术类商业开发机构等。

从当前国内教育领域对上述三个全国性信息技术类比赛的反响和社会影响力来看,都得到了教师们比较广泛的认同。通常,各级各类院校的管理部门对于教师们参加这三个教学课件比赛和所获奖项也都持鼓励、支持和承认的态度。换言之,我们基本上可以认为,这三项比赛的结果,均已成为教师教学能力评估体系中的重要组成部分,可以为教师们的职业和事业发展提供一定程度的支持作用。

10.2 教育部主办的"全国多媒体课件大赛"介绍[①]

正如我们在导论中一再强调的,教学课件是数字校园中连接信息技术与教室的最重要的一个桥梁,同时,也是网络时代能够让教师们将自己的教学跨出教室,开创个人事业发展新阶段的一个重要中介。要想实现这个目标,教学课件比赛扮演着极其关键的角色,它能为教师们的教学技术成果提供一个广阔的展示平台,为教师们的教学技术创新性应用提供持续不断的动力。

这里,考虑到参赛课件作品的代表性和广泛性,下面笔者将以教育部教育管理信息中心主办的"全国多媒体课件大赛"为案例,来介绍这项教学课件比赛的发展状况、参赛流程、比赛规则、注意事项和培训组织等情况,供教师们参考。对于这项课件比赛的作用,我国著名教育技术专家何克抗教授认为:"十多年来,全国多媒体课件大赛在全国各类院校中产生了很大的影响,为我国高校教学的深化改革与教学质量的提升作出了重大的贡献。"[②] 可见,这项比赛在国内具有相当的代表性,值得教师们积极参与。

[①] 教育部教育管理信息中心. 深化高校教学改革 引领教学观念变革——第十三届全国多媒体课件大赛综述[J]. 教育信息化杂志, 2013 (12).

[②] 何克抗. 全国多媒体课件大赛发展历程回顾与评述[J], 教育信息化杂志, 2013 (12).

10.2.1 大赛近年发展概况

由教育部教育管理信息中心主办的"全国多媒体课件大赛"始自2001年,迄今已举办13届,可谓是国内教育领域为数不多的举办时间最长、奖项级别最高和学术影响力最大的课件比赛之一。根据大赛官方的文件,其基本宗旨是:"为推动全国各级各类学校教学理念和方法的更新,推动现代信息技术、网络技术在教学中的应用;充分挖掘各地教育教学单位的优秀课件成果,提高学科教师的课件制作水平,探讨和交流现代教育技术在实际教学中的应用与推广,进一步改进教学方法,提高教学质量。"

自举办以来,这项大赛就秉承"公正公开、引领先进"的原则,每年在全国范围内面向各级各类院校教师和信息技术人员征集参赛课件,并邀请现代教育技术领域和各学科知名专家进行评审。通过权威的专家评审,遴选出一批好的作品,进行表彰和奖励。通过大赛推广新的教学理念与教学方法,提高广大教师应用信息技术进行课程整合的能力。

多年来,全国多媒体课件大赛得到各级教育行政部门和各级各类院校的高度认可,部分学校以校赛、省赛和全国赛为平台,积极促进教学改革,对评出的优秀课件给予配套的经费与政策支持。大赛获奖不仅成为学校教学信息化成果的证明,同时也作为教师教育技术应用水平的重要参考依据。尤其是近五年来,参赛学校数量逐年增加,从图10-1中可以看出,高教高职和普教全国参赛的课件数量,都呈逐年上升趋势,从2008年的1207件迅速增长到2013年3746件,每年的增幅稳定在20%左右。到2013年达到了高教高职组(含微课)参评课件2261件,普教幼教组参评课件1485件。

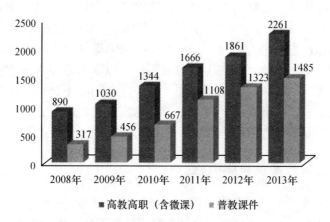

图10-1 2008—2013年参赛课件数量变化情况

与此同时,近五年来参赛院校数量和参赛教师数量也呈现出逐年增长的趋势(见图10-2),从612所增长到1403所;2013年参赛教师总数达到15108人次(见图10-3)。

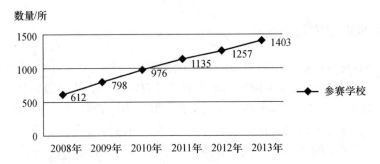

图 10-2 2008—2013 年参赛学校数量变化情况

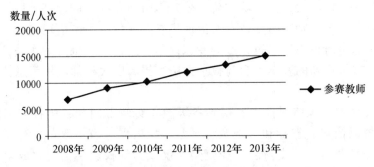

图 10-3 2008—2013 年参赛教师数量变化情况

从历届大赛的总结来看,参赛课件的质量也有了很大的改变,例如从注重资源建设转向注重教与学的活动设计,演示型课件从注重展示转向注重概念交互、思想交互乃至于情感交互、灵感交互,网络课程学习活动特征由顺序学习转向关注学习者的碎片学习,学习目标注重学习者的即时目标,技术应用方面也由微软 Windows 系统一统天下转向 Android、iOS,支持泛在学习、移动学习的作品已经很普遍等。同时在选题内容、艺术性等方面也更加深入细致。这些都反映出多媒体教学课件设计思想和技术的应用价值取向逐渐向个性化、真正为学习者服务,以学习者需求为中心,设计学习活动即推送学习资源等方向和目标努力发展。在大赛的引领下,越来越多的院校和教师在教学理念和教学模式方面进行了改变,在技术实现上进行了探索,朝着多元化、开放化方向发展,不断为教育信息化增添新的力量。

10.2.2 大赛组织方案及参赛流程

从组织方案来看,全国多媒体课件大赛每年从 3 月份就开始向全国各级各类教育行政管理部门和学校下发参赛文件,启动参赛课件的征集工作,见图 10-4[①]。目前,参赛课件的征集工作主要有两种渠道:一是由各省相关教育管理部门统一组织报送,二是由学校或教师个人直接报送。

---

① 网址是 http://www.cern.net.cn/newcern/kjds/index.html。

第十章 微课与慕课的展示平台——全国多媒体课件和微课大赛

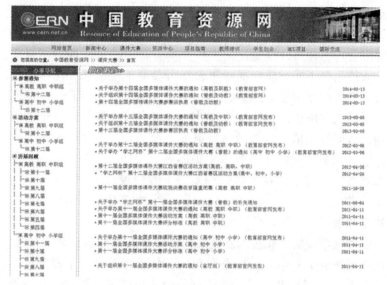

图 10-4　全国多媒体课件大赛相关通知与文件

为进一步扩大多媒体课件大赛在全国的影响力，完善大赛的组织管理形态，大赛组委会建立了全国指导委员会，负责对大赛进行全面的指导和监督；下设的大赛组织委员会，负责具体的组织工作；有条件的地区设立了赛区指导委员会，负责本地区大赛的组织工作。在全国范围内先后有河北、内蒙古、辽宁、吉林、黑龙江、浙江、湖南、广西、海南、重庆、四川、陕西、宁夏、新疆维吾尔自治区等省、自治区、直辖市的教育行政部门参与，分别以分赛区选拔、直接报送、转发大赛通知等形式组织了大赛活动。

各省教育厅通过对内各级各类教育机构下发大赛通知，在规定时间内做好课件的收集、整理工作，并在省内组织专家对征集的课件进行初评，在省内对获奖课件进行表彰，同时把选拔出的优秀课件上交到大赛组委会，大赛组委会再对课件进行复审工作。各级教育行政部门和各级各类院校通过课件大赛的平台，引导参赛学校和教师研究、了解新技术的发展趋势，新技术与现有教学平台相结合的最新应用，提升学校的信息化教学理念，实现创新型教学，促进教师专业发展。

近年来，在多年丰富的比赛经验基础之上，大赛组委会不断在赛事管理流程、评审标准、比赛流程、赛前培训和课件共享等方面进行探索和改革（见图 10-5），有效地提高了大赛的水平和学术影响力，为参赛教师们提供了越来越完善的培训和支持服务，起到了信息时代促进教师赛出成绩、赛出名师的重要作用。

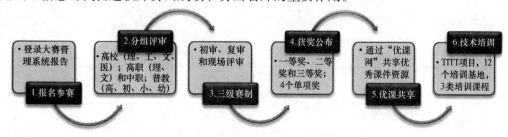

图 10-5　课件大赛的组织和参赛流程

第一，基于网络的专门管理系统有效提高了大赛的管理效率。为能让大赛的管理更加科学化、规范化、透明化，组委会专门开发了大赛管理系统，对大赛的信息发布、参赛报名、赛区管理、评审过程监督、获奖名单公布等的工作进行网络化管理。以往参赛学校和个人使用电子或纸质参赛回执表作为参赛单位信息和课件信息的报名登记方式，虽然大赛组委会制定了严谨规范的报名工作流程及 ACCESS 数据库，但仍有大量数据需要人工录入和修正，耗时且规范性难以提高。大赛管理系统的应用很好地解决了这一问题，从而组织单位填报的信息更加全面细致，参赛学校的管理更系统，参赛教师的信息更加准确，使得大赛管理变得高效、快捷、规范。值得一提的是，大赛组委会针对参赛教师的需求，在大赛管理系统上专门设计了"历届回顾"这一板块，对历届获奖课件进行展示。这一功能既满足了一线教师对优秀课件的需求，又能为大赛成果进行积累和展示，有效宣传了大赛。

第二，不断根据学校需求和技术发展来调整参赛课件类别和评审标准。自 2005 年以来，随着课件报送数量的增多，组委会在比赛分组方面进行了多次调整，以适应比赛形势发展的需要。大赛举办伊始，课件只分为：高教组、职教组和普教组。随着课件数量的不断增加，高教组和职教组进一步分为文科组和理科组两组；普教组分为小学组、初中组和高中组。而后高教理科组又分为理科组、工科组、医学组；文科组又按照史政经和语言、艺术设计分成两组。同时，近年新技术不断涌现，移动设备不断更新，教学方式也发生了变化，大赛与时俱进，针对高教和职教参赛教师新增加了微课程组，普教组新增加了幼教组。不断细化的分组使得参赛课件能够在更公平的环境中进行评比。

大赛评审标准的科学性和先进性是影响整个大赛水平的关键因素，是整个大赛的核心和指南。大赛最初的评估标准是在大赛评审组组长、北京师范大学何克抗教授的指导下起草，经由评审专家委员会共同讨论制定的（见表10-2）。评审标准的每个指标的权重分配都是经过专家反复讨论、科学计算得出的，以保证其科学性、规范性。为保证其先进性和科学性，大赛组委会每年会组织专家对大赛标准进行修订。大赛的实践表明，评审标准可以有效地提高大赛的规范化，提高教师专业化水平，加强信息技术与课程整合的深度融合。

表10-2　全国多媒体课件大赛评审标准（简版）

一级指标（分值）	二级指标（分值）	三级指标（分值）
教学内容（20）	科学性　规范性（10）	科学性（5）
		规范性（5）
	知识体系（10）	知识覆盖（5）
		逻辑结构（5）

续表

一级指标（分值）	二级指标（分值）	三级指标（分值）
教学设计（40）	教学理念及设计（20）	教育理念（10）
		目标设计（5）
		内容设计（5）
	教学策略与评价（20）	教学交互（5）
		活动设计（5）
		资源形式与引用（5）
		学习评价（5）
技术性（25）	运行状况（10）	运行环境（5）
		操作情况（5）
	设计效果（15）	软件使用（5）
		设计水平（5）
		媒体应用（5）
艺术性（15）	界面设计（7）	界面效果（3）
		美工效果（4）
	媒体效果（8）	媒体选择（4）
		媒体设计（4）
加分（2）	应用效果（1）	
	现场答辩（1）	

如表 10-2 所示，评审标准有四个一级指标：即教学内容、教学设计、技术性和艺术性，并针对现场评审设有加分项。"教学内容"的二级指标由科学性、规范性和知识体系构成。"教学设计"的二级指标由教学理念及设计、教学策略与评价构成。"技术性"的二级指标由运行状况、设计效果构成。"艺术性"的二级指标由界面设计和媒体效果构成。每个二级指标相应细化三级指标，通过指标说明对评审标准的分值进行描述。

第三，规范严谨的比赛流程保证了比赛结果的科学性和公平性。 目前，课件大赛分为初赛、复赛和现场决赛三个环节。相对应的评审工作分为初审、复审、现场评审。评审工作是大赛的核心环节，为此大赛设有评审专家委员会。评审专家委员会是由北京大学、清华大学、中国人民大学、北京师范大学、北京航空航天大学、中国传媒大学、南开大学、首都师范大学、北京建筑大学、天津师范大学等国内著名高校的教育技术领域及学科领域的专家组成。为保证评审过程和结果的科学性和公平性，每一组的评审专家都是由来自不同高校的学者组成，通常是由教育技术专家、教育学专家和相关学科专家组成。这样，在给每一个参赛课件评分时，专家们都是从不同的视角来进行评审，保证了结果的科学性和公平性。

在初审环节，主要是对报送至大赛组委会的参赛课件进行资格审定、技术测试和思想内容审核等。复审环节则是对通过初审的参赛课件进行复赛评审，通过复赛成绩排序按照一定比例圈定各组入围决赛的课件。最终经过初审和复审的课件可以参加北京的现场比赛环节。

现场决赛是大赛的决定性环节，也是大赛整个流程中的最吸引人之处。在某种程度上，现场决赛是为全国各院校和各学科专业的教师们提供了一个既竞争又相互学习的平台。它采用现场演示、现场打分并公布成绩的形式进行。现场评审的每个分会场都由四位评审专家、两位记分员、一位主持人、一位技术支持人员组成。每位参赛作者的演示时间为5分钟，演示结束后随即由四位评委当场严格按照评审标准打分，平均值作为课件的最终成绩并当场公布。比赛结束后，各组评委分组讨论根据一定的比例确定一、二和三等奖的获奖名单。同时，为鼓励那些在某一方面有突出表现的课件，每个参赛组还单独设"最佳教学设计奖""最佳创意奖""最佳艺术效果奖"和"最佳技术实现奖"。根据现场决赛的成绩，获奖名单最终确定之后，每位评委在获奖名单上签名后提交大赛组委会。

第四，以大赛为基础推动获奖课件更广泛的共享和应用。为切实推进教育信息化，促进现代信息技术在教学中的应用，大赛组委会还进一步通过"全国多媒体课件大赛"面向全国高等教育机构征集优质课件和素材，搭建了全国高校教学资源平台——优课网[①]。如图10-6为优课网首页。

图10-6 优课网首页

作为一个优质的教育资源共享平台，"优课网"以历届全国多媒体课件大赛中各学科获奖课件为基础，现已建成优质课件库和教学素材库，收录数千门课件和五万余个教学素材。依据学科知识体系及技术表现形式，优课网将资源划分为五大门类、62个

[①] 优课网的网址是：http://www.uken.cn/.

学科、十余种素材类型。用户可通过互联网直接下载使用。为方便学校对资源进行有效管理以及教师对资源的便捷使用,平台采用会员制,特别针对学校、院系推出了团体会员制。团体会员单位内的所有教师都可以通过"优课网"下载自己需要的课件素材资源。目前共有500所学校已经成为平台的试用会员,使用效果得到了教师们的广泛好评。教师个人在"优课网"注册成会员,也可以获得一定的免费积分,通过平台提供的多种搜索方式,找到并下载自己需要的课件资源。

第五,遍布全国各地的课件培训基地,为参赛教师提供了多样化和强有力的技术支持。以比赛促进技术的教学应用,以比赛实现教师的事业进步。虽然全国多媒体课件大赛作为一种竞赛、选拔的形式,遴选出很多优秀的课件作品,但全面提高教师信息技术应用能力,进而为教师的个人事业发展提供一个强有力的平台和桥梁,这才是办赛的最终目的。因此,在举办比赛的基础之上,全国多媒体课件大赛组委会还充分利用强大的专家技术资源和长期积累的丰富课件资源,在全国各地积极开展多种形式的教师信息技术和课件设计与制作技能培训。

"全国教师信息技术培训项目"(简称TITT),是基于上述目标而启动的一个为课件大赛服务的教师培训项目(如图10-7所示)。为进一步扩大教师的培训规模,提高课件培训的质量,在总结以往教师培训经验的基础上,2012年教育部教育管理信息中心正式启动该项目。TITT项目的实施原则是"引领先进,倡导高效"。在教育技术专家所制订的计划基础之上,根据教师教学的需求,设计、制定培训内容;面向不同层次的教师进行分层级教学,统一课程、统一专家、统一教材、统一认证。TITT项目还将通过最近开通的www.tel-edu.org网站,为参与培训的老师提供在线报名、线上答疑的服务。自启动以来,TITT项目获得了社会各界的大力支持,截止到2014年6月,在北京、上海、江苏、河北、山东、四川、陕西、广东、江西、辽宁等地建立了十余家培训基地,培训规模万余人次。

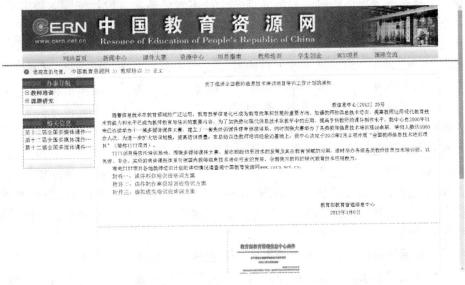

图10-7 "全国教师信息技术培训项目"(TITT)相关信息

10.3 参赛建议及注意事宜

作为教育技术研究者,笔者多年来一直从事课件设计技术的培训与研究工作,同时也以大赛评审专家和培训专家的身份经常与参赛教师们交流。期间,目睹许多教师通过课件比赛的成功进而在个人事业发展中实现跨越性的发展,也看到一些绝佳机遇从参赛者指缝中令人遗憾地流失,使人感慨良多。笔者希望能有机会将这些成功者的经验和失败者的教训与更多教师们分享,让更多的教师通过课件大赛名师备出,实现自己的理想。通过过去十多年的实践,笔者认为,在参加课件大赛之前,教师们应该首先了解一些信息,有备而来,有的放矢,方可达到事半功倍之成效。因此,向准备参赛的教师们同仁们提出以下建议供参考。

第一,尽量以团队形式参赛,邀请不同学科和技术特长的教师参与课件选题与设计。通常,课件大赛作品的作者人数最多可允许并列5~8人,因此,建议教师们在决定参赛之后首先要做的一件事,就是组成一个设计团队。团队成员应至少2~3人,最多可以5~8人,其中可有1名教学经验丰富的教师作为团队领导者,由他负责向学校争取各种资源支持,获得学校层面的支持,这对于整个团队的发展很有帮助。同时,再加上若干名技术水平较高并愿意钻研各种软件技术的年轻教师,由他们负责各种新软件、新技术的使用和操作。如果可能,最好也邀请本校的美术或音乐教师参加进来,他们的艺术素养对于提高课件的水平将大有帮助。显然,这样一支课件设计团队,不仅在课件主题的选择和教学设计上有其独到之处,同时在技术和美工方面也将别具特点,将很容易在比赛中脱颖而出。此外,组建这个团队的另一个好处,就是还能起到"传帮带"培养年轻教师的作用,对他们的快速成长将大有帮助。这也会充分体现上述利用信息技术来实现教师职业发展的理念,很值得推广。

第二,在参赛课件选题时,要选择适合于技术表达的课件设计主题。技术不是万能的,它有自己的局限性。同样,教学课件也并非适合表达所有学科的全部内容。因此,在为参赛课件选题时,应该尽量选择那些适合用信息技术表达的学科或教学内容。通常情况下,比起数、理、化等理工科的教学内容来说,人文、社会科学的教学内容更容易用通用性课件工具(如PowerPoint等)来表达。因为后者基本上都可以用文字来表达,而前者则涉及公式、图表、模型等,需要各种专业工具的支持才能实现。实际上,即使在同一学科内部,不同章节的内容在课件表现的技术难易和效果等方面,同样也存在着较大差异性。在这种情况下,教师们就必须事先多方面、多角度地认真考虑课件的选题内容,反复斟酌,深思熟虑,再做出决定。对于初次参加比赛的教师来说,切忌一点是,试图将整门课的内容都做成课件。这种选题在制作时耗时费力,内容庞杂,重点不突出,教学应用效果不佳,参赛也很难吸引评委的眼光,因此最终很难取得好成绩。

第三,在课件设计时,要选择恰当的制作技术与设计软件。从根本上说,课件设计首先是一项技术活儿。所以,选择恰当的课件设计技术或工具,是影响课件能否在比赛中成功的一个重要因素。虽然评委们在评审时并不以课件的制作技术或工具作为唯一依据，但至少是一个重要依据。因此，通常情况下，课件制作的工具越普及和简单，课件的最终得分相应就越低。例如，PowerPoint 目前已经是一个最为普及的课件制作软件，它所制作的课件，除非在美工设计、展示界面和动画效果上能达到 Flash 的水平，否则就难拿到高分。另一方面，一些 3D 或 VR（虚拟现实）类制作工具所制作的课件，由于其制作难度和工作量等方面的原因，其得分通常都会高一些。还有，通用性课件设计工具选择的恰当性，也会直接影响到课件的设计质量和水平。可以想象，若所采用的设计工具多年之前就已被淘汰，在信息技术日新月异的今天，所设计出来的课件技术水平可想而知。当然，上述只是评审的基本原则。课件的最终得分，还在于技术与教学的整合程度，而不单纯在于制作技术性。

第四，**设计课件时，重心要放在"质"而非"量"上，以质取胜，以原创取胜**。课件比赛中教师们一个常见的误区，就是认为所提交课件的数量越大，就越有可能得高分。实际并非如此，课件的质量、原创性和独特性，才是得高分的主要根据。以网络课程为例，有些设计者在自己的课程网站中收集了大量的图片、文档、视频等资源，看起来资源非常丰富。但实际上，这些资源一眼就能看出是从互联网上下载而来，很少是原创作品。在这种情况下，课程网站就变成了一个"大杂烩式的资源库"，既缺少教师自己的原创作品，同时也无法提供其教学实际应用的数据，这样的课件很难获得高分。虽然并不排斥借用现有的网络资源，但在评委眼中，教师们自己设计和制作的课件，即使再简单，也体现了教师的原创性，是值得鼓励的；教师自己设计的素材，即使其美观和精细程度要差于网上现成的素材，但仍然是值得鼓励的。因此，从这一点上来说，课件内容的"量"并非是关键，关键在于"质"。

第五，**参赛课件的"多媒体性"是其得分的重点所在**。课件并非纸质教案，它能够以丰富多彩的形式展示出多化性的教学素材和内容，这是任何传统面授教学都无法比拟的。所以，在课件设计时，设计者应时刻铭记在心的一些设计原则包括：尽量用多种形式来展示教学内容，通过吸引学生的注意力来实现学习动机的提升。例如，视频呈现、交互操作、分支设计和及时反馈。同时，课件设计的色彩、色调协调性，素材的精美性，互动设计的精巧性和导航指示的明确性，都是评委们在评审课件时重点考察之处，值得下工夫准备。

第六，**现场决赛要事前精心准备，团队人员的分工要明确，现场汇报要重点突出**。在课件比赛中，参赛教师们常见的另一个误区是，将现场决赛的课件演示环节误认为是授课。这种误解的结果是，许多教师未充分和高效地利用这短短的 5 分钟展示出参赛课件的特色和亮点，最终导致成绩不理想。教师们需要清楚认识到的是，现场决赛的 5 分钟，主要是用来展示参赛课件的主要功能、技术亮点、突出特色和教学应用效果，而绝不是用这 5 分钟来上一堂课。所以，时间的短暂性和内容的复杂性，要求参赛教师们在赛前一定要进行汇报内容的"排练"，而且必须是计时性排练。如果有可能的话，建议提前准备讲演稿而非现场发挥性讲述。只有这样，才有可能在所规定的短短 5 分钟之内，将一个复杂的课件从教学设计、技术特色到应用效果有条不紊地介绍清楚，并给评委们留下深刻的印象。

参考文献

[1] Brenda Huettner. ADOBE Captivate 4 THE DEFINITIVE GUIDE. Jones and Bartlett Publishers

[2] International, Barb House, Barb Mews, London W6 7PA, United Kingdom.

[3] Graham, C. R. (2006). Blended learning systems: definition, current trends, and future directions. In Handbook of Blended Learning: Global Perspectives, Local Design [M]. edited by C. J. Bonk and C. R. Graham, pp. 3 - 21. San Francisco, CA: Pfeiffer Publishing.

[4] Elizabeth Stacey, Philippa Gerbic (2008). Success factors for blended learning [J]. http://www.ascilite.org.au/conferences/melbourne08/procs/stacey.pdf [OL], 2010.12.25.

[5] Garrison, D. R. and Vanghan, N. Blended Learning in Higher Education: Framework, Principles, and Guidelines. San Francisco, CA: Jossey-Bass. 2007

[6] Humbert, J. and Vignare, K. PiT introduces blended learning successfully. In Engaging Communities: Wisdom from the Sloan Consortium. edited by J. C. Moore, pp. 141-152. Needham, MA: Sloan Consortium. 2004.

[7] Dziuban, C. D., Hartman, l., Juge, F., Moskal, P. D., and Sorg, S. (2006). Blended learning enters the mainstream. In Handbook of Blended Learning: Global Perspectives, Local Designs, edited by C. J. Bonk and C. R. Graham, pp. 195-208. San Francisco, CA: Pfeiffer Publishing.

[8] Robison, R. The business of online education: are we cost competitive? In Elements of Quality Online Education: Engaging Communities. edited by J. Bourne and J. C. Moore, pp. 173 - 181. Needham, MA: Sloan Consortium. 2005.

[9] MORI/JISC (2008) Great Expectations of ICT. London, Ipsos MORI. Retrieved from http://www.jisc.ac.uk/media/documents/publications/jiscgreatexpectationsfinalreportjune08.pdf

[10] Van Raaji, E. M & Schepers, J. (2008) The acceptance and use of a virtual learning environment in China. Computers & Education, 50 (3), 838-852.

[11] Sun, P. C., Tsai, R. J., Finger, G., Chen, Y. Y., & Yeh, D. (2008). What drives a successful elearning? An empirical investigation of the critical factors influencing learner satisfaction. Computers &Education, 50 (4), 1183-1202.

[12] Sivo, S. A., Pan, C-C & Hahs-Vaughn, D. L (2007) Combined Longitudinal Effects of Attitude and Subjective Norms on Student Outcomes in a Web-Enhanced Course: A Structural Equation Modelling Approach, British Journal of Educational Technology, 38 (5), 861-875.

[13] Liaw, Shu Sheng (2008) Investigating students' perceived satisfaction, behavioral intention, and effectiveness of e-learning: A case study of the Blackboard system. Computers & Education, 31 (2), 864-873.

[14] Lonn, S. & Teasley, S. (2009) Saving time or innovating practice: Investigating perceptions and uses of Learning Management Systems, Computers & Education 53, (3) 686 – 694.

[15] Sharpe, R., Benfield, G., Roberts, G. & Francis, R. (2006) The undergraduate experience of blended e-learning: a review of UK literature and practice. York: Higher Education Academy. Retrieved.

[16] JISC (2007) In Their Own Words: Exploring the learner's perspective on e-learning. London, JISC/HEFCE.

[17] Morgan, J., Rawlinson, M. & Weaver, M. (2006) Facilitating online reflective learning for health and social care professionals. Open Learning, 21 (2), 167-176.

[18] Green, S., Weaver, M., Voegeli, D., Fitzsimmons, D., Knowles, J., Harrison, M. and Shephard, K. (2006) The development and evaluation of the use of a virtual learning environment (Blackboard 5) to support the learning of pre-qualifying nursing students undertaking a human anatomy and physiology module. Nurse Education Today, 26 (5), 388-395.

[19] Thomas, Aliki, Storr, Caroline (2005). WebCT in Occupational Therapy Clinical Education: Implementing and Evaluating a Tool for Peer Learning and Interaction. Occupational Therapy International 12 (3), 162-179.

[20] Bridge, P. & Appleyard, R. (2008) A comparison of electronic and paper-based assignment submission and feedback, British Journal of Educational Technology 39 (4), 644 – 650.

[21] Van Gundy, K., Morton, B. A., Liu, H. Q., Kline, J. (2006). Effects of Web-Based Instruction on Math Anxiety, the Sense of Mastery, and Global Self-Esteem: A Quasi-Experimental Study of Undergraduate Statistics Students. Teaching Sociology 34 (4), 370-388.

[22] Lin, Q (2009) Student Views of Hybrid Learning: A One-Year Exploratory Study, Journal of Computing in Teacher Education, 25 (2), 57-66.

[23] Association of Public and Land-Grant Universities (2009) Online learning as a Strategic Asset, Volume II: The paradox of Faculty Voices: Views and Experiences with Online Learning. Washington DC, APLU.

[24] Woods, R. H., Baker, J. B., & Hopper, D. (2004). Hybrid structures: Faculty use and perception of web-based courseware as a supplement to face-to-face instruction, The Internet and Higher Education, 7 (4), 281-297.

[25] Griffiths, M. E., & Graham, C. R. (2009). Patterns of user activity in the different features of the Blackboard CMS across all courses for an academic year at Brigham Young University. Journal of Online Learning and Teaching, 5 (2), 285-292.

[26] Bricheno, P., Higginson, C. & Weedon, E. (2004) The Impact of Networked Learning on Education Institutions. London, JISC. Retrieved from http://www.sfeuprojects.org.uk/inlei/Final_Report.pdf.

[27] Lonn, S. & Teasley, S. (2009) Saving time or innovating practice: Investigating perceptions and uses of Learning Management Systems, Computers & Education 53, (3) 686 – 694.

[28] West, R. E., Waddoups, G. Kennedy, M. M. & Graham, C. (2007) Evaluating the Impact on Users from Implementing a Course Management System, International Journal of Instructional Technology and Distance Learning, 4 (2), at http://www.itdl.org/journal/feb_07/index.htm.

[29] Feustle, J (2001) Extending the Reach of the Classroom with Web-Based Programs, Hispania, 84 (4) 837-49.

[30] Santhiveeran, J. (2006). Data mining for web site evaluation: An evaluation of site usage by graduate social work students, Journal of Teaching in Social Work, 26 (3), 181 - 196.

[31] JISC (2007) In Their Own Words: Exploring the learner's perspective on e-learning. London, JISC/HEFCE

[32] Oladiran, M. T. & Uziak, J. (2009) Assessment of e-learning course delivery for mechanical engineering students at the University of Botswana, Journal of Baltic Science Education, 8 (1), 44-53.

[33] Benoit William., Benoit, P., Hemmer, K., Benoit, Jennifer et al (2006) Meta-Analysis of the Effects of Traditional Versus Web-Assisted Instruction on Learning and Student Satisfaction, Paper presented at the annual meeting of the International Communication Association, Dresden International Congress Centre, Dresden, Germany, Jun 16, 2006, available at ww. allacademic. com/meta/p92486_index. html.

[34] MORI/JISC (2008) Great Expectations of ICT. London, Ipsos MORI. Retrieved from http://www. jisc. ac. uk/media/documents/publications/jiscgreatexpectationsfinalreportjune08. pdf.

[35] McGill, T. J., Hobbs, V. J. (2008). How students and instructors using a virtual learning environment perceive the fit between technology and task. Journal of Computer Assisted Learning 24 (3), 191-202.

[36] Badrul H. Kban, (1997). " Web-Based Instruction (WBI): What is it and Why is it?" Web-based Instruction. (Englewood Cliffs, N. J.: Educational Technology Publication. 5-6.

[37] Blackboard Inc. Blackboard 教师使用手册. http://wenku. baidu. com.

[38] 吴青青. 现代教育理念下的混合式学习 [J]. 贵州社会主义学院学报. 2009 (2).

[39] 何克抗. 从 Blending Learning 看教育技术理论的新发展 [J]. 电化教育研究, 2004 (7).

[40] 何锡江. 混合式学习模式应用于培训教育的研究 [D]. 华南师范大学硕士学位论文, 2005. 5.

[41] 梁亮. 混合式学习研究及其网络教学支持系统的建构 [D]. 第四军医大学硕士学位论文, 2007. 4.

[42] 邹景平. 混成学习的典范 Basic Blue. http://guanli. tingkezheng. com/info/46907-1. htm [OL], 2011. 3. 24.

[43] 赵国栋, 原帅. 利用 E-learning 创建研究型大学教学新体系——以"北大教学网"为例 [J]. 现代教育技术（清华大学）, 2010 (8).

[44] 赵国栋. 大学数字化校园与数字化学习纪实研究 [M]. 北京：北京大学出版社, 2012.

[45] 赵国栋. 网络调查研究方法概论 [M]. 北京：北京大学出版社 (2008).

[46] 赵国栋, 李志刚. 混合式学习与交互式视频课件设计教程 [M]. 北京：高等教育出版社 (2013).

[47] 赵国栋等主编, 教师发展与课件设计导论 [M]. 北京：北京大学出版社, 2014.

[48] 教育部教育管理信息中心, 深化高校教学改革 引领教学观念变革——第十三届全国多媒体课件大赛综述 [J], 教育信息化杂志, 2013 (12).

北京大学出版社
教育出版中心 精品图书

21世纪特殊教育创新教材·理论与基础系列
书名	作者	价格
特殊教育的哲学基础	方俊明 主编	29元
特殊教育的医学基础	张婷 主编	32元
融合教育导论	雷江华 主编	28元
特殊教育学	雷江华 方俊明 主编	33元
特殊儿童心理学	方俊明 雷江华 主编	31元
特殊教育史	朱宗顺 主编	36元
特殊教育研究方法	杜晓新 宋永宁等 主编	33元
特殊教育发展模式	任颂羔 主编	36元

21世纪特殊教育创新教材·发展与教育系列
书名	作者	价格
视觉障碍儿童的发展与教育	邓猛 编著	33元
听觉障碍儿童的发展与教育	贺荟中 编著	29元
智力障碍儿童的发展与教育	刘春玲 马红英 编著	32元
学习困难儿童的发展与教育	赵微 编著	32元
自闭症谱系障碍儿童的发展与教育	周念丽 编著	27元
情绪与行为障碍儿童的发展与教育	李闻戈 编著	32元
超常儿童的发展与教育	苏雪云 张旭 编著	31元

21世纪特殊教育创新教材·康复与训练系列
书名	作者	价格
特殊儿童应用行为分析	李芳 李丹 编著	29元
特殊儿童的游戏治疗	周念丽 编著	26元
特殊儿童的美术治疗	孙霞 编著	38元
特殊儿童的音乐治疗	胡世红 编著	32元
特殊儿童的心理治疗	杨广学 编著	32元
特殊教育的辅具与康复	蒋建荣 编著	29元
特殊儿童的感觉统合训练	王和平 编著	38元
孤独症儿童课程与教学设计	王梅 编著	37元

自闭谱系障碍儿童早期干预丛书
书名	作者	价格
如何发展自闭谱系障碍儿童的沟通能力	朱晓晨 苏雪云	29元
如何理解自闭谱系障碍和早期干预	苏雪云	32元
如何发展自闭谱系障碍儿童的社会交往能力	吕梦 杨广学	33元
如何发展自闭谱系障碍儿童的自我照料能力	倪萍萍 周波	32元
如何在游戏中干预自闭谱系障碍儿童	朱瑞 周念丽	32元
如何发展自闭谱系障碍儿童的感知和运动能力	韩文娟 徐芳 王和平	32元
如何发展自闭谱系障碍儿童的认知能力	潘前前 杨福义	39元
自闭症谱系障碍儿童的发展与教育	周念丽	27元
如何通过音乐干预自闭谱系障碍儿童	张正琴	36元
如何通过画画干预自闭谱系障碍儿童	张正琴	36元
如何运用ACC促进自闭谱系障碍儿童的发展	苏雪云	36元
孤独症儿童的关键性技能训练法	李丹	45元
自闭症儿童家长辅导手册	雷江华	35元

大学之道丛书
书名	作者	价格
哈佛：谁说了算	[美]理查德·布瑞德利 著	48元
麻省理工学院如何追求卓越	[美]查尔斯·维斯特 著	35元
大学与市场的悖论	[美]罗杰·盖格 著	48元
现代大学及其图新	[美]谢尔顿·罗斯布莱特 著	60元
美国文理学院的兴衰——凯尼恩学院纪实	[美]P. F.克鲁格 著	42元
教育的终结：大学何以放弃了对人生意义的追求	[美]安东尼·T.克龙曼 著	35元
大学的逻辑（第三版）	张维迎 著	38元
我的科大十年（续集）	孔宪铎 著	35元
高等教育理念	[英]罗纳德·巴尼特 著	45元
美国现代大学的崛起	[美]劳伦斯·维赛 著	66元
美国大学时代的学术自由	[美]沃特·梅兹格 著	39元
美国高等教育通史	[美]亚瑟·科恩 著	59元
哈佛通识教育红皮书	哈佛委员会撰	38元
高等教育何以为"高"——牛津导师制教学反思	[英]大卫·帕尔菲曼 著	39元
印度理工学院的精英们	[印度]桑迪潘·德布 著	39元
知识社会中的大学	[英]杰勒德·德兰迪 著	32元
高等教育的未来：浮言、现实与市场风险	[美]弗兰克·纽曼等 著	39元
后现代大学来临？	[英]安东尼·史密斯等 主编	32元
美国大学之魂	[美]乔治·M.马斯登 著	58元
大学理念重审：与纽曼对话	[美]雅罗斯拉夫·帕利坎 著	35元
当代学术界生态揭秘	[英]托尼·比彻 保罗·特罗勒尔 著	33元
德国古典大学观及其对中国大学的影响	陈洪捷 著	22元
大学校长遴选：理念与实务	黄俊杰 主编	28元
转变中的大学：传统、议题与前景	郭为藩 著	23元
学术资本主义：政治、政策和创业型大学	[美]希拉·斯劳特 拉里·莱斯利 著	36元
什么是世界一流大学	丁学良 著	23元
21世纪的大学	[美]詹姆斯·杜德斯达 著	38元
公司文化中的大学	[美]埃里克·古尔德 著	23元
美国高等教育史	[美]约翰·塞林 著	69元
哈佛规则：捍卫大学之魂	[美]理查德·布瑞德利 著	48元
美国公立大学的未来	[美]詹姆斯·杜德斯达 弗瑞斯·沃马克 著	30元
高等教育公司：营利性大学的崛起	[美]理查德·鲁克 著	24元
东西象牙塔	孔宪铎 著	32元

21世纪引进版精品教材·学术道德与学术规范系列
书名	作者	价格
如何为学术刊物撰稿：写作技能与规范（英文影印版）	[英]罗薇娜·莫 编著	26元
如何撰写和发表科技论文（英文影印版）	[英]罗伯特·戴 等著	28元
给研究生的学术建议	[英]戈登·鲁格 等著	26元
做好社会研究的10个关键	[英]马丁·丹斯考姆 著	20元
阅读、写作和推理：学生指导手册	[英]加文·费尔贝恩 著	25元

书名	作者	价格
如何写好科研项目申请书	[美] 安德鲁·弗里德兰德 等著	25元
高等教育研究：进展与方法	[英] 马尔科姆·泰特 著	25元

学术规范与研究方法丛书

书名	作者	价格
教育研究方法：实用指南（第六版）	[美] 乔伊斯·高尔 等著	98元
社会科学研究的基本规则（第四版）	[英] 朱迪斯·贝尔 著	32元
如何撰写与发表社会科学论文：国际刊物指南	蔡今中 著	30元
如何查找文献	[英] 萨莉拉·姆齐 著	35元

21世纪高校教师职业发展读本

书名	作者	价格
如何成为卓越的大学教师（第二版）	肯·贝恩 著	32元
给大学新教员的建议	罗伯特·博伊斯 著	35元
如何提高学生学习质量	[英] 迈克尔·普洛瑟 等著	35元
学术界的生存智慧	[美] 约翰·达利 等主编	35元
给研究生导师的建议（第2版）	[英] 萨拉·德拉蒙特 等著	30元

21世纪教师教育系列教材·物理教育系列

书名	作者	价格
中学物理微格教学教程（第二版）	张军朋 詹伟琴 王恬 编著	32元
中学物理科学探究学习评价与案例	张军朋 许桂清 编著	32元

21世纪教育科学系列教材·学科学习心理学系列

书名	作者	价格
数学学习心理学	孔凡哲 曾峥 编著	29元
语文学习心理学	李广 主编	29元
化学学习心理学	王后雄 主编	29元

21世纪教育科学系列教材

书名	作者	价格
现代教育技术——信息技术走进新课堂	冯玲玉 主编	39元
教育学学程——模块化理念的教师行动与体验	闫祯 主编	45元
教师教育技术——从理论到实践	王以宁 主编	36元
教师教育概论	李进 主编	75元
基础教育哲学	陈建华 著	35元
当代教育行政原理	龚怡祖 编著	37元
教育心理学	李晓东 主编	34元
教育计量学	岳昌君 著	26元
教育经济学	刘志民 著	39元
现代教学论基础	徐继存 赵昌木 主编	35元
现代教育评价教程	吴钢 著	32元
心理与教育测量	顾海根 主编	28元
高等教育的社会经济学	金子元久 著	32元
信息技术在学科教学中的应用	陈勇 等编著	33元
网络调查研究方法概论（第二版）	赵国栋	45元

教师资格认定及师范类毕业生上岗考试辅导教材

书名	作者	价格
教育学	余文森 王晞 主编	26元

书名	作者	价格
教育心理学概论	连榕 罗丽芳 主编	35元

21世纪教师教育系列教材·学科教学论系列

书名	作者	价格
新理念化学教学论	王后雄 主编	38元
新理念科学教学论（第二版）	崔鸿 张海珠 主编	36元
新理念生物教学论	崔鸿 郑晓慧 主编	36元
新理念地理教学论（第二版）	李家清 主编	39元
新理念历史教学论	杜芳 主编	29元
新理念思想政治（品德）教学论（第二版）	胡田庚 主编	36元
新理念信息技术教学论（第二版）	吴军其 主编	32元
新理念数学教学论	冯虹 主编	35元

21教师教育系列教材·学科教学技能训练系列

书名	作者	价格
新理念数学教学技能训练	冯虹	33元
新理念生物教学技能训练（第二版）	崔鸿	33元
新理念思想政治（品德）教学技能训练（第二版）	胡田庚 赵海山	29元
新理念地理教学技能训练	李家清	32元
新理念化学教学技能训练	王后雄	28元

王后雄教师教育系列教材

书名	作者	价格
教育考试的理论与方法	王后雄 主编	35元
化学教育测量与评价	王后雄 主编	45元

西方心理学名著译丛

书名	作者	价格
拓扑心理学原理	[德] 库尔德·勒温	32元
系统心理学：绪论	[美] 爱德华·铁钦纳	30元
社会心理学导论	[美] 威廉·麦独孤	36元
思维与语言	[俄] 列夫·维果茨基	30元
人类的学习	[美] 爱德华·桑代克	30元
基础与应用心理学	[德] 雨果·闵斯特伯格	36元
格式塔心理学原理	[美] 库尔特·考夫卡	75元
动物和人的目的性行为	[美] 爱德华·托尔曼	44元
西方心理学史大纲	唐钺	42元

心理学视野中的文学丛书

书名	作者	价格
围城内外——西方经典爱情小说的进化心理学透视	熊哲宏	32元
我爱故我在——西方文学大师的爱情与爱情心理学	熊哲宏	32元

21世纪教学活动设计案例精选丛书（禹明 主编）

书名	价格
初中语文教学活动设计案例精选	23元
初中数学教学活动设计案例精选	30元
初中科学教学活动设计案例精选	27元
初中历史与社会教学活动设计案例精选	30元
初中英语教学活动设计案例精选	26元
初中思想品德教学活动设计案例精选	20元
中小学音乐教学活动设计案例精选	22元
中小学体育（体育与健康）教学活动设计案例精选	25元
中小学美术教学活动设计案例精选	34元